MELHORAMENTOS

CURADORIA DE ANDRÉ BOCCATO

as chefs

Editora Melhoramentos

As Chefs / organização e curadoria de André Boccato; fotos de André Boccato, Cristiano Lopes e Rodrigo Castro. São Paulo: Editora Melhoramentos, 2013.

Contém receitas de diversas Chefs brasileiras.
ISBN 978-85-06-07369-8

1. Receitas culinárias. 2. Chefs – Mulheres brasileiras. I. Boccato, André, org.

13/233   CDD 641.5

Índices para catálogo sistemático:
1. Culinária - Receitas   641.5
2. Chefs brasileiras - Receitas   641.5

André Boccato
CURADORIA E ORGANIZAÇÃO

Fernanda Meneguetti
COORDENAÇÃO EDITORIAL

Rodrigo Costa
SUPERVISÃO EDITORIAL

Fernanda Meneguetti, Giuliana Bastos, Guta Chaves, Larissa Januário
TEXTOS

André Boccato (retratos das Chefs)
Cristiano Lopes / estudio CookLovers e Boccato (fotografias culinárias)
Rodrigo Castro (págs. 124 a 139 e págs. 280 a 289)
FOTOGRAFIA

Fernanda Meneguetti
EDITORA (TEXTOS E RECEITAS)

Maria Paula Carvalho Bonilha
Lindsay Viola
REVISÃO DE TEXTO

Dushka Tanaka, Carlo Walhof (estudio vintenove)
PROJETO GRÁFICO E DIREÇÃO DE ARTE

Arturo Kleque Gomes Neto e Emiliano Boccato
TRATAMENTO DE IMAGENS

Cassio Lopes, Eliseu Aguiar Carvalho
MAQUIAGEM

Bibiana Ribeiro, Denise Guerschman (capa)
PRODUÇÃO

Copyright © 2020 Editora Melhoramentos

1.ª edição, 2.ª impressão, outubro de 2020
ISBN: 978-85-06-07369-8

Atendimento ao consumidor:
Caixa Postal 729 - CEP 01031-970
São Paulo - SP - Brasil
Tel.: (11) 3874-0880
sac@melhoramentos.com.br
www.editoramelhoramentos.com.br

Impresso no Brasil

sumário

nota do curador 6

prefácio 8

a mulher na cozinha 10

ana luiza trajano 12
ana soares 26
andrea kaufmann 40
bella masano 54
carla pernambuco 68
carole crema 82
danielle dahoui 96
flavia marioto 110
flávia quaresma 124
helena rizzo 140
heloisa bacellar 156
janaina rueda 170
ligia karazawa 184
luiza hoffmann 198
margarida haraguchi 212
morena leite 224
nina horta 238
renata braune 252
renata vanzetto 266
roberta sudbrack 280
silvia percussi 290

nota do curador

Quando o então superintendente da Editora Melhoramentos me convidou para a curadoria de *As Chefs*, fiquei emocionado. Mas igualmente preocupado. Afinal, desenvolver este projeto é uma honra inconteste e demanda uma tremenda responsabilidade.

A primeira coisa a dizer é que, como toda curadoria, esta é uma visão parcial, ainda que explicável: esta é a edição "número um", e outras se seguirão para contemplar o que não se pode colocar em um só livro. "Para tão longo amor, tão curta a vida", já entoavam os versos de Luís Vaz de Camões. Posso dizer: para tantas boas Chefs neste Brasil, tão poucas as páginas...

Mas fica a promessa de novos projetos, trazendo novos volumes e abrangendo mais regiões do país. Aqui, vocês poderão conhecer cozinheiras que atuam em São Paulo e no Rio de Janeiro, em cujas casas fomos recepcionados com todo o carinho. No meu caso, pude resgatar um antigo ofício – o de retratista. Estive por trás das lentes que tentaram apreender um pouco da intimidade e do espírito afetuoso dessas mulheres. Associar o lado fotógrafo ao de editor foi uma das experiências mais ricas desses últimos tempos. Sou muito grato a todos por isso. Espero que os leitores também apreciem essa abordagem, essa mistura de ingredientes e perfumes... ops, digo, aromas!

André Boccato, setembro de 2013

prefácio

O mundo editorial também pode ser como o da cozinha. Pode-se escolher pratos leves, sofisticados, inovadores ou clássicos. Pode-se escolher tendências, atender a demandas urgentes ou suscitar desejos. É nesse contexto que trazemos à mesa do leitor um prato, digo, um livro, que já nasceu inovador, pois nenhum outro título brasileiro elegeu o feminino na cozinha antes – e, certamente, não o fez sob a ótica das próprias profissionais, das Chefs!

No texto introdutório anterior, admiti a honra e o temor de assumir uma curadoria de tanta responsabilidade. Mas, de alguma maneira, mesmo com as inevitáveis ausências, o prato fez sucesso. Este livro obteve tanto êxito que ganhou prêmios internacionais! Eis, então, que a cozinha recebe o pedido de uma nova fornada. Veja bem, aqui, trata-se de repetir o prato, pois o salão atestou o seu sucesso. Logo, lá vamos nós servir o que o cliente quer: entregar uma nova rodada desse prato em que os ingredientes são as histórias de vida dessas Chefs, com uma pitada, é claro, de suas incríveis e prediletas receitas.

E não poderia deixar de aproveitar a ocasião para saudar uma grande Chef que assumiu um posto na eminente cozinha celeste. Ela, que já era uma criadora de outro mundo, nos deixou para cozinhar nas estrelas. Trata-se da escritora e chef Nina Horta, homenageada por todos nós nesta edição.

A você, leitor, fica aqui o nosso eterno brinde pela celebração do sabor de viver, de cozinhar e de amar cada instante do fazer gastronomia. Uma lição que nossas Chefs, com tanto carinho, nos apresentam neste livro.

André Boccato, setembro de 2020

a mulher na cozinha

O conhecimento e o tempo trazem muitos acontecimentos em nossa vida, muitos deles que pensávamos ser tão distantes, ou impossíveis de acontecer. O impossível e o distante aconteceram em uma tarde, quando recebi o convite para escrever o prefácio deste delicioso livro.

As criações fantásticas nestas páginas nos mostram que a mulher superou o conceito de cozinhar que se resume a misturar os ingredientes e levá-los ao fogo. Fico contente ao ver que isso remete aos tempos em que meu maior desejo era incentivá-la a aprimorar seus conhecimentos da técnica culinária. Desde os termos empregados na receita, que ganharam em precisão e especificidade, até o conhecimento de novos ingredientes, cheios de histórias e de possibilidades de combinações inéditas.

Olho para estas chefs munidas de tanta inspiração e vejo que meu desejo foi realizado. Já houve tempos em que a mulher envergonhava-se de ser cozinheira. Nunca me esqueço das nutricionistas que diziam com orgulho: "Eu não cozinho", estabelecendo um tom separatista entre as tabelas e as panelas. Hoje, as coisas estão diferentes. Está de volta o elã pela profissão, herdado das africanas que, em tempos coloniais, enchiam de gostosuras as mesas das portuguesas.

É com paixão e graciosidade que as chefs de nosso livro esforçam-se para estudar e criar. São moças afortunadas, que vivem numa época em que está fácil encontrar ingredientes genuínos de outros países para aplicá-los em suas cozinhas. A elas, lanço um desafio. O de bem-casar nossas tradições (a comida da mãe, da avó, do interior) com as técnicas estrangeiras que por tanto tempo dominaram, solitárias, os nossos restaurantes. Precisamos inovar sem perder a essência de nossa cultura, de nossa história.

Dou um exemplo. Penso na brasileiríssima carne de panela que, a meu ver, é sempre com molho farto. Se esse molho torna-se um mero risco desenhado no prato, algo foi perdido. Ao mesmo tempo, é preciso encontrar uma apresentação moderna, com sabores aprimorados – como fazer? Penso que temos um grande caminho a percorrer e, não há dúvidas, estamos já no rumo certo.

Às nossas chefs, mulheres de talento e fascinadas pelo original. Continuem com o coração aberto a novos conhecimentos e críticas porque só assim é que se cresce. Quando o erro aparecer, não esmoreçam. Aí pode estar o início de mais uma receita de sucesso.

Bettina Orrico

Bettina Orrico nasceu em Salvador, onde se formou em Belas Artes pela Universidade Federal da Bahia. Mas sua paixão, a gastronomia, fez com que aproveitasse seus dons artísticos como estilista de culinária e editora da revista *Claudia Cozinha*, de 1973 a 2003. Ainda colabora para *Claudia* como consultora culinária, fazendo os testes das receitas em sua cozinha experimental. É autora de vários livros, como *Os Jantares que Não Dei*, da editora BEI, e *O Livro das Saladas*, da Art Editora.

ana luiza trajano

Engajada, pesquisadora, sensível. Esta é Ana Luiza Trajano, presidente do Instituto Brasil a Gosto, em São Paulo. Desde cedo encantada pelas delícias preparadas por suas avós, uma cearense e outra mineira, Ana é uma das grandes defensoras da cozinha brasileira, nacional e internacionalmente.

A infância em Franca, a 400 quilômetros de São Paulo, foi um bom começo. "A vida no interior traz esta valorização de ingredientes, a possibilidade de ter a horta e o pomar no quintal. É uma proximidade muito grande com o alimento", explica. Em vez de bonecas, Analu (como é chamada pelos amigos de faculdade) gostava de subir nas árvores, de pegar ovo no galinheiro, de colocar o Toddynho na xícara e acrescentar leite de vaca, de fazer pão e torta. "Minha escolha pela cozinha brasileira aconteceu porque a infância me revelou a magia das coisas. Nunca entendi por que a nossa cultura era desvalorizada."

Na adolescência, tornou-se uma moça prendada. Adorava os "afazeres" domésticos – lavar, passar, costurar. Mesmo em São Paulo, onde foi cursar Administração de Empresas, era ela quem preparava a comida nas reuniões de família e nos encontros com os amigos. Seu talento começava a ganhar força.

Após se formar, Ana partiu rumo à Europa. Já pensava em gastronomia como uma possibilidade profissional e, por ironia do destino, em terras estrangeiras, percebeu o orgulho que tinha pelos sabores do Brasil. Em 2002, enquanto cursava o Italian Culinary Institute for Foreign Professionals (no Piemonte) e o Istituto per la Promozione della Cultura Alimentare (em Milão), ambos na Itália, fez diversas viagens por aquelas regiões. Vivenciou a forma como os italianos defendem sua cultura gastronômica e sua simplicidade apaixonante à mesa. "Ver como respeitam as receitas, cada região com seu queijo, seu azeite, seu vinho, a forma de fazer as coisas, tudo isso me deu um estalo", conta. "Percebi como precisávamos aprender com eles, a valorizar a nossa história, a manter as nossas tradições. Queria fazer algo em contribuição para que a nossa gastronomia fosse reconhecida."

ana luiza trajano

Antes de voltar ao Brasil, no entanto, aproveitou a oportunidade para estagiar no restaurante Beccofino, em Florença. Foi uma experiência essencial para o trabalho com o chef Sergio Arno, do extinto La Vecchia Cucina, quando retornou ao solo brasileiro. Logo depois, dedicou-se ao projeto da cozinha do centro de treinamento de executivos da Amana-Key. "Foi fundamental para perceber a importância de conceituar os alimentos." Naquele momento, a simpática chef descobriu também caminhos para a empreitada que mudou sua vida: uma grande viagem por todo o Brasil em busca de ingredientes, pratos e modos de vida que inspirariam o cardápio do Brasil a Gosto, seu restaurante até então, recentemente encerrado.

Um ano, dezenas de cidades, muitas receitas e um aprendizado para sempre: "Nossa cultura é muito rica, temos de conhecê-la de perto", diz. Além de conhecimento e ainda maior paixão pelas nossas raízes, as viagens trouxeram também resultados concretos. A partir delas, e da pesquisa "quase antropológica" que a chef faz, surgiu um belo livro de fotos, receitas e poesias que traz o nome daquele que era seu restaurante, *Brasil a Gosto*. Esse trabalho tem continuidade no Instituto Brasil a Gosto, criado logo após o encerramento do restaurante.

Agora, toda criação gastronômica surge de uma viagem, mesmo pequena, de poucos dias, porque a chef precisa ir a campo. Em seis anos, foram mais de quarenta cidades e vilarejos em vinte dos 26 estados brasileiros. Em algumas regiões, Ana se hospeda em hotéis. Em outras, fica na casa de moradores locais para vivenciar de perto a cultura. Também visita os mercados públicos, as lojinhas e os empórios para conhecer novos produtos. Ela investiga como eles são preparados, à beira do fogão, em conversas com gente simples que vive aquela realidade. Por isso, os comensais do Brasil a Gosto se surpreendem com sabores desconhecidos. Os produtores também são beneficiados, uma vez que passam a conquistar maior espaço no disputado mercado gastronômico de São Paulo.

Mas ela quer mais. Seu desejo agora é investir em projetos que causem um impacto maior. "Quero ajudar as comunidades, gerar algo que vá além dos meus clientes, pois eles já estão descobrindo o valor da cozinha brasileira", afirma. Essa generosidade e o olhar crítico são sinais de que as lições aprendidas lá no interior de São Paulo realmente deram frutos: "Meus pais sempre me diziam que tínhamos que nos preocupar com o legado que vamos deixar, e também com o país que nossos filhos vão herdar".

ana luiza trajano

ANA LUIZA E O CAÇULA, ANTOINE

ana luiza por ana luiza

Como se formou cozinheira?
Em casa, no Italian Culinary Institute for Foreign Professionals, no Piemonte, e no Istituto per la Promozione della Cultura Alimentare, em Milão.

Qual o seu ingrediente favorito?
Mandioca, alho e cebola.

Onde você mais gosta de cozinhar?
Montei a cozinha dos meus sonhos em casa e estou curtindo.

Se você estiver sozinha, o que cozinha?
Abro a geladeira, vejo o que tem e me viro com aquilo. É uma brincadeira divertida.

Uma receita inesquecível?
Leitoa à pururuca do Natal de casa.

Se você não fosse chef, o que seria?
Corretora de imóveis; ajudo todo mundo a comprar e a vender casa.

Um ídolo?
Minha mãe.

Um sonho?
Que a gastronomia brasileira seja uma das mais respeitadas no mundo.

Quem estaria na sua mesa dos sonhos?
Meus filhos, minha família e meus amigos, chefs ou não.

Quem cozinharia?
A Lúcia, cozinheira lá de casa.

A CHEF E SEU PRIMOGÊNITO, PEDRO

Salada Morna de Lula e Polvo com Vinagrete de Caju

Rabada no Tucupi com Creme de Mandioca

receitas

Salada Morna de Lula e Polvo com Vinagrete de Caju (6 porções)
Ingredientes • Salada • *1 polvo* • *1 cebola em cubos grandes* • *1 talo de salsão em rodelas* • *1 alho-poró em rodelas* • *1 cenoura em rodelas* • *1 laranja em rodelas* • *1 taça de vinho branco* • *Água filtrada* • *6 lulas* • *2 pimentas dedo-de-moça (picadas e sem sementes)* • *2 colheres (sopa) de coentro picado* • *200 g de brotos diversos* • *40 ml de azeite* • *80 g de castanha-de-caju (torrada e picada grosseiramente)* • Vinagrete de caju • *600 ml de suco de caju concentrado* • *200 g de tapioca granulada* • *40 ml de azeite* • *Sal e pimenta a gosto* • **Preparo** • Fazer um caldo com os legumes e as rodelas de laranja. Colocar o vinho branco e cozinhar o polvo por, aproximadamente, uma hora neste caldo. Resfriar o polvo e cortá-lo em fatias de, aproximadamente, 3 cm de largura. Limpar as lulas e cortá-las em rodelas finas. Em frigideira quente, colocar primeiro o polvo para saltear no azeite e, por fim, a lula, ambos já temperados com sal e pimenta. Fora do fogo, colocar a pimenta dedo-de-moça picada, o coentro e o vinagrete de caju. Servir com os brotos por cima e a castanha-de-caju para finalizar o prato. Para o vinagrete de caju, colocar a tapioca para cozinhar, em fogo baixo, no suco de caju. Depois de aproximadamente 20 minutos, retirar do fogo e resfriar a mistura. Uma vez fria, batê-la no liquidificador com o azeite e os temperos, a fim de produzir um molho liso.

Rabada no Tucupi com Creme de Mandioca (4 porções)
Ingredientes • *440 g de rabada desfiada* • *25 g de sal temperado* • *20 g de tomilho* • *90 ml de óleo de milho* • *100 ml de tucupi* • *100 ml de molho de rabada* • *600 g de purê de mandioca* • *200 g de manteiga* • *100 g de farinha de cruzeiro* • Purê de mandioca • *3 kg de mandioca* • *300 ml de leite* • *200 g de manteiga* • **Preparo** • Tempere a rabada com sal temperado e tomilho. Deixe-a, no mínimo, doze horas no tempero. Sele as peças de rabada no óleo e coloque-as para cozinhar em água na panela de pressão (por quarenta minutos) ou em panela normal (por três horas). Separe o caldo do cozimento e desfie a rabada. Para o molho, faça uma redução de tucupi e adicione o molho da rabada. No momento de servir, aqueça o purê de mandioca com leite, misture e faça duas gotas no prato em sentidos contrários. No meio do prato, coloque a rabada aquecida no molho de tucupi e a farinha de cruzeiro por cima. Decore.

Cocada de Forno (8 porções)
Ingredientes • *360 ml de água* • *600 g de açúcar refinado* • *200 g de coco em flocos* • *100 g de manteiga sem sal* • *120 g de gemas* • *120 g de farinha de trigo* • *360 ml de leite integral* • *32 g de sorvete de limão* • *8 g de melaço de cana* • **Preparo** • Ferva a água com o açúcar até formar uma calda não muito espessa (antes do ponto de fio). Coloque o coco e a manteiga para cozinhar na calda, por seis minutos. Numa batedeira, bata as gemas até que fiquem esbranquiçadas. Depois, adicione a farinha e o leite. Em um bowl, coloque a mistura de coco e junte com o creme de gemas. Esfrie e deixe descansar por 24 horas. Asse a cocada em banho-maria, por 30 minutos, a 75 °C. Depois, gratine-a na salamandra. Sirva com o sorvete de limão e o melaço de cana.

Cocada de Forno

"Descendente direta de imigrantes italianos, perfeccionista, apaixonada por aromas, formas, cores e tudo aquilo que é belo." É assim que Ana Soares se autodefine, uma arquiteta que trocou as pranchetas pelas massas, mas jamais abandonou o senso estético. "O pastifício tem muito da Arquitetura: a preocupação com a forma é essencial na criação da massa", justifica.

Com a fala mansa, por vezes abstrata, Ana conta que as refeições em sua casa, em Guararapes, interior de São Paulo, eram sagradas. "Minha mãe era muito vaidosa, só cozinhava de salto e nunca se sujava. Fazia tudo com esmero. Ela era incapaz de jogar folhas e legumes em uma travessa. Montava saladas lindas, estruturadas", relembra a chef cujo prato da infância é o fusilli da mama Cecília. "Ela moldava à mão, um a um, uniformes, e servia com molho de tomate e ricota seca apimentada. Herdei dela o olhar para a beleza", complementa.

Suas referências gastronômicas não se limitam à relação materna. O cozinheiro Matias preparava as caças, como as codornas que o pai trazia do Mato Grosso. "Meu pai gostava de tudo o que fosse extravagante, assava cabritos e contava histórias eloquentes sobre alcaparras e queijo parmesão." O pai era um professor que, aos poucos, foi se tornando criador de gado de corte sem deixar de ser um homem comunicativo – foi, inclusive, um dos fundadores da rádio local de Guararapes.

Sua avó materna, Maria, matava o porco e preparava as partes com a ajuda de todos. "Na casa dela tinha horta e pomar. Cresci num ambiente delicioso, cheio de liberdade, de comida, de brincadeiras. Eu era chique, mas me sujava." Já na casa da avó paterna, Valentina, as crianças tinham uma cozinha onde podiam brincar de fazer biscoitos e bolos, numa época de gentilezas entre a vizinhança: "Existia a troca de comida, você mandava um agrado, um doce, e a vasilha nunca voltava vazia".

Em 1967, aos 15 anos, Ana se mudou para a capital paulista para morar com a irmã mais velha e completar os estudos no Colégio de Aplicação, na Universidade de São Paulo. "Meus pais sempre foram pessoas de cabeça aberta, desprovidas de preconceitos. Ir para essa escola reforçou isso e também o meu lado social. Cheguei numa cidade em polvorosa, num momento político tenso. Na hora de definir o que iria fazer, optei pela Arquitetura. Parecia um espaço que não se fecharia nunca."

ana soares

Mesmo durante a Faculdade de Arquitetura e Urbanismo da USP, Ana cozinhava. "Eu e minha irmã fazíamos bife à milanesa, pastéis, arroz, feijão, carnes, massas, tudo o que aprendemos com a família." Essa fase serviu para "abrir a cabeça" da garota do interior. "Na universidade, aprendi a pensar no projeto, no conceito, tive aulas de arte inesquecíveis, e tudo isso está no meu trabalho como cozinheira hoje."

Foi na faculdade que Ana conheceu o marido, o sociólogo Luiz Henrique. "Ele estudava em Campinas e nos conhecemos por meio de uma amiga. Eu tinha 18 anos e me apaixonei, estamos com 43 anos de namoro." Ao final da universidade, Luiz ganhou uma bolsa de estudos, e, no ano seguinte, eles se mudaram para a França.

Lá, seu "lado cozinheira" floresceu ainda mais: "Sempre cozinhei como forma de demonstrar amor. Levava livros de receitas para ler na cama. Mas, na França, enlouqueci com as vitrines de comida, os mercados, os ingredientes, os cheiros". Entre os cursos no museu do Louvre, as aulas de francês e o nascimento do primeiro filho, Miguel, Ana se encontrava com as panelas. "Eu cozinhava cada vez mais. Recebíamos tanta gente que, em menos de um ano, mais de 200 pessoas passaram pela nossa casa. Até hoje, quando retorno, não suporto ficar em hotel, preciso cozinhar."

Na volta ao Brasil, a jovem logo engravidou de Valentina, nome em homenagem à avó paterna, mas se manteve como arquiteta. Na sequência, passou pela Moda. "Como as crianças não tinham o que vestir, eu e umas amigas montamos uma confecção de roupas infantis que, de tão artísticas, eram quase parangolés. Fazíamos roupa com uma estética nova", relembra. Com o Plano Collor em 1990, porém, a confecção fechou. "Todo mundo falava para eu cozinhar, mas eu não via isso como forma de ganhar dinheiro." Mais tarde, a perda dos pais e de uma amiga mexeu com a cabeça de Ana. "Acabei decidindo ajudar uma amiga a desenvolver o menu de um hotel. Quando entrei na cozinha, soube que nunca mais sairia de lá. Aquilo foi natural, uma explosão e um prazer infinitos."

De duas horas, ela passou a quatro, seis, doze horas na cozinha – e a consultoria de cardápios de bares, restaurantes e hotéis tomou conta de sua vida. "Eu criava menus e produzia massas para diversos endereços da cidade. Foi quando o chef Emmanuel Bassoleil me explicou que massa é uma especialidade. Eu tinha o ofício da massa em mim, cresci no meio do pastifício, brincava entre os secadores de macarrão, mas não sabia que poderia viver disso. Percebi que era possível produzir, fornecer e ter tempo para minha família." Em 1995, ela alugou um espaço na Vila Mariana e deu vida ao Mesa III. "Nas massas, eu vivo a arquitetura que está nas cores e estruturas, o amor pela comida e o legado da minha família. Hoje posso dizer que sou uma pessoa realizada."

ana soares

ana por ana

Como se formou cozinheira?
Sou autodidata, nasci cozinheira e não sabia.

Qual o seu ingrediente favorito?
Tomate, azeite e ervas.

Onde você mais gosta de cozinhar?
Em casa.

Se você estiver sozinha, o que cozinha?
Massa!

Uma receita inesquecível?
Fusilli da minha mãe, feito à mão, com molho de tomate e ricota seca apimentada.

Se você não fosse chef, o que seria?
Queria ser cabeleireira quando era pequena.

Um ídolo?
As inglesas Ruth Rogers e Rose Gray, que levaram para a Inglaterra a cozinha italiana, minha favorita.

Um sonho?
Morrer bem velha.

Quem estaria na sua mesa dos sonhos?
Os amigos de sempre.

Quem cozinharia?
Eu, claro!

Salada de Radíquio ao Chèvre, Beterraba e Vinagrete ao Tinto

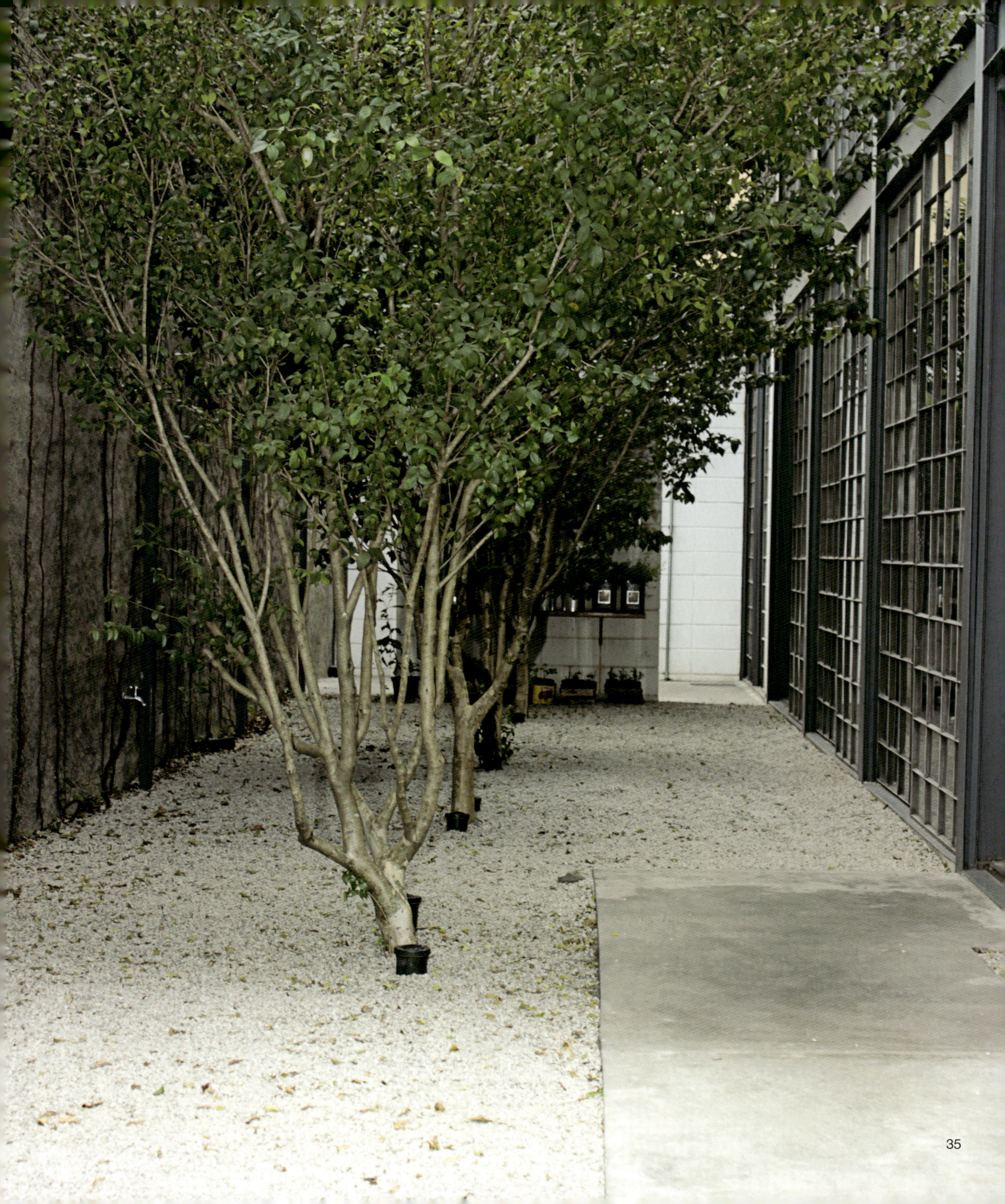

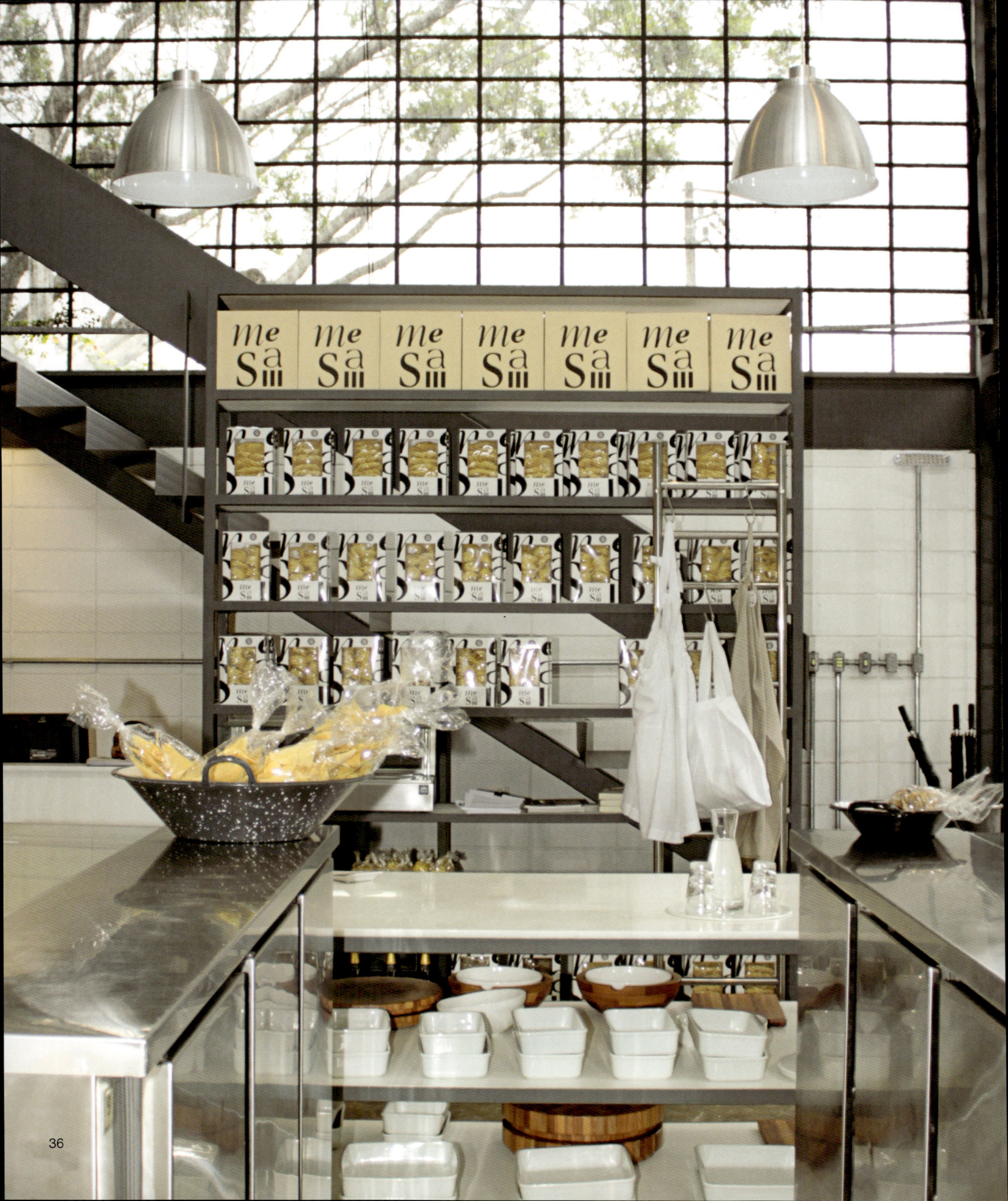

Ravióli-Plin de Zucca na Manteiga de Sálvia

receitas

Salada de Radíquio ao Chèvre, Beterraba e Vinagrete ao Tinto
(4 a 6 porções)
Ingredientes • *1 maço de radíquio (folhas rasgadas)* • *½ maço de rúcula (folhas)* • *½ maço de brotos de beterraba* • *2 beterrabas cozidas ou assadas (cortadas em luas)* • *180 g de queijo de cabra* • *30 g de pistache picado (grosseiramente)* • *Sal a gosto* • *Pimenta-do-reino a gosto (moída na hora)* • *180 ml de vinagrete ao tinto* • **Vinagrete ao tinto** • *50 ml de suco de uva integral* • *100 ml de vinho tinto (seco)* • *1 pitada de açúcar* • *1 pitada de sal* • *100 ml de azeite virgem* • *Pimenta a gosto* • **Preparo** • Distribuir harmoniosamente no prato de serviço a rúcula, o radíquio e as beterrabas, intercalando o queijo (a colheradas) e os brotos de beterraba. Temperar a gosto com sal e pimenta. Regar com o molho. Finalizar com pistache. • **Vinagrete ao tinto** • Misturar o sal, o açúcar, o suco e o vinho. Incorporar o azeite, batendo sempre. Retificar os temperos. Reservar para utilização.

Ravióli-Plin de Zucca na Manteiga de Sálvia (4 a 6 porções)
Ingredientes • *1 kg de ravióli-plin de zucca* • *200 g de manteiga de sálvia* • *20 g de parmesão (plumas)* • *Sálvia (fresca ou frita) para finalização* • *Raspas de limão-siciliano (de preferência)* • *Pimenta a gosto (moída na hora)* • **Ravióli-plin de zucca** • *280 g de farinha de trigo* • *120 g de sêmola de grão duro* • *4 ovos* • *50 g de cebola* • *30 ml azeite* • *30 ml de óleo de milho* • *Salsa picada (a gosto)* • *Farinha de pão (se necessário e o quanto baste)* • *Sal, noz-moscada e pimenta-do-reino moída na hora (a gosto)* • *10 g de alho picadinho* • *500 g de zucca assada (abóbora-cabotiá)* • **Preparo** • Derreter a manteiga e reservá-la no calor. Aquecer a massa em abundante água fervente e temperada com sal grosso. Escorrer a massa. Colocar no prato de serviço parte da manteiga e do parmesão, a massa e o restante da manteiga e do parmesão. Finalizar com sálvia, raspas de limão e pimenta moída na hora. • **Ravióli-plin de zucca** • Integrar a farinha de trigo, a sêmola e os ovos. Abrir a massa com rolo ou máquina. Cortar com cortador. Umedecer as bordas. Para rechear, murchar a cebola no óleo mais azeite. Dourar o alho. Refogar a abóbora até desgrudar do fundo da panela. Se necessário, acrescentar farinha de pão moído (para chegar ao ponto firme e seco). Temperar a gosto com sal, salsa, pimenta e noz-moscada. Fechar sobrepondo a massa e apertando delicadamente as bordas. Dica: servir com manteiga aromatizada com sálvia.

Franguinho de Leite às Ervas e Limão Confitado (2 porções)
Ingredientes • *1 franguinho de leite cortado ao meio (cerca de 600 g)* • *50 ml de vinho branco (seco)* • *10 g de alho picado* • *20 ml de azeite* • *4 dentes de alho inteiros (com casca)* • *30 g de limão confitado (tirinhas)* • *Tomilho, sálvia, louro, sal, pimenta e raspas de limão-siciliano (a gosto)* • **Limão confitado** • **Calda** • *750 ml água* • *750 g de açúcar refinado* • **Limão** • *1,4 kg de limão-siciliano* • *400 g de sal fino* • *400 g de açúcar refinado* • *10 g de pimenta-preta em grãos* • *4 folhas de louro (opcional)* • *Canela em pau e cravo a gosto (opcional)* • **Preparo** • Colocar as ervas sobre a pele do frango. De véspera, marinar o frango com todos os ingredientes. Colocá-lo em assadeira coberta com papel-alumínio e levá-lo ao forno (iniciar com o forno frio). Assar regando com o caldo da assadeira até dourar. Servi-lo com o molho da assadeira. • **Limão confitado** • **Calda** • Misturar bem e levar ao fogo para ferver, por 5 minutos ou até dissolver bem o açúcar. Esfriar e reservar. • **Limão** • Misturar o sal com açúcar. Lavar bem os limões e enxugá-los. Cortar em cruz sem separar as quatro partes. "Rechear" os limões com sal e açúcar. Colocar em vidro esterilizado, pressionando bem os limões entre si (para não movimentar as frutas) e distribuir as especiarias. Regar com a calda de açúcar fria e reservar por um mês, em local refrigerado e escuro. Abrir o vidro, retirar o miolo dos limões e laminar a casca. Guardar com a calda, na geladeira, em vidros pequenos (e esterilizados).

Franguinho de Leite às Ervas e Limão Confitado

andrea kaufmann

"Não faço uma refeição em vão. Tudo o que ponho na boca, desde criança, tem que ter um sabor, um azeite, um cuidado. Sempre fui superapaixonada por comer bem." É desse jeito que a paulistana Andrea Kaufmann começa a contar como foi parar na cozinha. Seus pais também eram apaixonados pelo assunto, desses que amam viajar para comer e que veem a comida como algo cultural. Ainda criança, Andrea se lembra de ficar sentada na escada da cozinha, olhando a senhora mineira que trabalhava em sua casa preparar o frango para assar: "Ela brincava, punha ele de pezinho e eu pensava: 'Como eu queria ter essa profissão! Ela acorda e pode cozinhar!'". A menina "comilona" cozinhava apenas nas festas judaicas, com a avó. "A gente preparava os tradicionais *gefilte fish* (bolinhos de peixe). Primeiro, ela só me deixava passar o dedo delicado sobre o peixe para ver se tinha espinha. Depois, começou a me deixar moer o peixe, mais tarde, a ajudar a moldar as bolinhas, até que um dia eu pude ajudar a temperar a massa."

Aos 17 anos, Andrea se tornou vegetariana por conta de algumas alergias – e achou divertidíssimo. Começou a preparar pratos porque não tinha esse tipo de comida em casa. Fazia tortas, massas (nhoque e raviólis artesanais) e muito doce. Porém, quando chegou a hora de ir à faculdade, a cozinha não era vista como profissão. Fez, então, publicidade. Loguinho, aos 21 anos, a moça se casou. E criou o hábito de comprar livros de receitas e pedir ao marido, Pablo, para escolher uma receita para ela fazer. Em pouco tempo, notou que gastava todo o dinheiro que ganhava (na agência em que trabalhava) com livros e ingredientes.

Aos 24 anos, ela se matriculou em um curso de panificação. Na sequência, tornou-se produtora e subchef num bufê e foi convidada pela amiga, Bel Coelho, a ajudar num restaurante novo, o Madeleine. Convite aceito, Andrea engravidou e teve que abandonar o projeto porque não aguentava a jornada. Em compensação, para não deixar a culinária, passou a dar aulas em casa: "O mote era uma cozinha simples, com

ANDREA E JONI CARAMELO

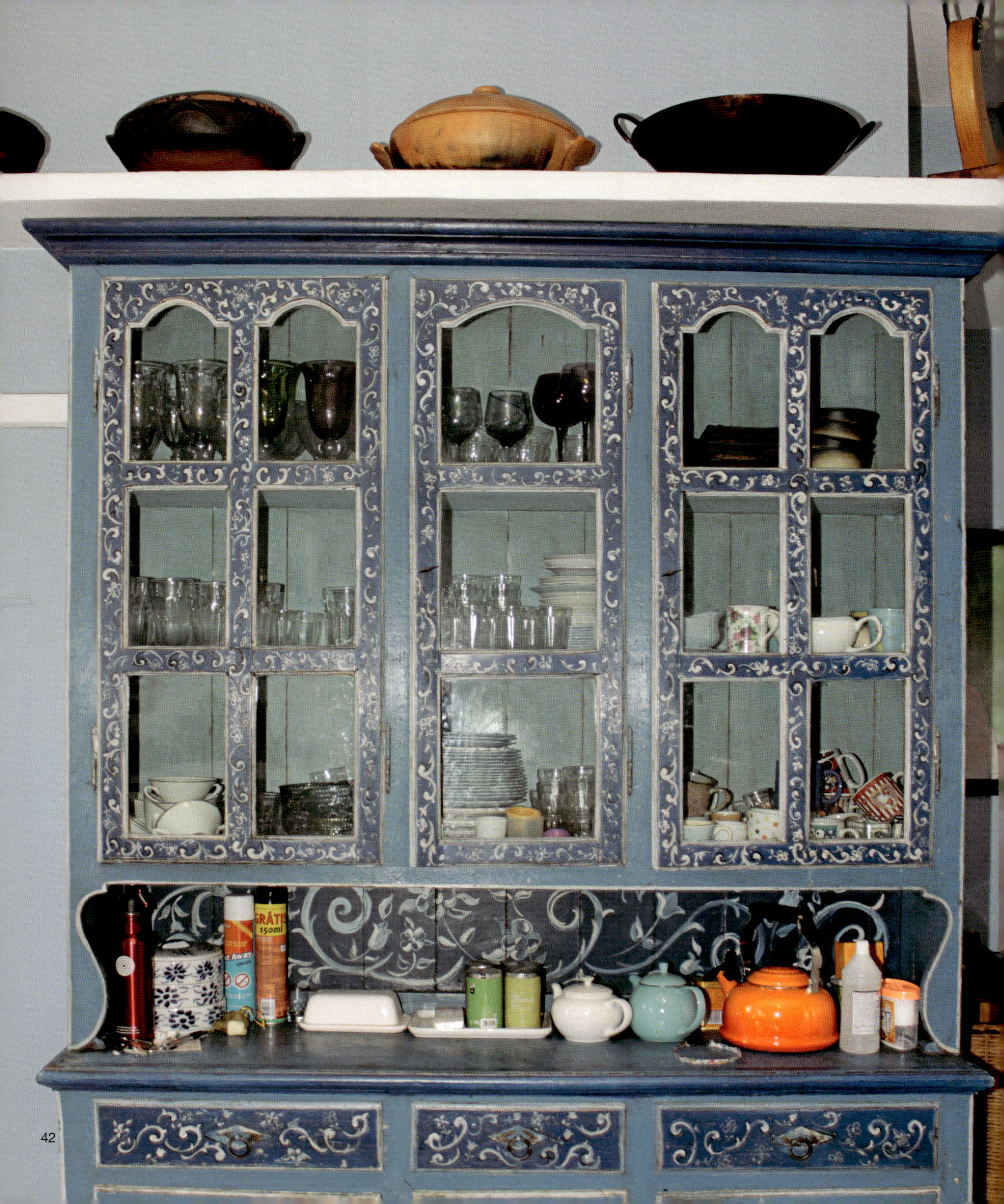
GRÁTIS
150ml

andrea kaufmann

ingredientes sofisticados e uma apresentação diferente. Eu fazia onze receitas, em três horas, durante os cursos 'cozinhando com estilo e sem stress' nas versões: verão, Tailândia e cozinha afrodisíaca. Eram módulos para recém-casados, recém-separados, domésticas, e a divulgação era feita por e-mail entre amigos".

Intercalando aulas e mamadas, recebeu a proposta de abrir um restaurante com um amigo. Ela topou, mas quis fazer o Cozinheiro Chefe Internacional, no Senac, antes. Assim, teve a ideia de um lugar para receber os judeus que tinham vindo com a Segunda Guerra. Era 2006, e surgia o AK Delicatessen, em Higienópolis. "Achei que os judeus iriam apoiar, mas eles eram os mais difíceis de agradar. Eu brincava que iria colocar na camiseta a frase: 'Eu não sou a sua avó'". Para o menu, Andrea contou com a ajuda da chef Ana Soares: "Ela me adotou como filha. Na hora em que ela ligava, eu saía correndo, porque ela tem uma agenda maluca e não tem relógio. Às vezes, a gente passava um dia todo em uma única receita", relembra.

Apesar de a delicatessen ter divulgado a cozinha judaica na cena gastronômica, chegou um momento em que sua chef queria mais: "Apesar de não ser um restaurante kasher, eu não podia fazer carne de porco nem frutos do mar, para não desagradar". Somado a isso, seu aluguel iria expirar. A saída foi se mudar para a Vila Madalena, num ponto que era de sua avó e que ficava do ladinho de sua casa. Em 2011, nascia seu restaurante AK, sobre o qual, na época, ela dizia: "É o tipo de lugar que gosto de ir: descontraído, onde é possível passar a noite beliscando croquetes sem ninguém encher, tem menu rotativo e me deixa fazer o que gosto – ir à Liberdade, à feira, ao Ceasa, trazer experiências da minha vida, de viagens, de livros", explica a dona. Seu restaurante trazia pratos com história. Um exemplo é o chupe peruano, receita apresentada pela sogra argentina: "Nos anos 1970, ela sempre comia o chupe do Tomo 1, em Buenos Aires. Então, quando ela veio para o Brasil, pediu a receita". A chef cedeu a fórmula sob a condição de que, por 20 anos, ela não fosse revelada a ninguém. Mas o tempo passou, a espécie de sopa andina deixou de ser secreta e ainda ganhou de Andrea camarões, mais ervas e apenas gemas no lugar do ovo inteiro. Atualmente, o AK encontra-se fechado, enquanto ela se dedica a novas pesquisas. A chef diz se esforçar para não ser monotemática. "Penso em comida 24 horas por dia. Existem os chefs que são os sargentos da gastronomia e têm a função de divulgar a cozinha brasileira para o mundo. E os chefs soldados que estão no dia a dia do restaurante, conhecendo produtores, sua clientela, sua cozinha – eu sou dessas. Eu gosto de receber as pessoas, de cantar comanda. Estou há 12 anos na cozinha e sinto que estou só começando. Vou cozinhar até o último dia da minha vida."

andrea kaufmann

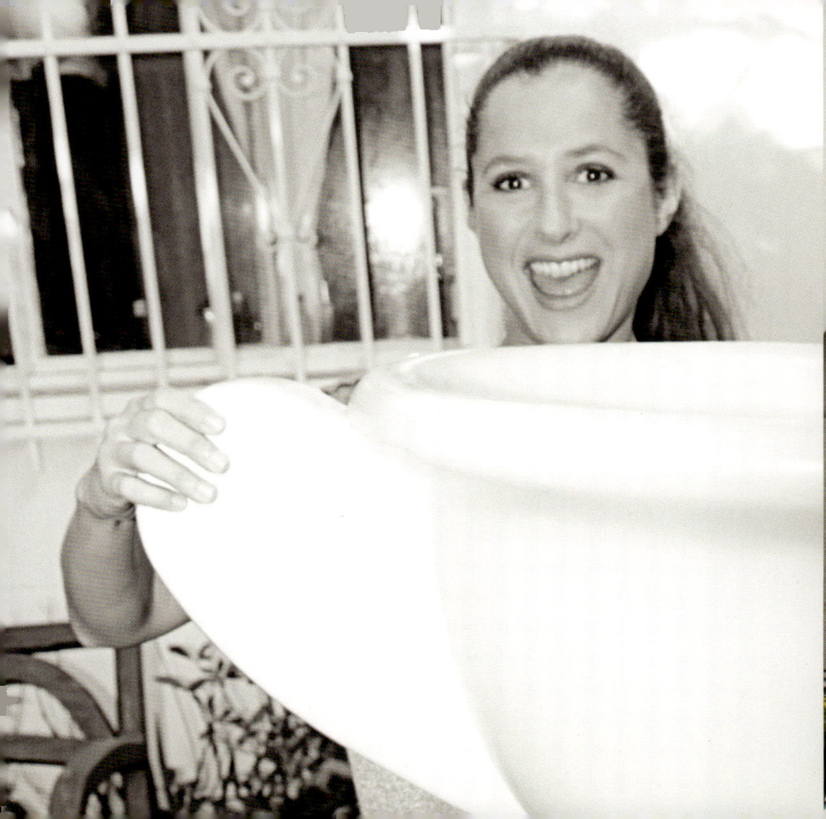

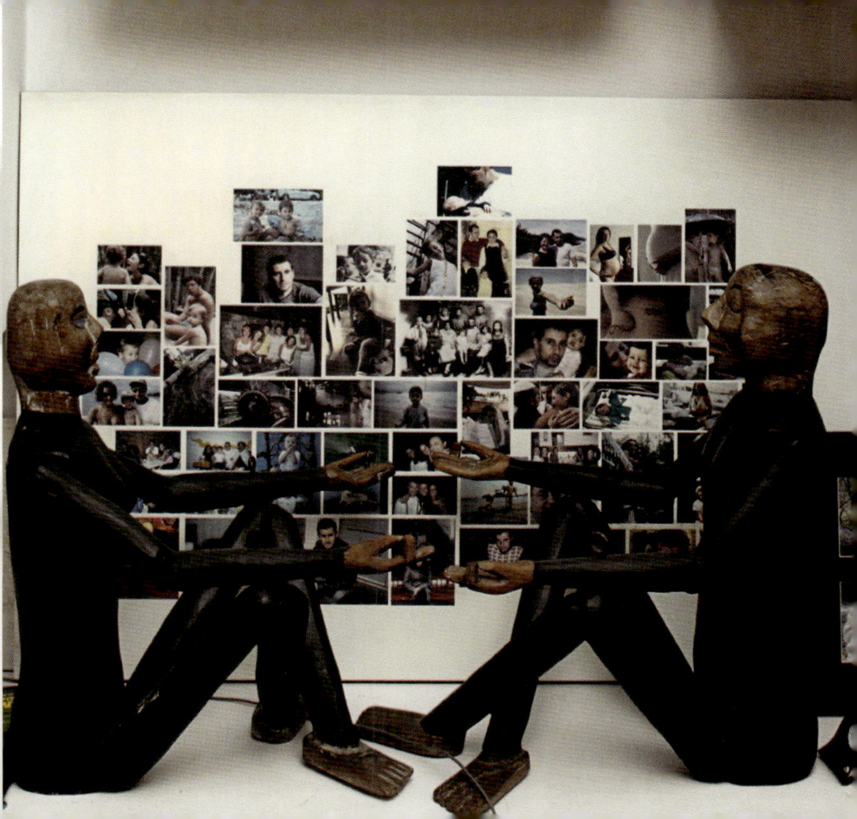

andrea por **andrea**

Como se formou cozinheira?
A gente se forma todos os dias.
Estou me formando.

Qual o seu ingrediente favorito?
Azeite.

Onde você mais gosta de cozinhar?
Em casa.

Se você estiver sozinha, o que cozinha?
Uma massa ou um pãozinho.

Uma receita inesquecível?
Chupe peruano.

Se você não fosse chef, o que seria?
Não tem jeito, seria chef.

Um ídolo?
Mahatma Gandhi, Steve Jobs
e Francis Mallmann.

Um sonho?
Ver o Brasil com menos corrupção.

Quem estaria na sua mesa dos sonhos?
Minha família.

Quem cozinharia?
Sempre eu.

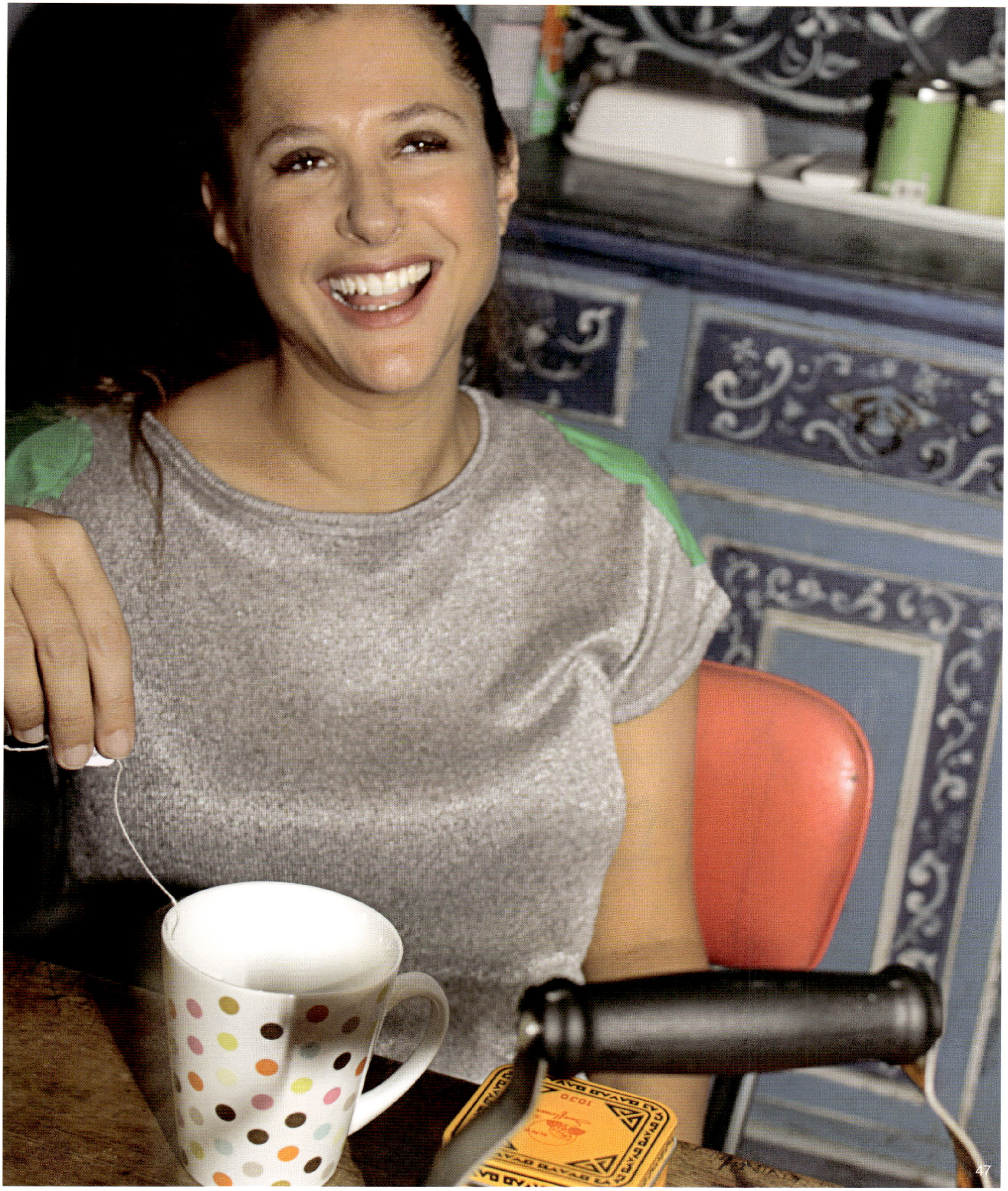

Chupe Peruano

49

50

Medalhão com Pastrami e Brie

receitas

Chupe Peruano (1 porção)
Ingredientes • *1 colher (sopa) de cebola picada • 2 colheres (sopa) de tomate concassé (sem pele e sem sementes) • 1 colher (sopa) de pimentão-vermelho picado (sem sementes) • 2 colheres (sopa) de arroz cozido • 2 g de pimenta-calabresa • 2 galhos de tomilho • ½ galho de alecrim • 100 ml de caldo de camarão • 2 dentes de alho picados • 50 ml de creme de leite fresco • 100 g de camarão limpo • 1 colher de sopa de salsinha picada • 20 g de queijo prato em cubos • 1 gema* • **Preparo** • Em uma panela, refogue em azeite a cebola, o pimentão, o tomate e o arroz. Adicione ao refogado a pimenta-calabresa, o tomilho, o alecrim e caldo de camarão. Ferva por 5 a 7 minutos. Depois, adicione o camarão, o queijo e a salsa picada e ferva por mais 3 minutos.

Medalhão com Pastrami e Brie (1 porção)
Ingredientes • *200 g de medalhão de filé • Sal e pimenta-do-reino a gosto • 40 g de pastrami • 10 ml de azeite de ervas • Barbante • 60 g de queijo brie • 150 g de cogumelos (shimeji, shiitake e paris, refogados em azeite e tomilho) • 20 g de* **Manteiga francesa*** • *½ colher (sopa) de azeite • 100 ml de creme de leite fresco • 50 ml de molho roti* • **Preparo** • Enrolar os medalhões com o pastrami e amarrá-los com barbante. Temperar com sal e pimenta-do-reino. Grelhar os medalhões, pincelando azeite de ervas. Cobrir o medalhão com o brie e gratinar por, aproximadamente, três minutos. Saltear os cogumelos na **Manteiga francesa***. Adicionar o roti e o creme de leite fresco e deixar ferver. Fritar os latkes (bolinho judaico de batata). **Manteiga francesa*** • **Ingredientes** • *400 g de manteiga amolecida • 15 g de alho micropicado • 10 g de tomilho fresco picado • 10 g de salsa picada • 20 g de ciboulette picada • 30 ml de azeite • 1 g de sal • 1 g de pimenta-do-reino moída • 1 g de noz-moscada ralada* • **Preparo** • Misture todos os ingredientes. • **Montagem** • Colocar o molho no centro do prato, por cima o medalhão. Dica: servir com latkes.

Fidelini com Bottarga (1 porção)
Ingredientes • *100 g de* **fidelini artesanal*** • *20 g de bottarga ralada • 10 ml de azeite extravirgem* • **Preparo** • Faça a massa de modo tradicional. Finalize com bottarga ralada e azeite extravirgem.
Fidelini* • **Ingredientes** • *1 kg de farinha • 10 gemas • 10 ml azeite • Sal a gosto* • **Preparo** • Misture os ingredientes. Faça uma bola com a massa e deixe-a descansar, por 30 minutos. Passe a massa na máquina de macarrão.

Fidelini con Bottarga

lla
asano

Nem sempre ser filho, irmão ou marido de alguém que já possui reconhecimento profissional em determinada área significa um empurrãozinho a mais. Para Bella Masano, chef de cozinha e sócia do Amadeus, em São Paulo, foi quase um estigma a ser superado. Filha dos proprietários da tradicional casa de pescados, a simpática paulistana cresceu entre as panelas e os clientes do local. Desde os 6 anos, quando o restaurante funcionava na Rua Pamplona (antigo endereço), acompanhava a família e provava de tudo. Foram incontáveis os fins de semana brincando debaixo das mesas com a irmã, inventando passagens secretas e dormindo na sala da mãe, com sua mantinha xadrez, enquanto os pais trabalhavam até tarde. "Para nós, era um grande parque de diversões", lembra.

Embora a Gastronomia estivesse arraigada em sua vida, ela cresceu achando que seria médica. Porém, às vésperas do vestibular, foi seduzida pelo curso de Turismo da Escola de Comunicação e Artes da USP, afugentando a ideia de ter que lidar com a morte no dia a dia e alimentando o sonho de conhecer os quatro cantos do mundo. Como complemento, em paralelo, cursou Hotelaria no Senac. E, desde as primeiras aulas, ficou evidente a predileção pelas áreas de alimentos e bebidas e de gestão. Assim, na hora de definir seu estágio, nada parecia mais natural do que o Amadeus. "Mas eu não queria ficar sob as asas dos meus pais, tinha que descobrir sozinha como funcionava o mercado, sem colher de chá." Bella foi parar no bistrô Le Vin, então sob o comando do chef Erick Jacquin. No ano seguinte, saiu em busca de experiências internacionais. Em seis meses na França, dedicou-se à cozinha de base, na renomada escola Le Cordon Bleu, e fez rápidos estágios em bons restaurantes, incluindo um três estrelas na região de Champagne.

De volta ao Brasil, foi dar uma mãozinha para a mãe. A ideia original era dar alguns pitacos, suprir a necessidade temporária de ajuda e refazer as malas para mais uma temporada fora do país. Mas, sem perceber, foi ficando. "Eu já estava tão envolvida que não tive coragem de sair", conta, como se confessasse uma antiga paixão. Ainda que os pais tenham dado espaço à jovem de 20 aninhos, Bella foi tomando as rédeas

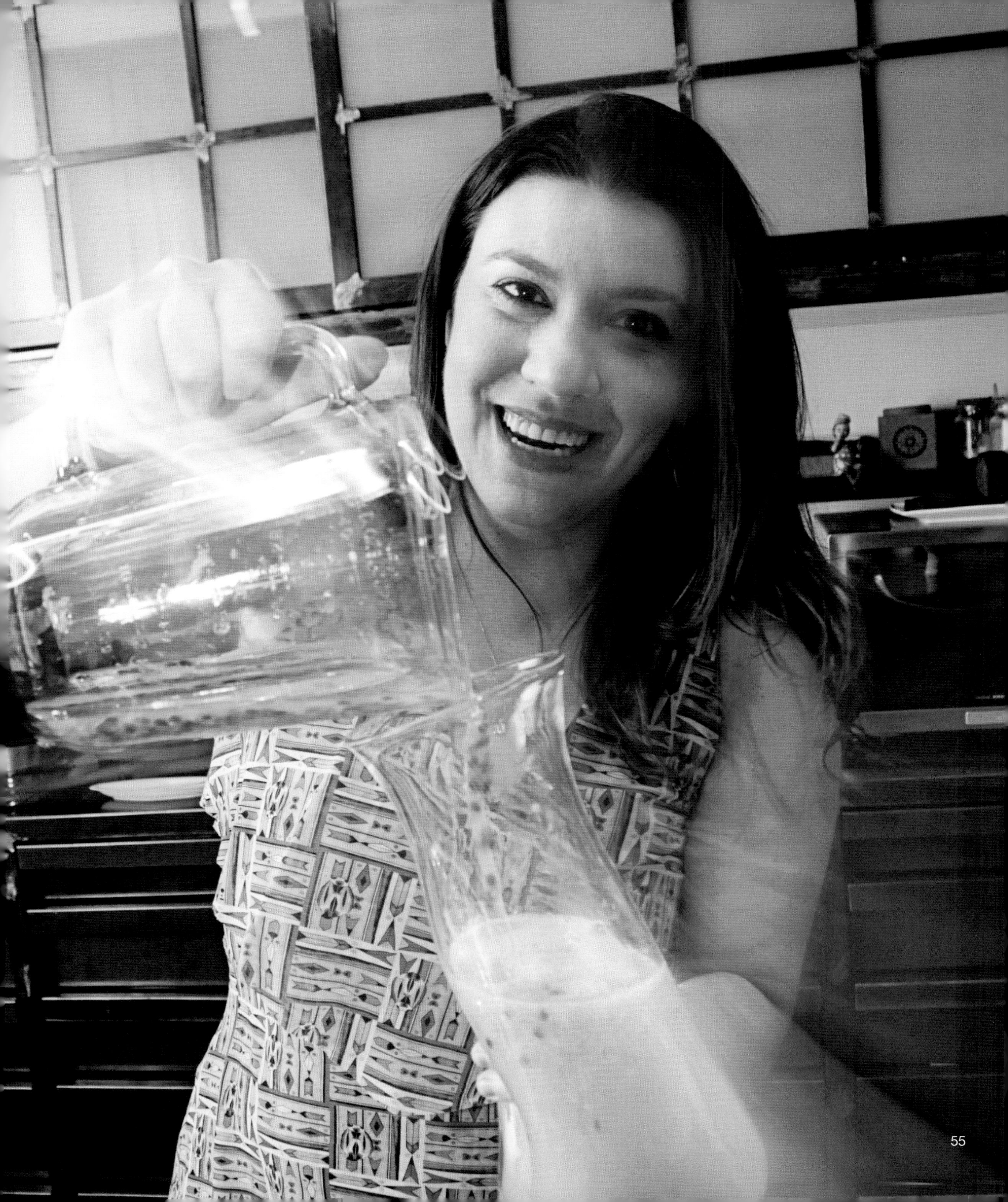

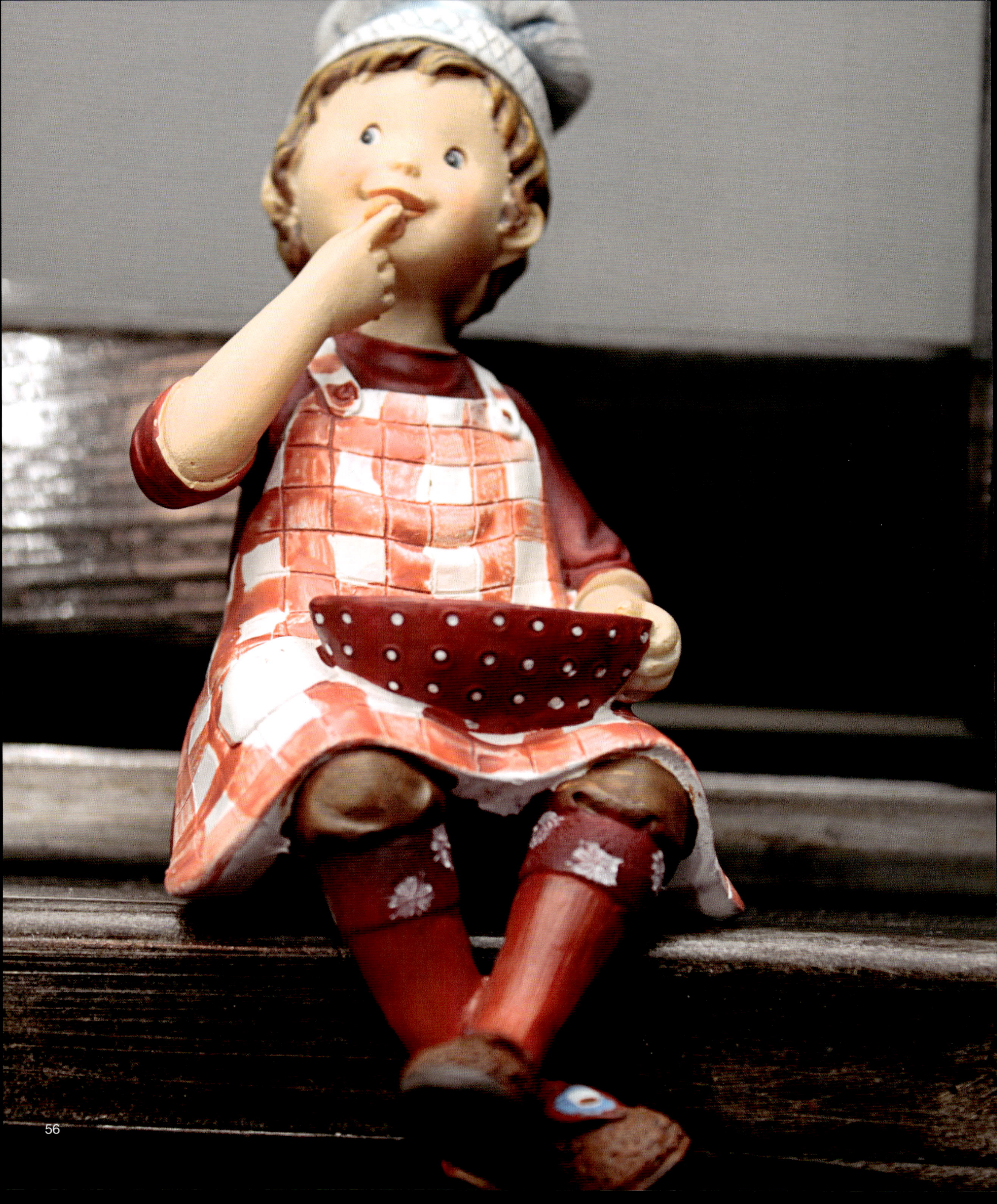

bella masano

da cozinha de forma zen, sem grandes rupturas. "Assumi aquela que era considerada a melhor casa de pescados da cidade. Eu era muito nova, não podia mudar tudo, nem fazia sentido. O menu só pedia pequenos ajustes", analisa com sensatez. Tudo começou pelo couvert clássico – sua sugestão foi servir porçõezinhas individuais, com itens mais elaborados. Com os elogios da clientela e o crescimento nas vendas, os garçons e os cozinheiros, que a conheceram ainda menina, notaram o início de uma nova (e ótima) fase. "O maior desafio foi mostrar que estava ali por mérito e não porque era filha da Ana e do Tadeu", conta.

O momento era de renovação não somente no Amadeus, mas em toda a cena gastronômica paulistana. O mercado para produtos importados estava em abertura, e os restaurantes se adaptavam à nova realidade. Simultaneamente, nascia a primeira leva de chefs profissionalizados do país, da qual Bella fazia parte.

Em 2005, ano em que assumiu as receitas do restaurante, foi considerada Chef Revelação por uma revista especializada, a *Prazeres da Mesa*. A cozinheira havia criado uma mentalidade mais técnica, sem mexer no pilar da casa: o protagonismo de ingredientes fresquíssimos. De lá para cá, apesar do reconhecimento da crítica e dos comensais, Bellinha, como é chamada pelos amigos, não perdeu a doçura e a tranquilidade. Casada, prefere respeitar seu tempo a aceitar projetos que a façam perder seus momentos com a equipe e a família. Essa opção não a impediu de encarar o mestrado na Faculdade de Arquitetura e Urbanismo da USP e, ainda, rendeu-lhe um aclamado trabalho sobre a gastronomia paulistana.

Quando consegue um tempo livre, Bella procura viajar. "Adoro conhecer novos lugares, entrar em contato com outras culturas. As viagens me enriquecem e me inspiram muito. Consigo descobrir ingredientes, observar outras técnicas e até perceber diferentes possibilidades para elementos que já utilizo." Sonhadora, o grande desejo da chef é contribuir para que o mundo seja um lugar melhor a cada dia. "Espero contribuir de alguma forma para o desenvolvimento do país. Procuro valorizar a pesca artesanal, admiro a relação que o pescador tem com o mar. Temos que remunerar de maneira justa essas comunidades." E complementa: "Quero poder consumir algumas iguarias sem abdicar da possibilidade de meus filhos também consumirem". Para essa bela cozinheira, a sustentabilidade precisa ser implementada como um trabalho de formiguinha, passo a passo, com delicadeza e personalidade – assim como ela faz na cozinha. Assim como ela leva a vida.

bella masano

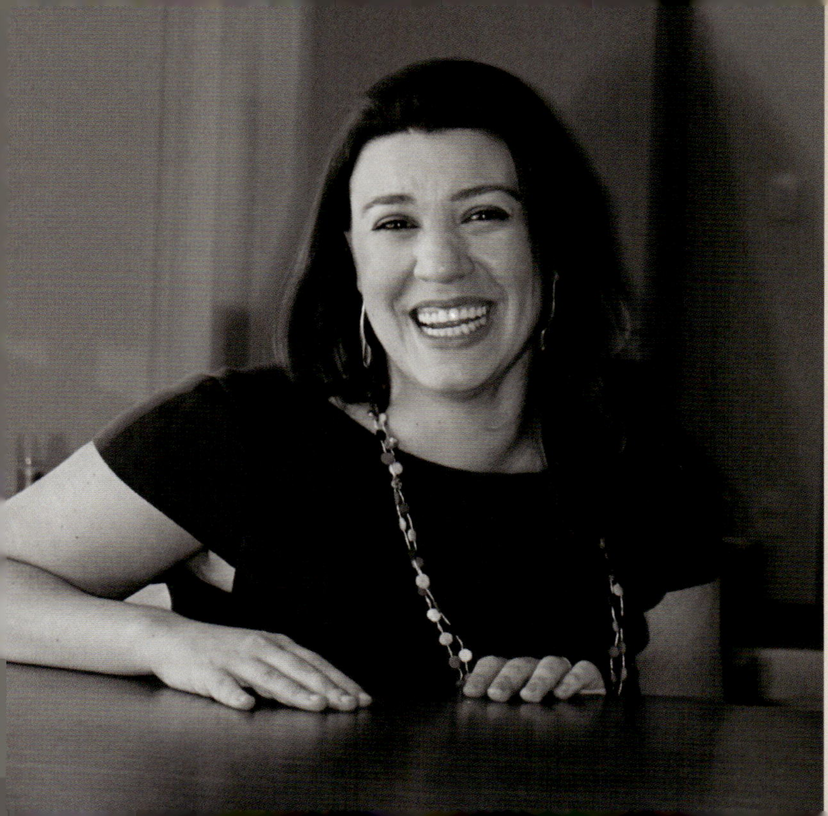
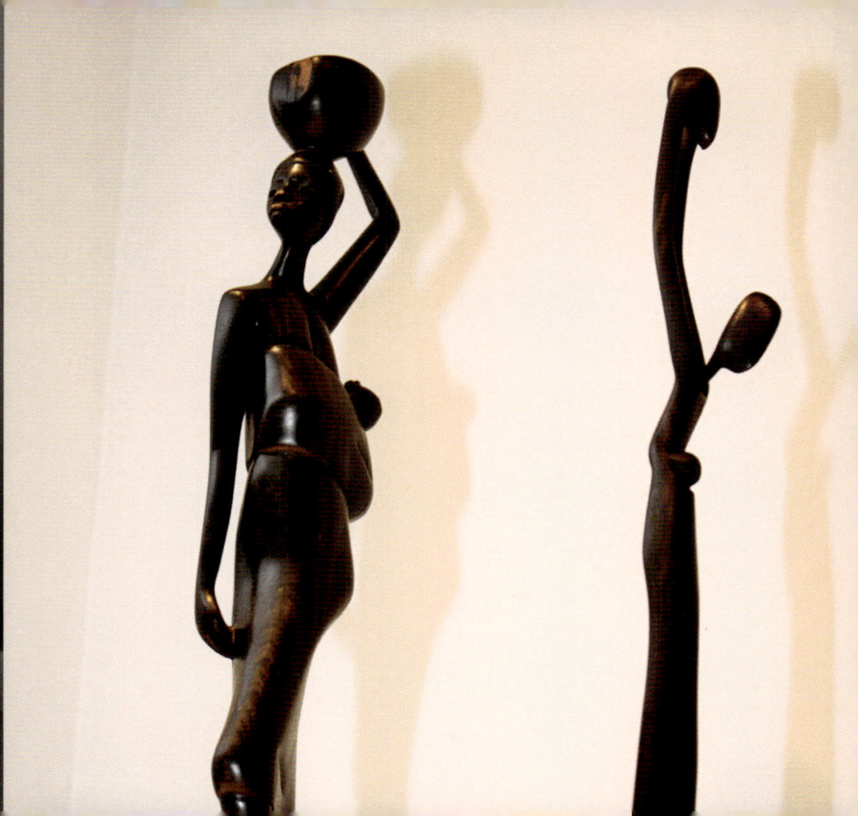

bella por bella

Como se formou cozinheira?
Cresci no Amadeus, fiz Le Cordon Bleu
e estagiei em outros restaurantes
em São Paulo e na França.

Qual o seu ingrediente favorito?
Limão.

Onde você mais gosta de cozinhar?
Em casa.

Se você estiver sozinha, o que cozinha?
O que tiver na geladeira.

Uma receita inesquecível?
A linguiça que meu avô preparava.
Comi, pela última vez, há mais
de 20 anos e ainda sinto o gostinho.

Se você não fosse chef, o que seria?
Médica.

Um ídolo?
Minha mãe.

Um sonho?
Um mundo melhor.

Quem estaria na sua mesa dos sonhos?
A família e os amigos.

Quem cozinharia?
Cozinharíamos juntos, a muitas mãos, como
foi no meu casamento. Mas sem preocupação
com nada, só pelo prazer de cozinhar, comer
e compartilhar. Provavelmente em Florianópolis.

61

Vieiras do Nosso Cultivo Marinadas

Modern Art
Modern Art

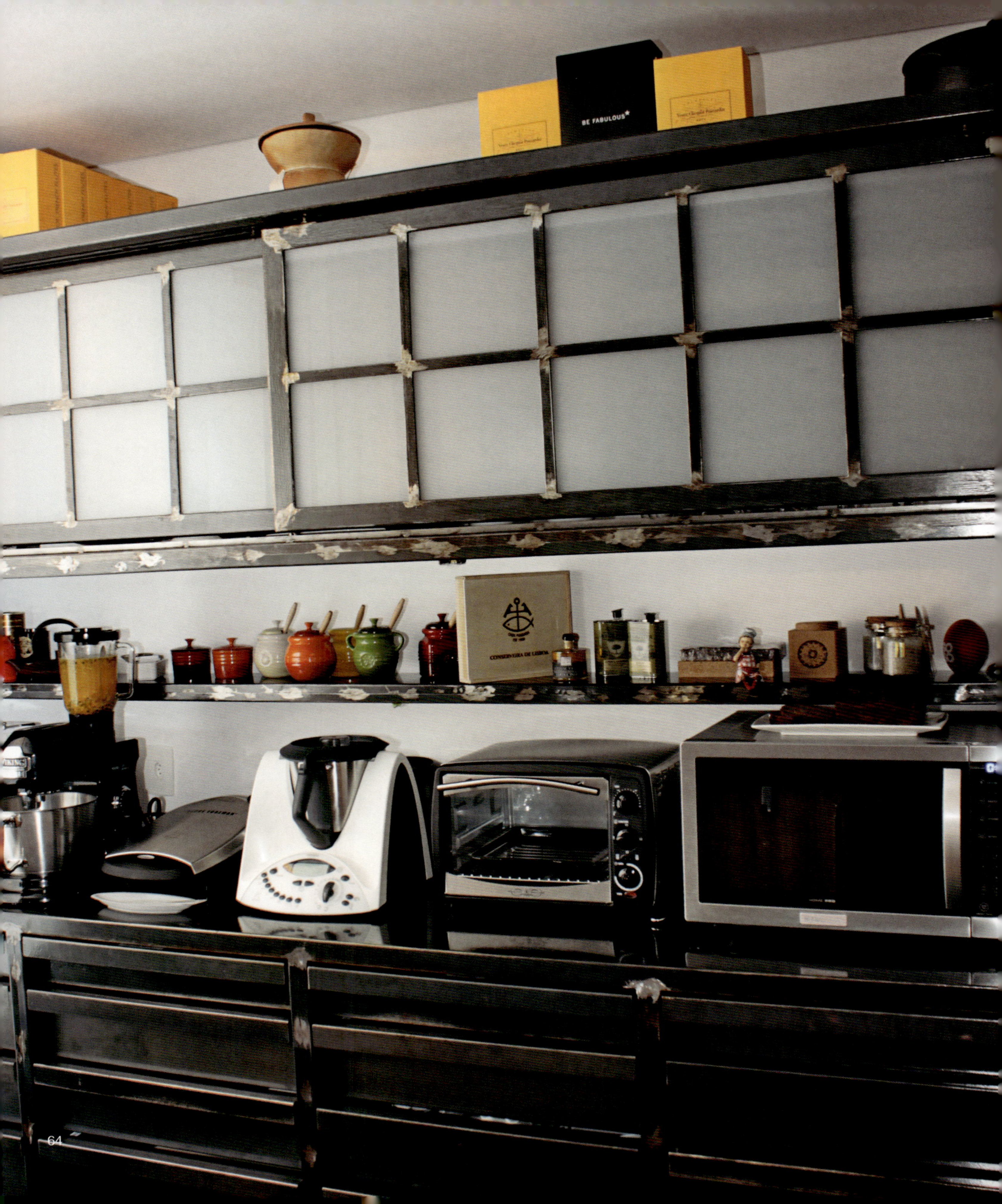
BE FABULOUS
CONSERVEIRA DE LISBOA

Lagosta em Mar Vermelho

receitas

Vieiras do Nosso Cultivo Marinadas (4 porções)
Ingredientes • **Salada** • *12 vieiras (do cultivo do Amadeus)* • *2 limões-cravo* • *1 fava de baunilha* • *12 g de miniagrião d'água* • *1 maracujá* • *150 ml de azeite* • *Flor de sal a gosto* • *Brotos de ervas e flores comestíveis (a gosto)* • *Emulsão de raiz-forte a gosto (raiz-forte fresca ralada e emulsionada com caldo de peixe)* • **Preparo** • Higienize o agrião e reserve-o. Abra as vieiras, limpe-as e separe o coral. Corte a fava de baunilha ao meio e passe as vieiras por ela, de modo que fiquem impregnadas pelas sementes. Tire o suco dos limões gelados e coe-o. Adicione flor de sal e verse sobre as vieiras. Deixe-as marinar por alguns instantes. Sele o coral em azeite, brevemente. Coloque o agrião e os brotos de ervas no centro do prato. Regue com um fio de azeite e salpique flor de sal. Distribua as vieiras no prato com o suco de limão. Posicione o coral ao lado de cada uma delas. Disponha as sementes de maracujá nos espaços vazios. Finalize com emulsão de raiz-forte e flores comestíveis.

Lagosta em Mar Vermelho (4 porções)
Ingredientes • *2 lagostas (cerca de 1,6 kg)* • *160 g de beterraba cozida (sem casca)* • *1 limão-taiti* • *1 colher (chá) de azeite ao aroma de trufas brancas* • *50 ml de azeite extravirgem* • *¼ de biri-biri* • *⅛ de maçã-verde* • *Flor de sal a gosto* • *Sal e pimenta do reino (moída) a gosto* • *Brotos de ervas e flores comestíveis a gosto* • **Preparo** • Processe a beterraba com uma colher de chá de azeite extravirgem, o azeite de trufas brancas, o suco de meio limão e sal. Reserve-a em geladeira. Corte o biri-biri e a maçã--verde em brunoise (dadinhos). Coloque suco de limão para não escurecer as frutas e reserve-as. Retire a lagosta da casca, limpe e tempere-a com sal e pimenta-do-reino. Em uma frigideira, sele a lagosta com o restante do azeite de oliva até que a carne esteja firme (a carne deve ficar branca, porém, manter-se translúcida). Pingue algumas gotas de limão. Corte a lagosta seguindo seus anéis e disponha a carne sobre o creme de beterraba. Verse o azeite da cocção da lagosta sobre o biri-biri e a maçã-verde. Distribua as frutas sobre a lagosta.

Massa Fresca com Camarões (4 porções)
Ingredientes • *20 camarões-brancos (800 g)* • *32 alcachofrinhas* • *50 ml de azeite* • *50 g de cebola picada* • *600 g de tomate em cubos (sem pele e sem sementes)* • *35 ml de leite de coco* • *Pimentas-de--cheiro (na cachaça) a gosto* • *Zests de dois limões-sicilianos* • *Brotos e ervas a gosto* • *Sal a gosto* • **Massa Fresca** • *250 g de farinha de trigo* • *2 ovos caipiras* • *Sal a gosto* • **Preparo** • Limpe os camarões e reserve-os. Murche a cebola em azeite com sal. Adicione os tomates. Refogue tudo por um minuto e meio. Verse o leite de coco. Junte as alcachofrinhas, desfazendo oito delas no molho e preserve as demais inteiras. Nesse molho, respingue gotas da cachaça na qual foram curtidas as pimentas. Adicione os camarões já temperados com sal. Finalize o molho com os zests de limão. Paralelamente, cozinhe a massa em água com sal, por 25 segundos. Verse a massa sobre o molho e misture. Sirva com os brotos e as ervas. • **Massa Fresca** • Reserve 50 g de farinha para trabalhar a massa sobre a bancada. Tempere o restante da farinha com sal. Retire a película das gemas e incorpore as claras e as gemas à farinha. Misture bem com as mãos até a massa ficar homogênea. Com a ajuda de um cilindro, abra e trabalhe a massa até que fique completamente lisa. Corte-a em fios. Dica: a massa pode ser feita somente com 5 gemas, tornando-a mais amarela e com sabor mais pronunciado.

Massa Fresca com Camarões

carla pernambuco

Algumas pessoas são tão complexas que poderiam ser comparadas a cidades. Se pudéssemos fazer a brincadeira com a chef Carla Pernambuco, certamente ela seria São Paulo ou Nova York. Não apenas pelo ar cosmopolita, que reúne influências de várias origens no mesmo balaio, mas por ser um terreno fértil onde acontece tudo ao mesmo tempo agora.

Essa gaúcha fervilha ideias e atividades como uma menininha: é proprietária do restaurante Carlota, em São Paulo, comandou a deli Las Chicas na mesma cidade, teve um programa na TV, o *Brasil no Prato* (canal Bem Simples), coluna no rádio, blog, é autora de oito livros de sucesso, organiza festivais gastronômicos em vários países e ainda tem energia para mimar o marido e os três filhos. É certo que já são crescidos, mas não perdem a atenção da mãe.

De onde vem tanta garra? Talvez esse sucesso de mulher e profissional tenha alguns segredos. Junte uma infância divertida em uma família italiana, daquelas tradicionais do Sul, com muitos primos, tios, amigos, mesas fartas, muita conversa e animação. Banhos de rio, matinês de domingo e passeios de bonde completam o cenário onde Carla cresceu.

Some a isso uma juventude rica em experiências, com trabalhos nas áreas de Teatro, Comunicação, Publicidade e Relações Públicas. Adicione uma temporada morando em Nova York, onde cozinhar tornou-se primeiro prazer, depois foi ganhando mais espaços: um curso de cozinha fusion aqui para se distrair, outro de cozinha francesa ali e, a certa altura, uma ficha caiu: ser chef.

Surgiu então a oportunidade de trabalhar no Bistrô Boom, no Soho. Agarrada com unhas e dentes. Carlota servia um caprichado brunch brasileiro aos sábados e

69

Problemas descem melhor
com sopa.
Provérbio judaico
HOME
BOCCA
CUCINA
StyleCity SAN FRANCISCO
StyleCity ISTANBUL
StyleCity SYDNEY
StyleCity BERLIN
StyleCity NEW YORK
StyleCity PARIS
StyleCity BARCELONA
StyleCity ATHENS
River Cottage everyday

carla pernambuco

domingos, noticiado duas vezes no jornal The New York Times. Depois, veio a Cleaver Company, um catering onde ela foi subchef. Dali trabalhou no Vong, como ajudante de cozinha do chef Tom Dimarzo.

As experiências na cidade norte-americana prepararam o terreno para um novo projeto. Ao retornar ao Brasil, nasceu o Carlota, restaurante cool, lembrando a linha acolhedora de alguns bistrôs nova-iorquinos. O bairro paulistano escolhido, Higienópolis, foi uma ousadia para a época. No cardápio, a cozinha contemporânea apresentada com técnica e criatividade, além de ingredientes brasileiros e receitas de sua avó, aliados a lembranças das comilanças do Sul. Resultado: prêmios, sucesso de crítica e de público. Gente de diferentes cantos do país sonhando com alguns de seus pratos e sobremesas – exemplo indefectível é o suflê de goiabada com calda de catupiry, cuja combinação remete às tradições castelhanas de sua avó Nair. "Ela era doceira de mão cheia e fazia esse suflê numa versão família. Só adaptei", conta. Ao longo de anos de trabalho, a casa fez apenas por se firmar como uma das melhores do país. Ganhou "filhotes", como o Studio Carla Pernambuco de Cozinha, onde a chef faz suas pesquisas e desenvolve projetos como o GastroPop, de jantares temáticos; o Carlota no Rio de Janeiro; e o projeto Las Chicas, uma espécie de deli, com proposta de cozinha ainda mais comfort e despretensiosa, mas igualmente gastronômica. "A filosofia das duas casas é se sentir bem depois de um jantar. Uma comida que sossega", explicou à época.

Quem conhece a chef, tanto em seu programa na TV, quanto na rádio e no blog, percebe que é isso mesmo. Carla Pernambuco tem um quê de mãezona, que faz sopinha no inverno, que faz um bolinho na tarde chuvosa e um petisquinho delícia para a hora do jogo, mas sempre com um charminho extra. O simples, no entanto, é complicado. É preciso estudar, testar, conhecer, viajar, ler, ler, ler. Exigente, perfeccionista e criativa por natureza, ela explica que sua inspiração não vem de uma fonte: "Vem do tipo de olhar que a gente dedica às coisas. Tudo inspira". E, com esse vigor imenso, essa energia que movimenta uma "pessoa-metrópole", sabe o que mais deixa a Carlota feliz? Dormir até tarde, ler e mergulhar. No mar e nos sabores... dos pratos, das pessoas, da vida.

carla pernambuco

LAROUSSE
MEAT POULTRY & GAME
A COMPREHENSIVE GUIDE TO PREPARING EVERY TYPE OF MEAT, POULTRY, AND GAME, WITH MORE THAN 500 ESSENTIAL RECIPES AND NEARLY 200 ADDITIONAL RECIPES FOR BASICS SUCH AS PASTRIES, CONDIMENTS, GARNISHES, STUFFINGS, MARINADES, AND MORE.
Gastronomique
LAROUSSE
DESSERTS CAKES & PASTRIES
Gastronomique
LAROUSSE
VEGETABLES & SALADS
Gastronomique
LAROUSSE
FISH & SEAFOOD
Gastronomique
etcetera
etc
Sibella Court
Sibella Court
EATING
ITALIAN
CONTENTS
14 BOOKS
20 RECIPES PER BOOK
30 VEGETABLES PER BOX
1 BOX PER KITCHEN!
ROSE ELLIOT'S
ROSE ELLIOT'S
New Complete Vegetarian

carla por carla

Como se formou cozinheira?
Tive variadas experiências profissionais. Fiz cursos em Nova York, Londres, Paris, Amsterdã, Istambul, além de módulos na escola do mestre Laurent Suaudeau.

Qual o seu ingrediente favorito?
Queijos, queijos e queijos... do queijo minas ao azul Saint-Agur francês.

Onde você mais gosta de cozinhar?
Na cozinha do meu estúdio. Tenho tudo que preciso: tranquilidade, todos os instrumentos necessários e excelentes ingredientes à disposição.

Se você estiver sozinha, o que cozinha?
Difícil estar sozinha, mas, se acontecer: um cabelinho de anjo com manteiga, noz-moscada e parmesão, ovos mexidos com um pão crocante, uma frugal sopinha.

Uma receita inesquecível?
Duas: os risotos do meu marido Fernando e o minestrone do chef Emmanuel Bassoleil.

Se você não fosse chef, o que seria?
Provavelmente trabalharia com moda, gosto bastante. Teria uma loja com minha filha Julia.

Um ídolo?
Mick Jagger. Outro dia, assisti a um documentário com ele aos 20 anos, e que me impressionou muito. Já era um "monstro", determinado e focado, segredo do sucesso.

Um sonho?
Morar em uma cidade que tenha mar.

Quem estaria na sua mesa dos sonhos?
Minha família e meus amigos.

Quem cozinharia?
Todos.

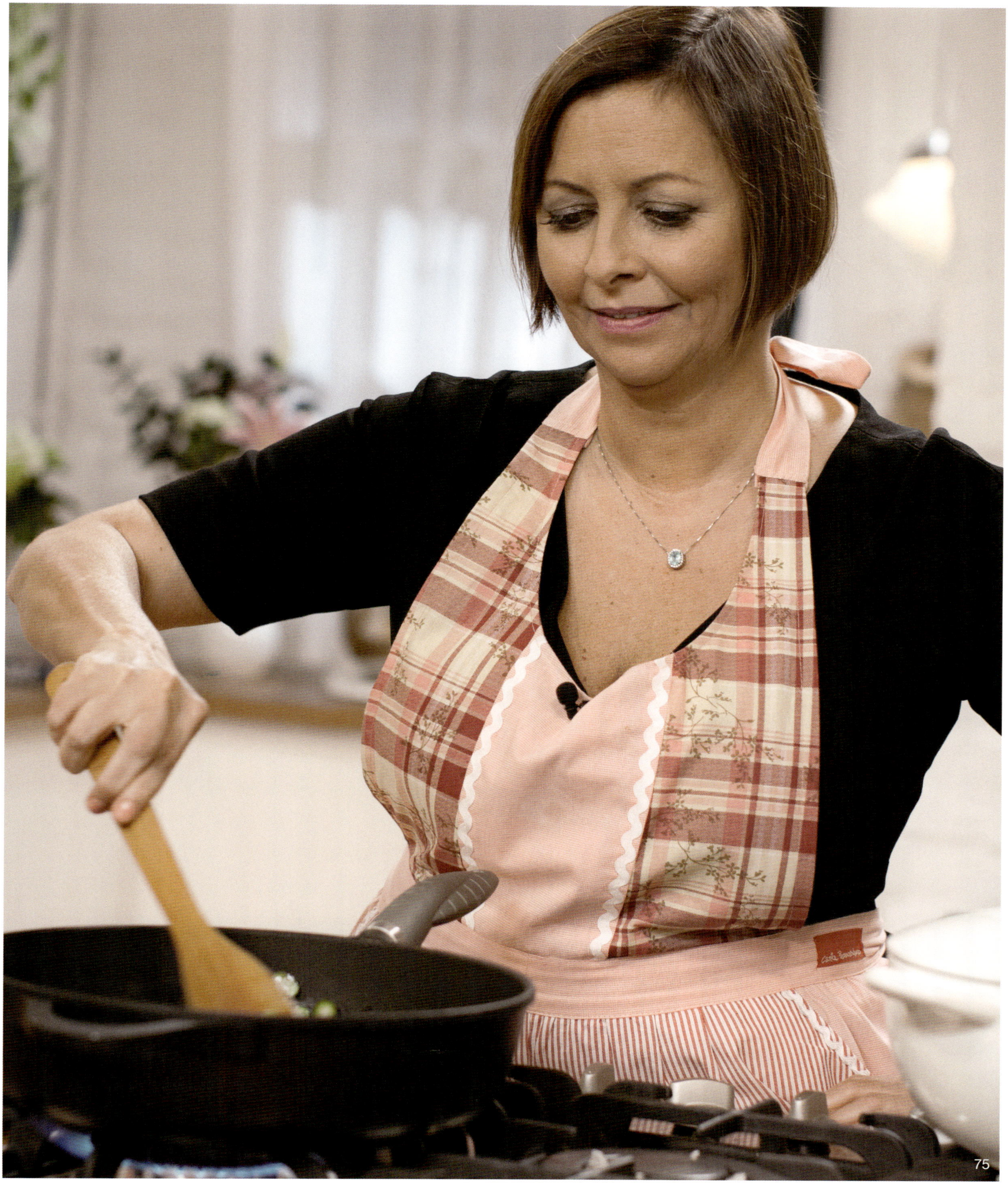

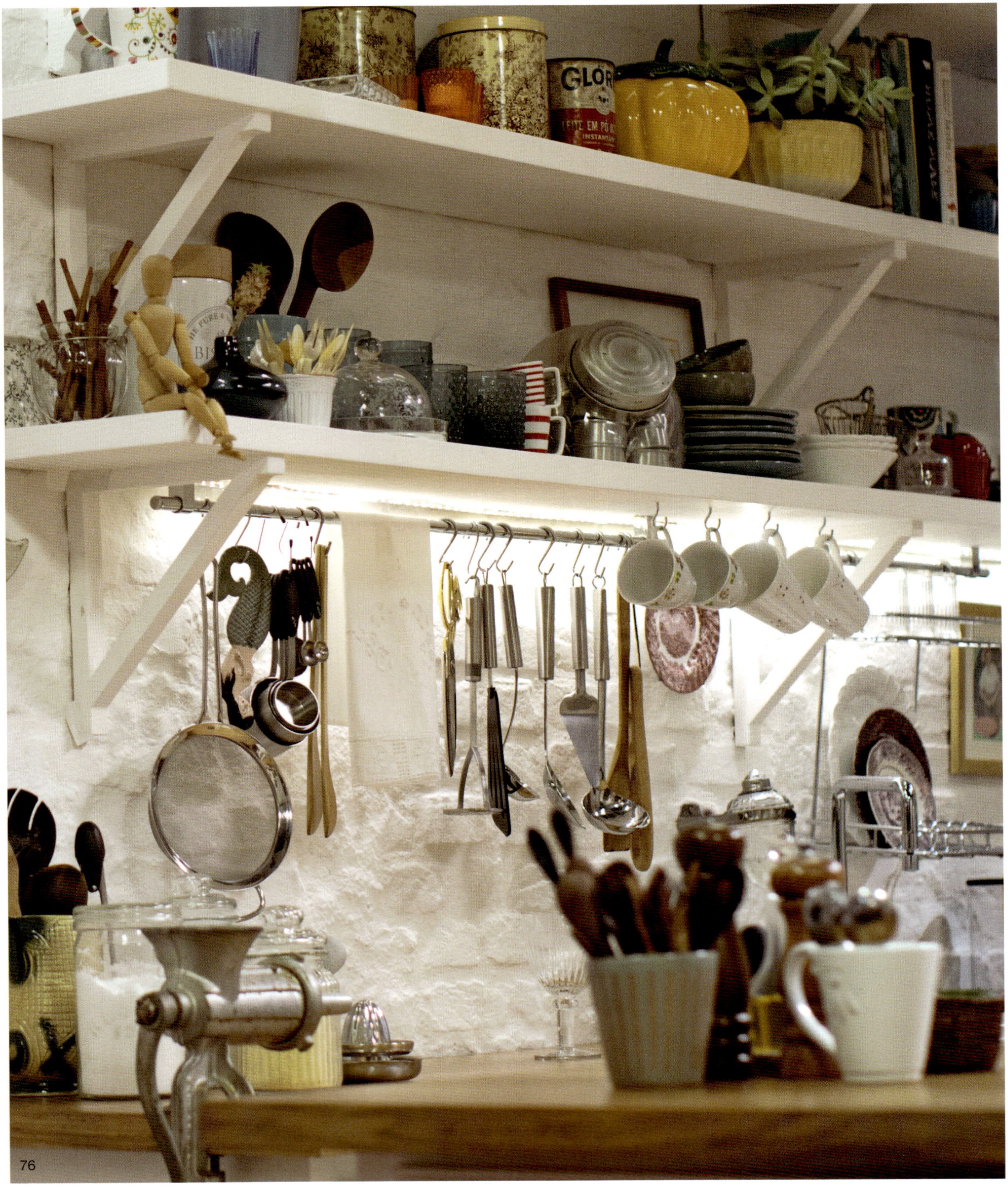

Bolinho de Mandioca com Bobó de Camarão

Camarões Grelhados com Taioba

CARLA E AS FILHAS,
FLORIANA E JÚLIA

79

receitas

Bolinho de Mandioca com Bobó de Camarão (20 porções)
Ingredientes • **Massa** • *1 kg de mandioca (cozida e amassada)* • *1 xícara (chá) de queijo parmesão ralado* • *2 ovos* • *1 colher (sopa) de manteiga* • *Sal a gosto* • *Farinha de trigo até dar o ponto* • *Óleo de milho para fritar* • **Recheio** • *1 xícara (chá) de purê de mandioca* • *½ xícara (chá) de leite de coco* • *½ xícara (chá) de Catupiry* • *Sal a gosto* • *1 colher (sopa) de azeite* • *12 camarões médios limpos (em pedaços grandes)* • *1 colher (café) de pasta de curry vermelha* • **Preparo** • **Massa** • Misture todos os ingredientes e leve ao fogo para dar o ponto. Molde os bolinhos fazendo bolinhas, colocando dois pedaços de camarão e um pouco do creme. Feche-os bem e frite-os em óleo aquecido até que fiquem bem dourados. • **Recheio** • Doure a pasta de curry no azeite, junte os camarões. Acrescente o purê de mandioca, o leite de coco e o Catupiry. Deve ficar bem cremoso. Acerte o sal.

Camarões Grelhados com Taioba (6 porções)
Ingredientes • *24 camarões grandes (limpos e com cauda)* • *3 folhas de taioba (rasgadas grosseiramente)* • *24 cogumelos-shiitake (sem o talo)* • *12 aspargos (cortados em três partes cada)* • *Azeite extravirgem a gosto* • *Sal e pimenta moída na hora (a gosto)* • **Molho** • *1 xícara de saquê* • *½ xícara (chá) de molho de ostra* • *¼ de xícara (chá) de molho de peixe* • *¼ de xícara (chá) de mel* • *¼ de xícara (chá) de mostarda Dijon* • *1 colher (chá) de gengibre picado* • **Preparo** • Grelhe os aspargos rapidamente e reserve-os. Aqueça um fio generoso de azeite em uma wok e salteie os camarões com sal e pimenta. Acrescente os cogumelos, os aspargos e, por último, as folhas de taioba. Regue com o molho e retire do fogo. Coloque os legumes no fundo do prato com os camarões por cima. • **Molho** • Misture bem todos os ingredientes a frio e reserve.

Soufflé de Goiabada com Calda de Catupiry (10 porções)
Ingredientes • **Soufflé** • *8 claras* • *1 pitada de sal* • *425 g de goiabada cremosa* • **Calda de Catupiry** • *410 g de queijo Catupiry* • *350 ml de leite* • **Preparo** • **Soufflé** • Bata as claras em neve. Adicione o sal quando as claras começarem a subir. Junte a goiabada, aos poucos, batendo-a com um fouet até misturar bem. Divida a massa em ramequins individuais, sem completar todo o volume do recipiente, pois a massa vai crescer bastante. Leve-os ao forno preaquecido a 200 °C e asse por cerca de oito minutos ou até dourar. Sirva, em seguida, acompanhados da calda fria. • **Calda de Catupiry** • Em uma panela, junte o leite ao Catupiry e leve em banho-maria para derreter o queijo. Misture bem e resfrie a calda. Na hora de servir, bata novamente a calda com um fouet para ficar bem lisa.

Soufflé de Goiabada com Calda de Catupiry

carole crema

As tias e os avós sempre são um pouco culpadas por nossas paixões. No caso da chef de cozinha Carole Crema, são totalmente. As lembranças mais remotas de infância da bela paulistana aparecem, sempre, entre os bolinhos de chuva e as rabanadas da tia Ana e da avó Antônia. Ou entre os docinhos de coco e as bolachas dudutas da avó Elza. Não é de estranhar que, mesmo sem querer, a garota aficionada por guloseimas se tornasse uma grande pâtissière.

Os caminhos para chegar lá, porém, foram tortuosos. Carole sempre foi do tipo "formiguinha", mas nunca teve uma relação muito íntima com a cozinha. "Queria mesmo era ser intelectual", conta. Por isso, antes de mergulhar na cozinha, estudou Jornalismo (por um ano) e Ciências Sociais (por três anos), além de se arriscar como atriz em uma companhia teatral e de ter aulas de canto na Universidade Livre de Música. Inquieta por natureza, ela resolveu apostar, então, na faculdade de hotelaria.

Entre um trabalho e outro, apareceu a oportunidade de morar em outro país, e ali, naquele momento, sua vida começou a tomar um rumo, digamos, mais saboroso. Surgiu a ideia de estudar gastronomia. "Não por afinidade, apesar de a minha avó italiana cozinhar muito bem e de uma tia minha ser restauratrice", conta. A sugestão foi mesmo de amigos do trabalho, com a intenção de que Carole conseguisse um diferencial no mercado de hotelaria. Alguns meses depois de entrar no curso do International Culinary Arts, na Thames Valley University, em Londres (Inglaterra), a jovem já estava perdida novamente, mas, neste caso, perdidamente apaixonada pela culinária. Ainda na capital inglesa, foi estudar na The Mosimann's Academy.

Ao voltar de Londres, um estágio no Gero a trouxe à dura realidade das cozinhas de restaurante. Na época, para ajudar no orçamento, começou a fazer chocolates para vender. A renda extra também a ajudou a retornar à Europa, desta vez a Milão, onde mergulhou na cozinha italiana em cursos no Istituto La Cultura Alimentari.

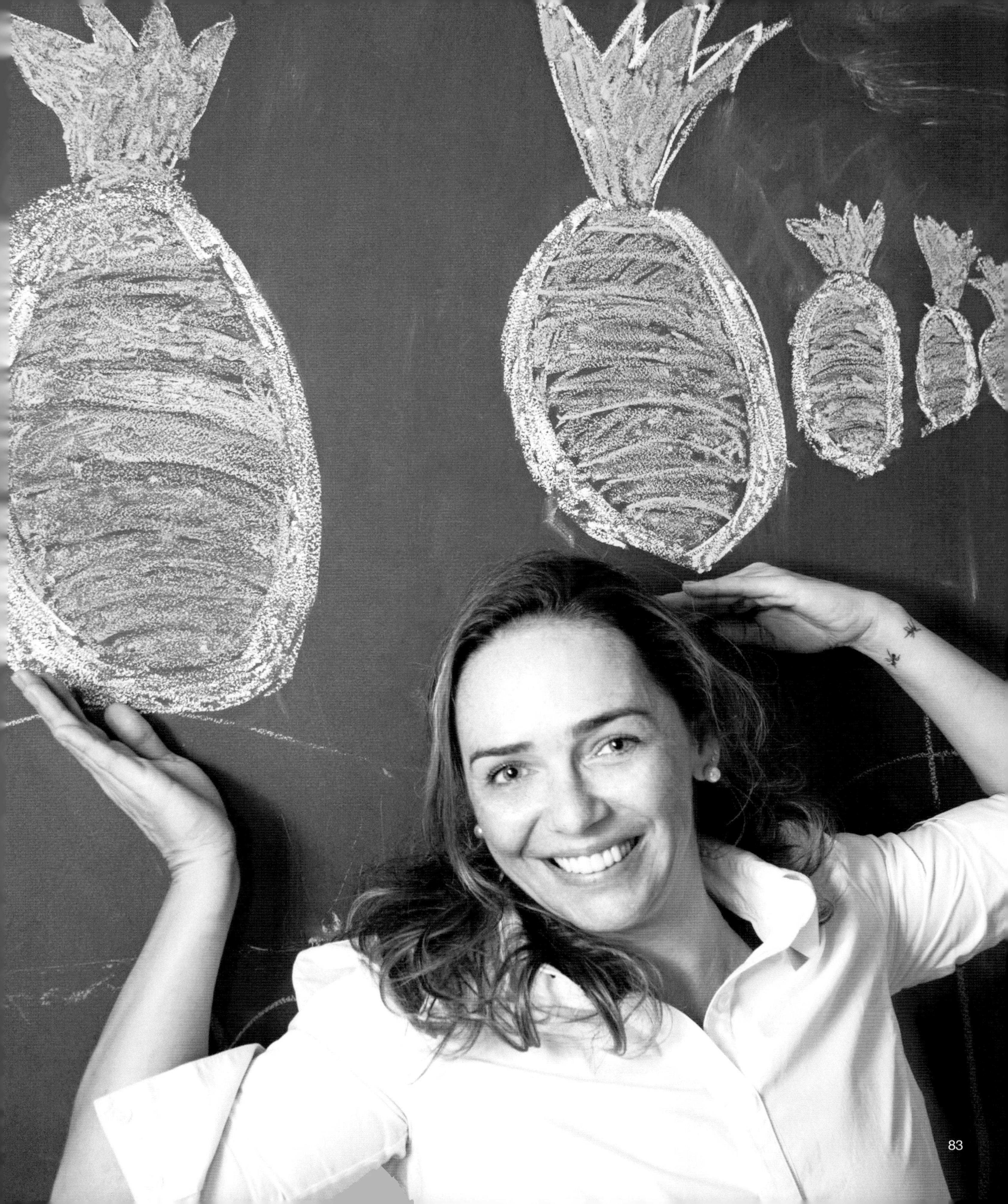

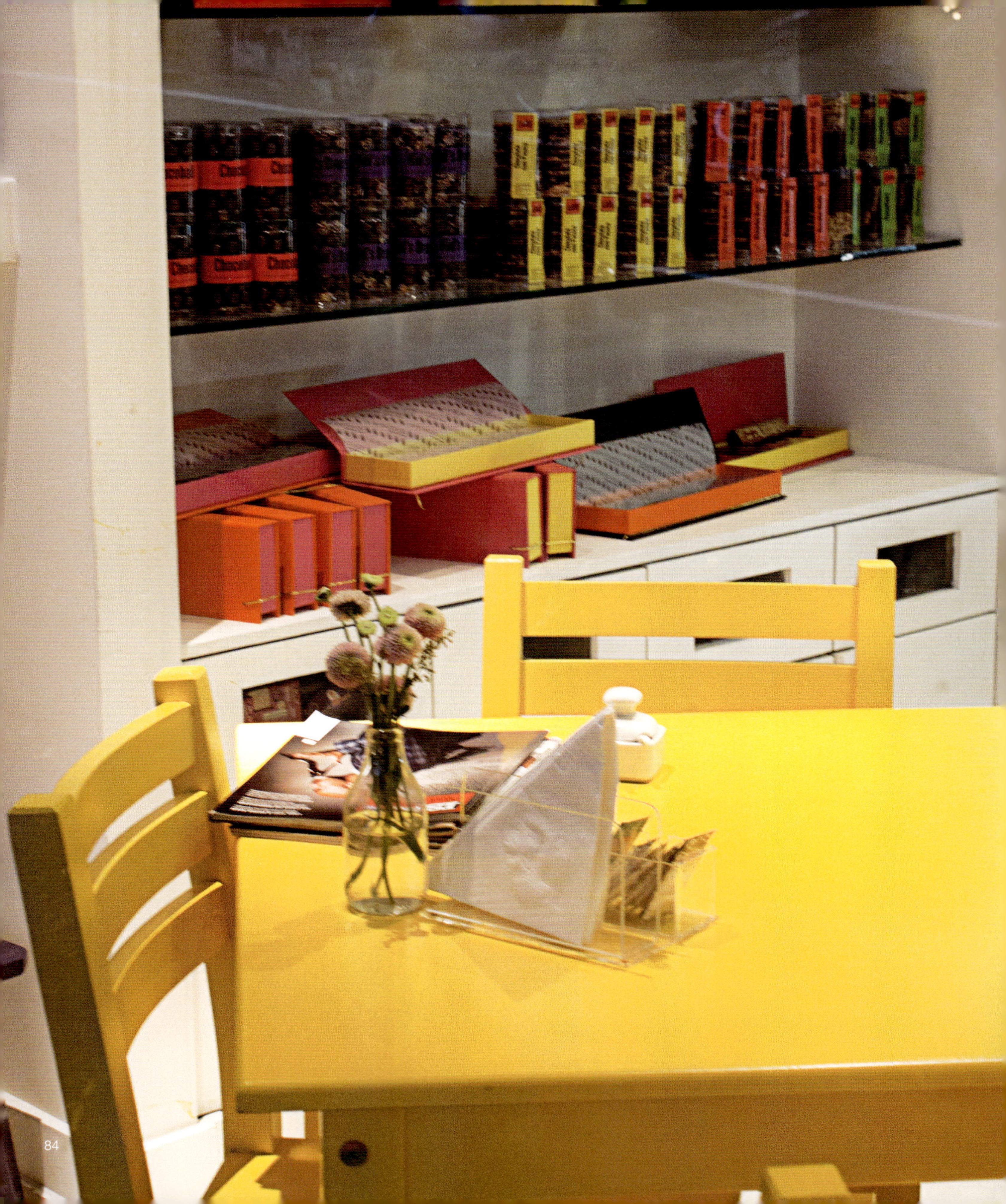

carole crema

A garotinha traquinas, que vez ou outra dava as caras na sala do diretor do Colégio Dante Alighieri, havia se transformado. Após a experiência na Itália, a relação com a gastronomia se consolidou. Com 26 anos, já no Brasil, tornou-se professora do incipiente curso de Gastronomia na Universidade Anhembi Morumbi. Foram cinco anos que relata ter "curtido muito", mas que exigiam uma dedicação quase exclusiva. Foi lá que percebeu a carência do mercado na área de confeitaria e elaborou o conceito de uma casa especializada em doces e chocolates artesanais, a La Vie en Douce.

Após a abertura da La Vie, em 2002, sua carreira de confeiteira se consolidou. O charmoso cantinho, instalado numa esquina do bairro dos Jardins, em São Paulo, virou ponto de encontro de aficionados por guloseimas feitas com capricho, criatividade e sabor de infância. Dedicada e pesquisadora, a chef faz do espaço um cenário para ditar tendências, apresentando ao público sobremesas que viraram hits no Brasil inteiro. Cupcakes, brigadeiro de colher, bolo úmido embrulhado em papel-alumínio, whoopies... Resgatando clássicos ou trazendo sucessos de outros países, Carole conseguiu dar o seu toque e encantar. Não sem razão, conquistou o prêmio Chef Pâtissière em 2011, concedido pela revista *Prazeres da Mesa*.

Apesar de bastante conhecida por seu trabalho com doces e chocolates, Carole apresenta um trabalho consistente também quando se trata de pratos salgados. Foi professora de gastronomia da Escola Wilma Kövesi de Culinária (uma das mais respeitadas do país); coautora do livro de técnicas culinárias *400 g: Técnicas de Cozinha* (Editora Cia. Nacional) e de *O Mundo dos Cupcakes* (Editora DBA); chef-executiva das redes Wraps e GoFresh, além de apresentadora do programa *Cozinha Caseira*, no canal Bem Simples (FOX Internacional). "O engraçado é que as pessoas não entendem muito quando me veem fazendo algum prato. 'Você cozinha salgados também?', perguntam. E minha resposta sempre é: 'sou cozinheira de forno e fogão'."

Com tudo isso, como se dedicar à vida pessoal? A chef conta que vê com muita tranquilidade essa rotina de agenda lotada de milhares de atividades ao mesmo tempo: viagens, reuniões, desenvolvimento de receitas, lançamentos de produtos. "Aprendi a separar cada coisa. Quando estou em casa, ou em momentos de lazer, não atendo o telefone, não vejo e-mails, desligo mesmo. E, quando estou com as minhas filhas, vivemos intensamente", conta. "Esse é um presente da maturidade, ter calma, entender que a vida não acaba nunca e que podemos, sim, fazer uma coisa de cada vez e estar inteiras em cada uma delas."

carole crema

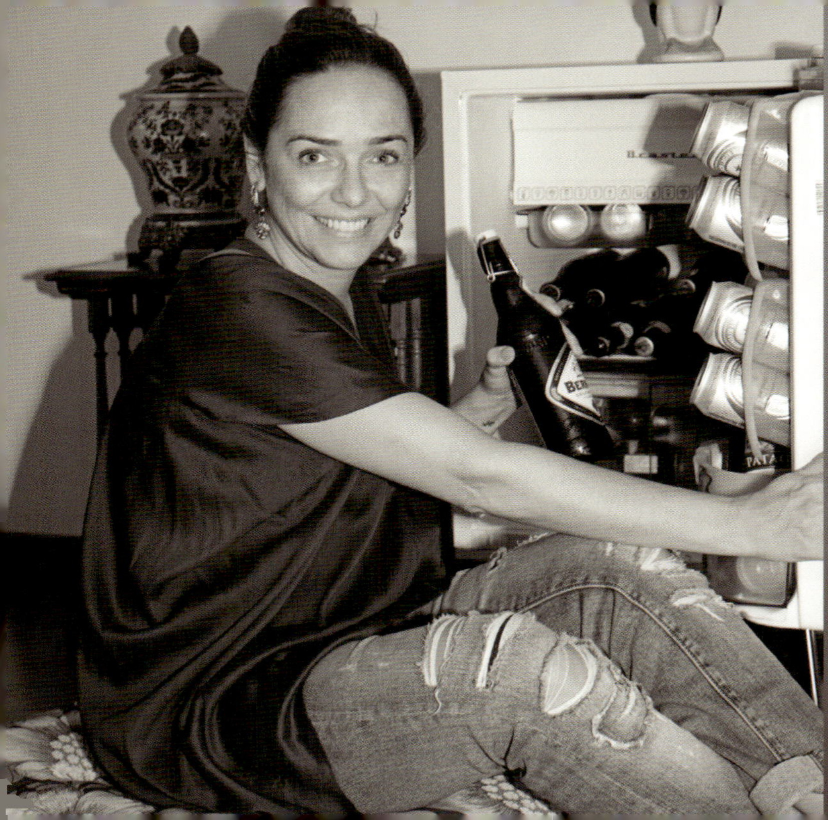
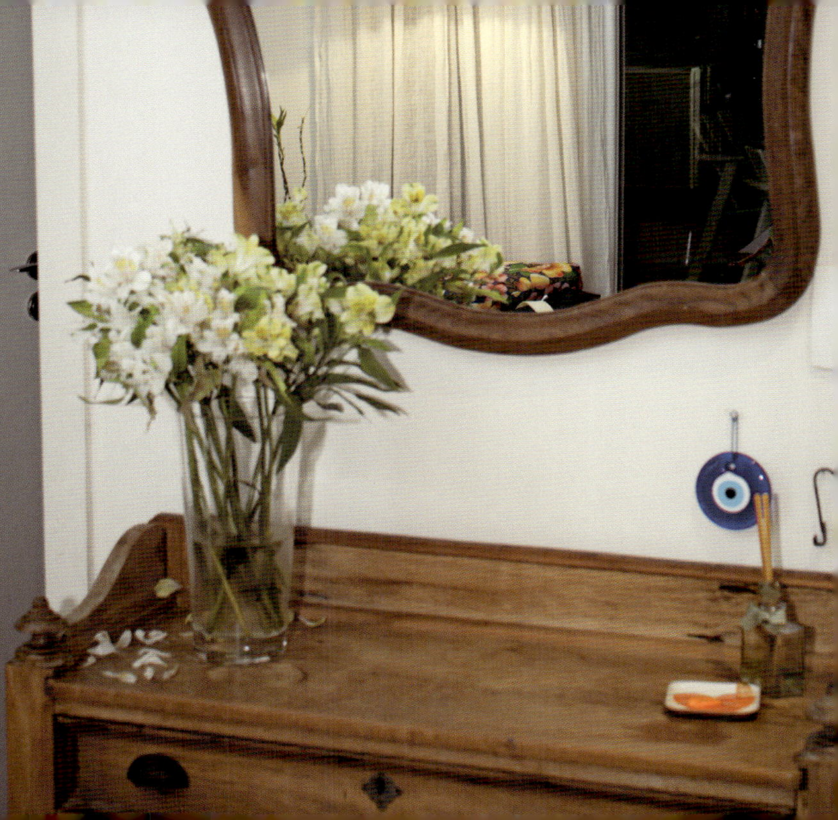

carole por carole

Como se formou cozinheira?
Estudando muito.

Qual o seu ingrediente favorito?
Chocolate.

Onde você mais gosta de cozinhar?
Em casa.

Se você estiver sozinha, o que cozinha?
Uma massinha com aspargos.

Uma receita inesquecível?
A manteiga defumada da Barbara Verzola.

Se você não fosse chef, o que seria?
Artista.

Um ídolo?
Meu pai.

Um sonho?
Abrir uma ONG para recolher sobras consumíveis de comida nos restaurantes e distribuí-las a quem precisa.

Quem estaria na sua mesa dos sonhos?
Meus pais, meus amigos (aqueles que se contam nos dedos de uma mão) e minhas filhas.

Quem cozinharia?
Meus amigos cozinheiros.

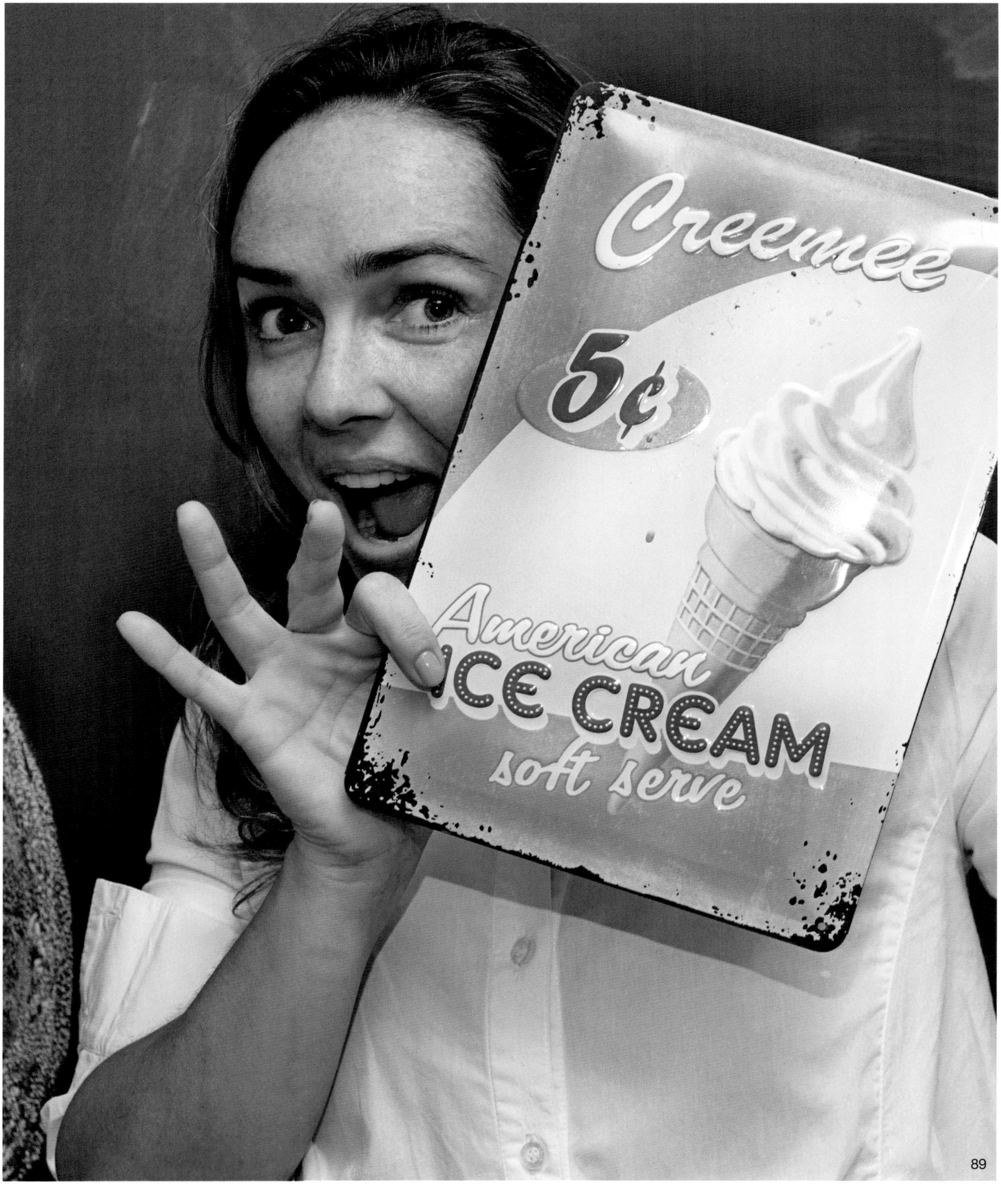

Creemee
5¢
American
ICE CREAM
soft serve

Frango com Limão-Siciliano, Azeitona e Ervas

91

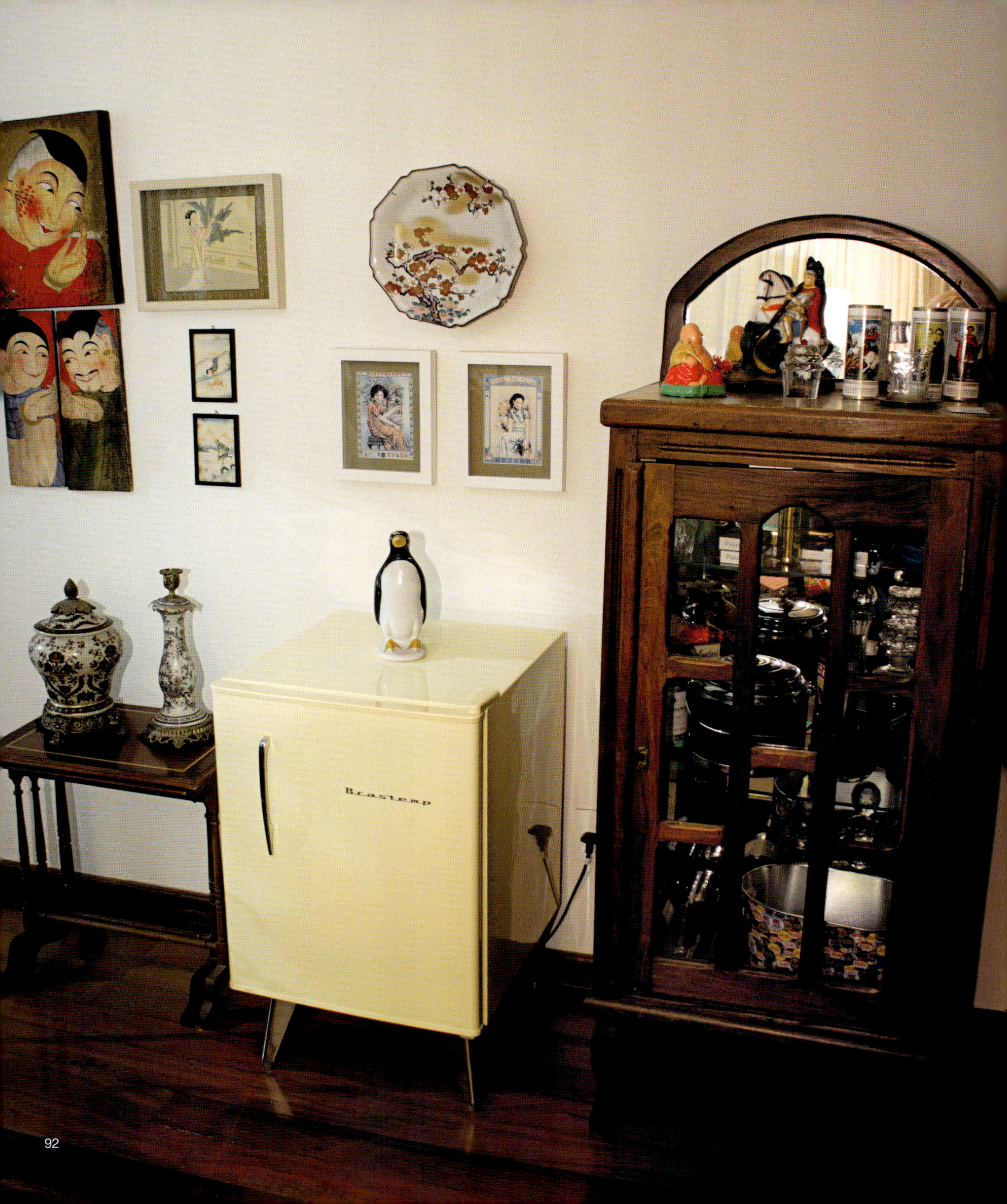
Brastemp

Bolo de Coco Gelado

receitas

Frango com Limão-Siciliano, Azeitona e Ervas (8 porções)

Ingredientes • *8 sobrecoxas de frango (limpas)* • *2 limões-sicilianos* • *1 limão-taiti* • *½ xícara (chá) de azeitonas verdes* • *½ xícara (chá) de azeitonas pretas* • *2 colheres (sopa) de azeite* • *Sal e pimenta a gosto* • *1 pitada de pimenta-calabresa* • *20 g de açafrão em pó* • *2 colheres (sopa) de tomilho fresco (só as folhas)* • *2 colheres (sopa) de salsinha picada* • *8 dentes grandes de alho (com casca)* • *½ colher de chá de páprica* • **Preparo** • Tempere as sobrecoxas de frango com sal, pimenta, pimenta-calabresa, salsinha, tomilho, suco de limão, açafrão e páprica. Misture muito bem o tempero à carne. Corte os limões-sicilianos, com casca, em 6 a 8 gomos. Reserve-os. Num recipiente refratário untado com azeite, disponha o frango (com a pele para cima). Intercale, entre as sobrecoxas, os gomos de limão, os dentes de alho inteiros e as azeitonas. Asse-as em forno preaquecido, por 40 minutos, ou até que estejam cozidas e levemente douradas na superfície.

Bolo de Coco Gelado (15 a 18 porções)

Ingredientes • **Bolo** • *5 ovos* • *2 xícaras de açúcar* • *200 ml de leite* • *1 ½ xícara (chá) de farinha de trigo* • *1 colher (sobremesa) de fermento em pó* • **Calda** • *400 ml de leite condensado* • *400 ml de leite* • *200 ml de leite de coco* • *100 g de coco branco seco (ralado)* • **Preparo** • **Bolo** • Separe as claras das gemas. Bata as claras em neve até que fiquem bem fofas e leves. Enquanto isso, peneire a farinha e junte-a com o fermento. Separe tudo numa única vasilha. Com a clara em neve no ponto, reduza a velocidade da batedeira e adicione as gemas, uma a uma. Coloque o açúcar e bata mais. Por último, coloque a mistura da farinha com o fermento, intercalando com o leite, até a massa ficar homogênea. Unte uma fôrma quadrada e transfira a massa. Leve-a ao forno preaquecido a 180 ºC, por 45 minutos. • **Calda** • Enquanto o bolo está no forno, misture os ingredientes da calda e separe o coco seco numa vasilha. Com o bolo pronto e quente ainda na fôrma, fure-o inteiramente com um garfo, deixando um espaço de um dedo entre cada "garfada". Regue com a calda todo o bolo e a fôrma, principalmente nas laterais. Deixe-o na geladeira por um dia. Não corte o bolo enquanto estiver quente, pois estará mole e poderá quebrar. No outro dia, desenforme o bolo e corte-o em doze retângulos. Passe cada pedaço no coco ralado. Embale-os individualmente em papel-alumínio e sirva-os gelados.

Cupcake de Praliné (11 bolinhos)

Ingredientes • **Cupcake** • *80 g de manteiga sem sal* • *¾ de xícara (chá) de açúcar* • *3 ovos* • *⅔ de xícara (chá) de farinha de trigo peneirada* • *½ xícara (chá) de chocolate em pó peneirado* • **Brigadeiro** • *2 latas de leite condensado* • *6 colheres (sopa) de chocolate em pó* • *2 colheres (sopa) de manteiga* • **Montagem** • *250 g de chocolate ao leite belga (temperado)* • *Saco de confeitar descartável sem bico* • *Crocante industrializado para polvilhar (ou pé de moleque triturado)* • *11 forminhas de cupcake (pretas)* • **Preparo** • **Cupcake** • Na batedeira, coloque a manteiga e o açúcar até formar um creme claro e aerado. Adicione os ovos, um a um, batendo sempre. Diminua a velocidade e junte a farinha de trigo, aos poucos, intercalando com o chocolate em pó e o leite. Adicione o fermento e bata um pouco mais. Distribua a massa nas forminhas, enchendo apenas ¾ do seu volume. Asse em forno a 180 °C preaquecido, por cerca de 15 minutos, ou até que a massa esteja cozida e levemente dourada. Retire os bolinhos da fôrma e deixe-os esfriar completamente (de preferência sobre uma grade), antes de colocar a cobertura. • **Brigadeiro** • Coloque todos os ingredientes na panela e cozinhe-os, mexendo até o brigadeiro desgrudar do fundo ou atingir 105 °C. • **Montagem** • Coloque o brigadeiro num saco de confeitar, ou use uma colher, e decore os cupcakes formando um caracol. Coloque o chocolate temperado numa tigela funda. Com cuidado e agilidade, vire o cupcake coberto com brigadeiro no chocolate, formando uma casquinha. Desvire-o rapidamente e apoie o bolinho numa superfície. Enquanto o chocolate ainda está mole, salpique com o crocante e leve os bolinhos à geladeira, por cerca de 10 minutos, ou até que a casquinha endureça. Depois, mantenha-os em temperatura ambiente.

Cupcake de Praliné

Danielle
Dahoui

A qualquer lugar, ela chega fazendo festa. Os olhos apertados, felinos e muito verdes. Danielle Dahoui não aparenta a idade que tem, tampouco a disfarça. Não cresceu em meio às panelas, no entanto, sempre deu à comida um papel de destaque. Nasceu em Recife, mas as recordações mais fortes da infância não são das tapiocas locais. E sim das refeições na casa da avó italiana, em São Paulo, onde viveu até os 4 anos e onde passava as férias da infância. "Minha avó fazia massas, molhos, assados. Na casa dela, era aquela bagunça em volta da mesa, todo mundo reclamando quando a comida acabava."

Com a mãe e o padrasto, passou alguns anos no Nordeste e outros em Petrópolis, na Serra Fluminense. Adolescente, mudou-se para o Rio de Janeiro. Aos fins de semana, a menina organizava, às escondidas, festas no casarão de Petrópolis – cobrava entrada e entretinha os convidados com música altíssima, coquetéis e petiscos: "Fazia sanduíches coloridos, com pastas de beterraba, de cenoura, além de brigadeirão. Era cafona, mas delicioso. Eu já via a importância da comida".

Precoce, aos 17 anos, Danielle abriu uma confecção, confiante que viveria da moda para sempre. "Eu tinha clientes como a Mesbla. No primeiro pedido, juntei a família inteira do meu namorado para cortar camiseta à mão", relembra rindo. No entanto, quatro anos depois, foi para Arraial D'Ajuda, no sul do litoral baiano. Sua estadia durou um ano numa barraca de praia, onde vendia pão, bolo, sanduíches e tortas.

De volta ao Rio, começou a organizar festas profissionalmente e, assim, comprou um voo para a França: "Meu avô foi um homem famoso, com o sobrenome De Rivoli. Mandei carta para todo mundo falando dele e pedindo emprego. O problema é que quem escreveu foi uma amiga. Quando cheguei para uma bolsa de estudo sem falar francês, um amigo do meu avô sugeriu que eu voltasse ao Brasil, o que eu não tinha grana para fazer". Destemida, a menina foi ao centro de desempregados de Lille, no norte do país, e arranjou dois empregos – um deles como lavadora de louça numa escola agrícola. No tempo livre, improvisava caipirinha, pão de queijo, feijoada e outras delícias brasileiras para os amigos. "Eu nem percebia que era boa, mas meu chef na escola viu um talento e me arranjou um curso de Gastronomia. Não fiz, porque eu não

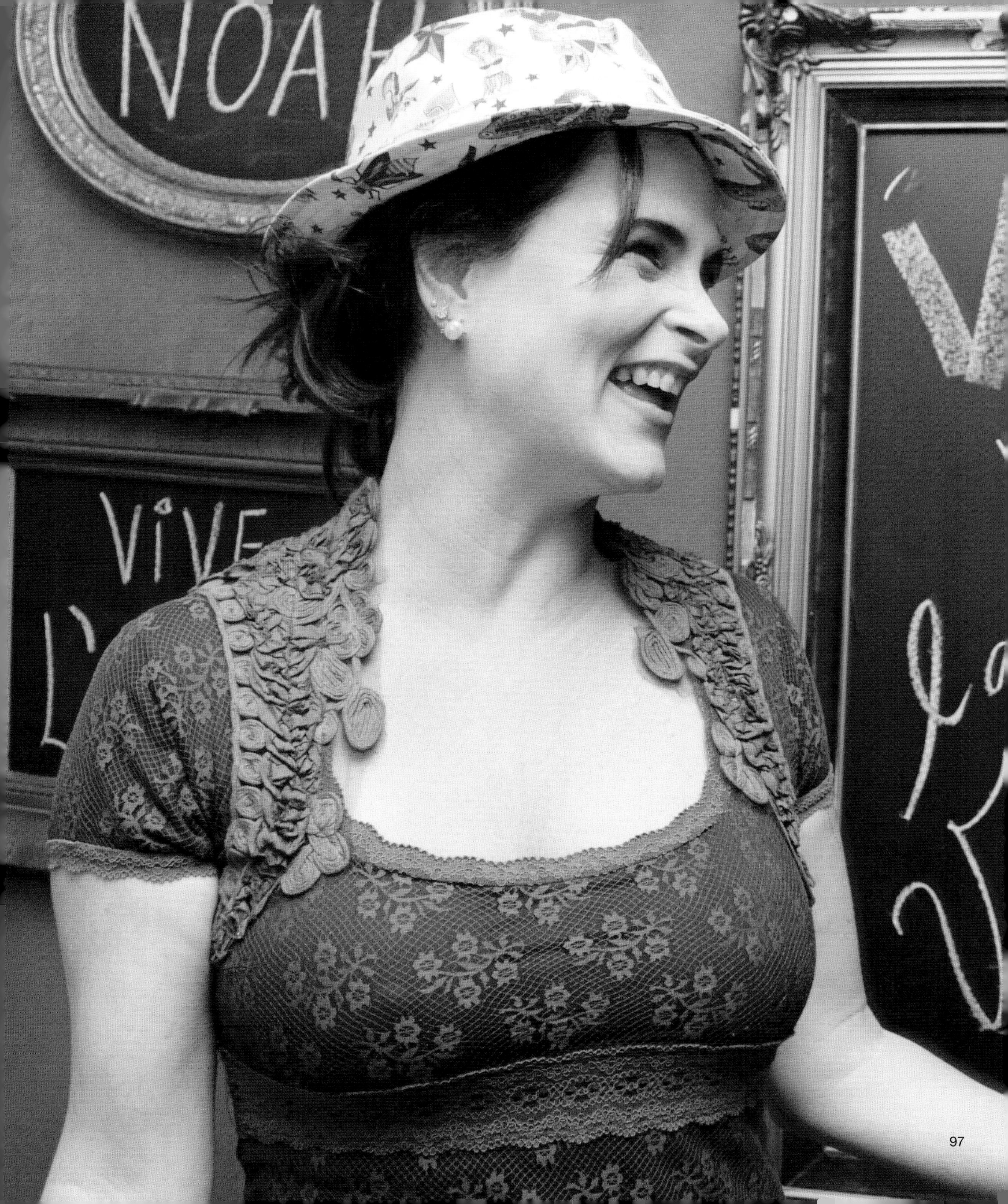
VIVE

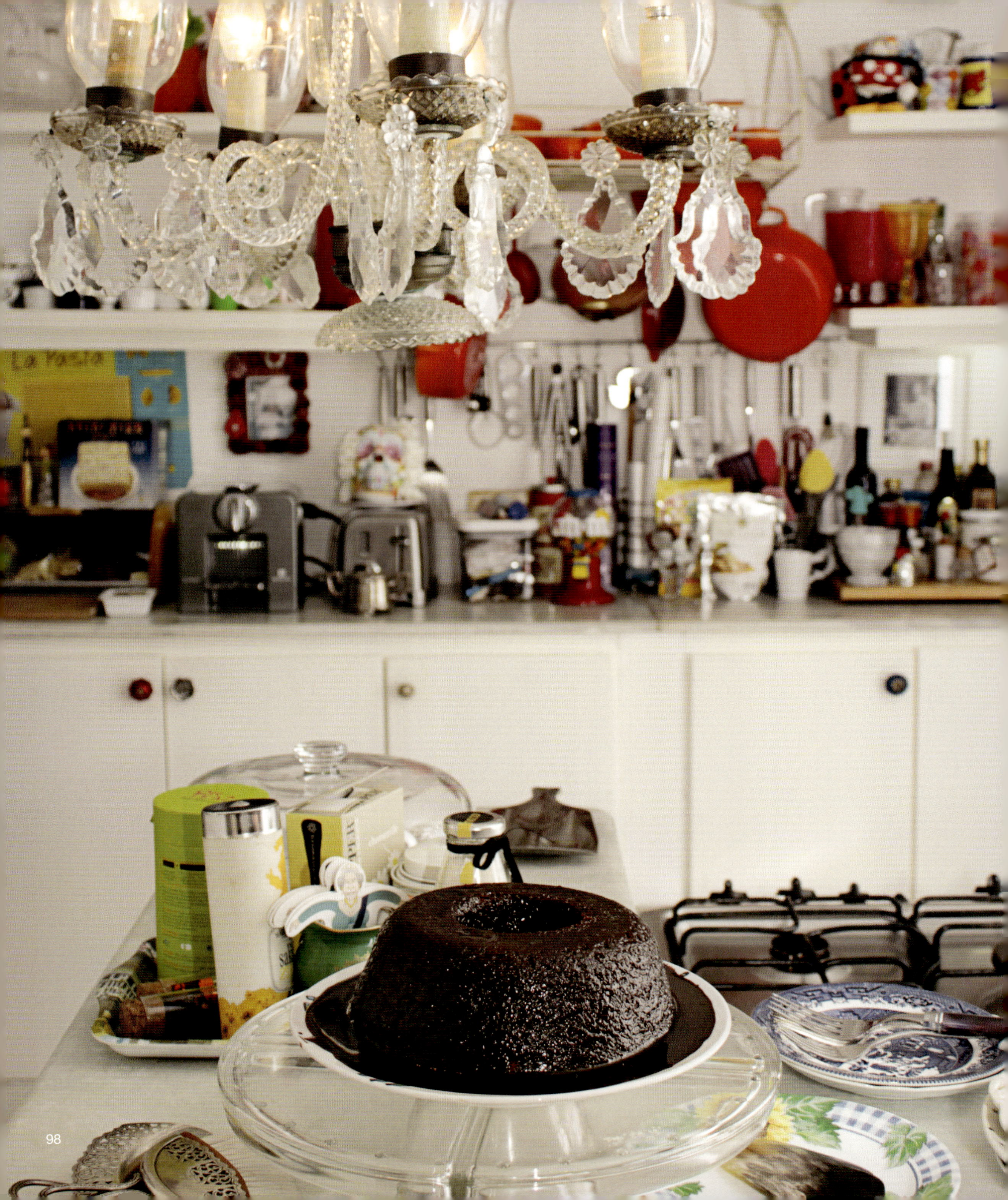
La Pasta

danielle dahoui

tinha terminado a escola, mas fiz um estágio em Paris, num bistrozinho". Danielle, enfim, aceitou a vocação, contudo, não bandeou para a cozinha: cursou fotografia, trabalhou em agência de fotojornalismo, acompanhou filmagens de Robert Altman, imaginando que, velhinha, abriria um restaurante numa praia.

Aos 25 anos, porém, casada com um paulistano, viu-se de volta ao Brasil. "Em São Paulo, fui a um restaurante e me frustrei com a sobremesa. No dia seguinte, ofereci meus doces às donas e disse que só precisavam pagar se gostassem. Elas adoraram e começaram a me indicar a um monte de gente." Na sequência, mais confiante, ofereceu-se para fazer almoço em um bar no Itaim Bibi. Seus grelhados, suas quiches e suas saladas foram capa da revista de um jornal e passaram a atrair pequenas multidões, o que atiçou "os olhos gordos" dos donos do lugar.

Despedida, a cozinheira pegou sua bicicleta e saiu pedalando. Para cortar caminho, pegou uma ruela, onde viu um imóvel para alugar. Saltou, arrancou a placa e ligou, do orelhão, para o proprietário. "Ele foi até lá. Eu de bermuda, tentando parecer séria, propus negócio. Ele me achou muito nova e mandou voltar com meu pai, que eu tinha visto uma vez na vida." Nem por isso a ideia saiu de sua cabeça: convenceu a cunhada, Roberta Lowndes, a falar com "amigos ricos". "Ela tinha sido operada e não podia falar, mas fez positivo com o dedão. Liguei para o dono do imóvel e disse que tinha um sócio-investidor", diverte-se.

Era 1996, surgia o Ruella, na Vila Olímpia. Noventa lugares, magret de pato, steak tartar e gâteau de chocolate no menu, uniformes de Marcelo Sommer, fotos de Tadeu Jungle e um projeto de decoração próprio eram alguns atrativos da casa, que se tornou um fenômeno. Em São Paulo, surgiram também o Café Bistrô, em Moema, e o À Côtê, nos Jardins – menos duradouros. Já no Rio, a bela criou o Bar D'Hôtel e o Bar do Lado, ambos no Hotel Marina. "Foi um sucesso absurdo, porque não havia chefs mulheres nem garçons descolados no mercado." Dahoui deixou o projeto em 2005, grávida e com o desejo de ter o próprio hotel.

Hoje, a empreendedora concilia eventos, palestras, o restaurante Ruella e o sonho de um restaurante-escola. De certo modo, Danielle encara seus restaurantes como pessoas que precisam de cuidado, de carinho. "Eles me dão dinheiro para viver e ser feliz, e, com eles, gero emprego, pego pessoas sem formação e ensino uma profissão, dou autoestima. Assinar carteira é tão gratificante quanto ser elogiada por um cliente. Agora todo mundo adora ser chef, as pessoas se deslumbram como se fosse uma vacina para salvar a humanidade, esquecem que tem muito pouco glamour. Mas quero morrer fazendo isso."

danielle dahoui

Judaism	Arthur Hertzberg
	George Braziller
Buddhism	Richard A. Gard
	George Braziller
Hinduism	Louis Renou
	George Braziller
Islam	John A. Williams
	George Braziller

danielle por danielle

Como se formou cozinheira?
Na vida. Primeiro, eu não tinha dinheiro.
Depois, não tinha tempo para fazer curso.

Qual o seu ingrediente favorito?
Gengibre.

Onde você mais gosta de cozinhar?
Em casa.

Se você estiver sozinha, o que cozinha?
Doces.

Uma receita inesquecível?
A primeira que aprendi foi o bolo de
cenoura com calda de chocolate da minha avó.

Se você não fosse chef, o que seria?
Urbanista.

Um ídolo?
Jacques Cousteau.

Um sonho?
Ter um restaurante-escola.

Quem estaria na sua mesa dos sonhos?
Meus amigos e minha filha.

Quem cozinharia?
Minha avó.

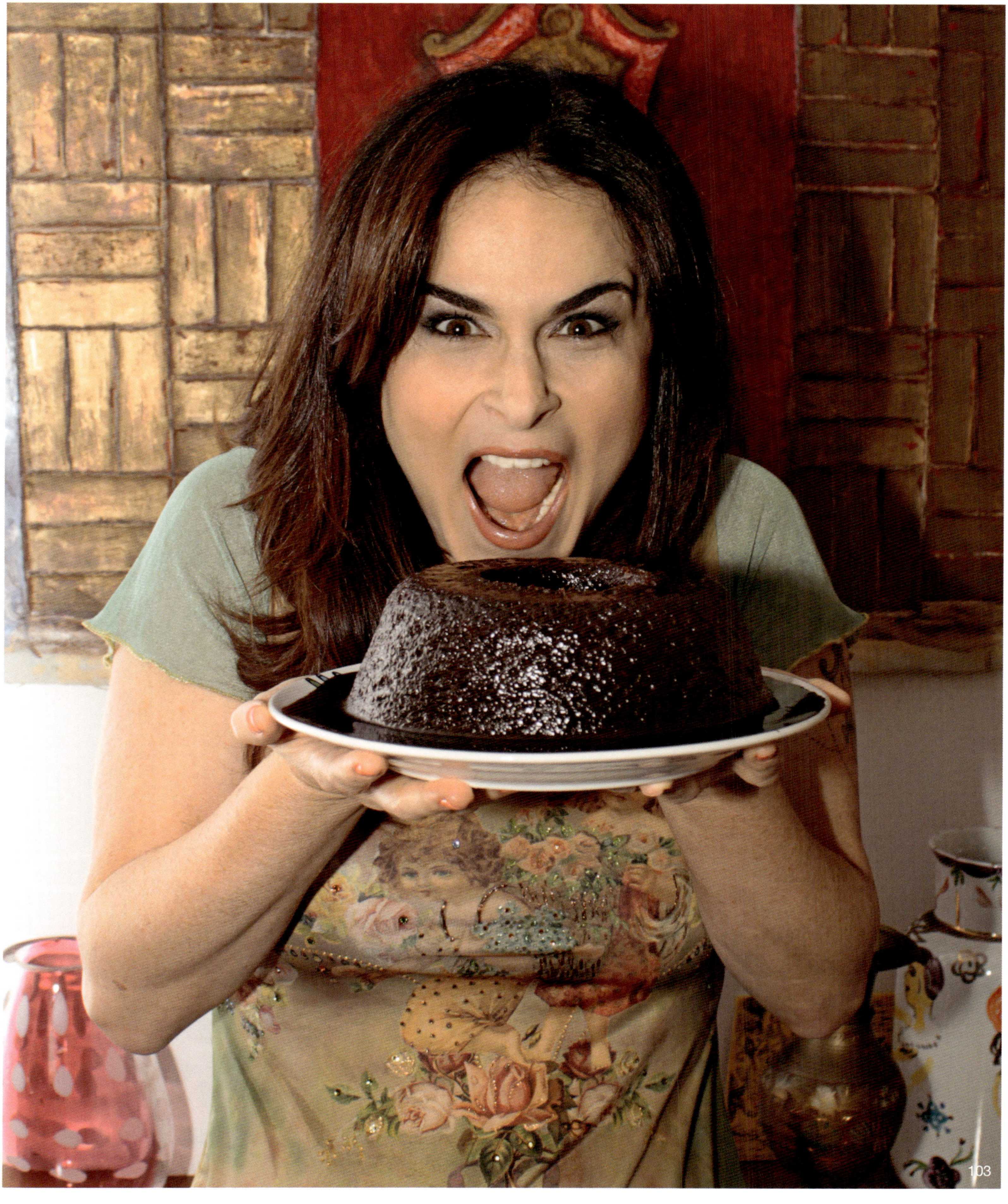

Confit de Pato ao Molho Hoisin

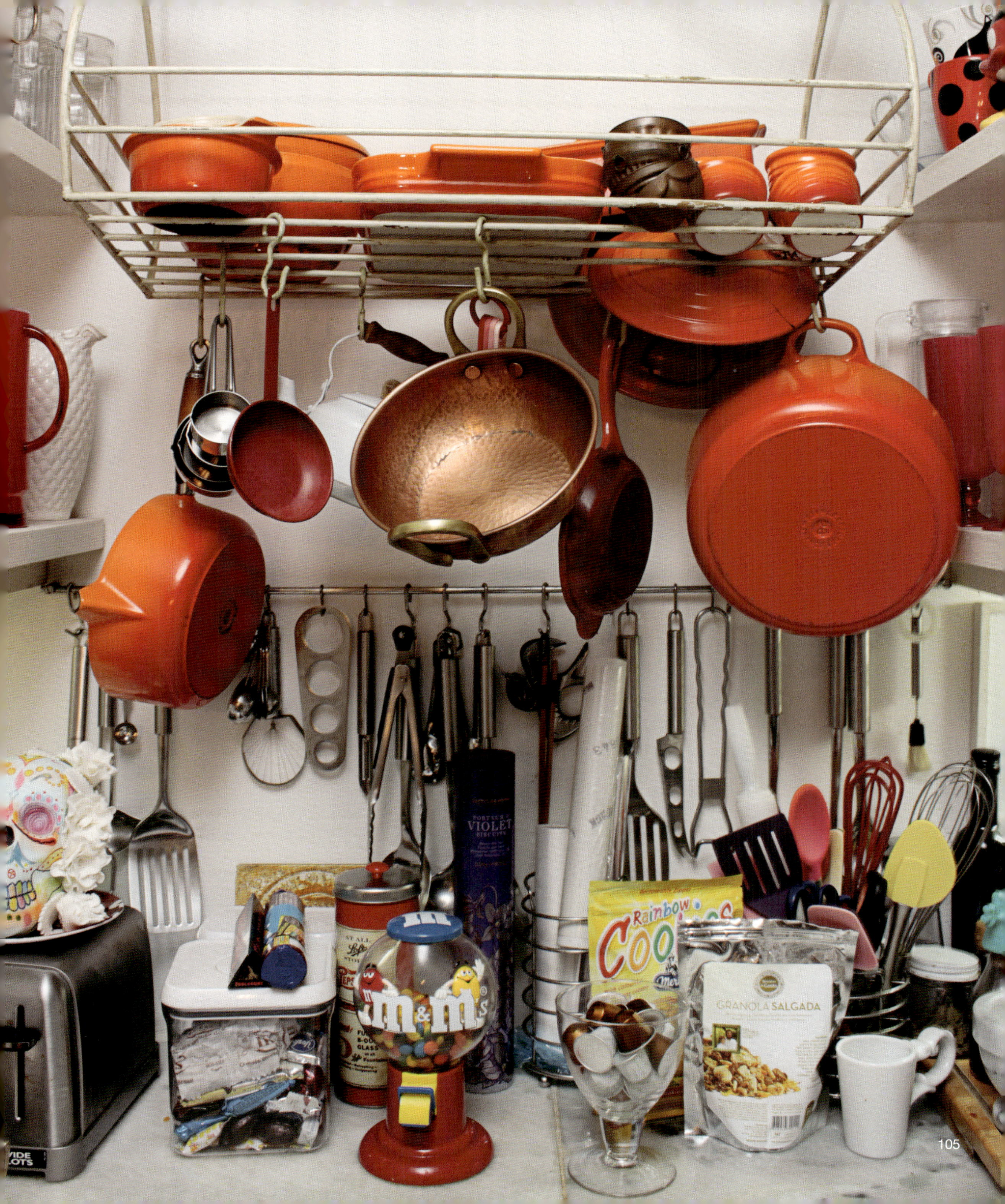
VIOLET
BISCUITS
m&m's
Rainbow
GRANOLA SALGADA

NOAH

VIVE L'AMOUR

Vive la vie !

Arroz 8 Grãos com Bacalhau e Crocante de Batata

receitas

Confit de Pato ao Molho Hoisin (4 porções)
Ingredientes • **Pato** • *4 coxas de pato* • *1,5 litro de vinho tinto* • *1 litro de caldo de pato* • *20 g de alecrim fresco* • *10 g de tomilho fresco* • *4 folhas de louro* • *10 g de sal grosso* • *3 g de pimenta-branca moída na hora* • *700 g de gordura hidrogenada ou gordura do pato* • **Molho Hoisin** • *2 litros de caldo de pato* • *500 g de açúcar mascavo* • *750 ml de vinho do Porto* • *300 ml de molho de tomate* • *5 g de canela em pó* • *15 g de curry em pó* • *150 g de amido de milho* • *150 g de manteiga* • *3 g de sal e pimenta-branca moída na hora* • *1 g de pó de defumado (vale substituir por 200 g de bacon)* • **Preparo** • **Pato** • Retire o excesso de gordura das coxas e coloque-as em um pote hermeticamente fechado com vinho tinto, caldo de pato, tomilho, alecrim, louro e pimenta-branca. Deixe-as marinando por 12 horas, na geladeira. Em uma panela, derreta a gordura, escorra o caldo do marinado e coloque as coxas com os temperos para cozinhar em fogo baixo, por 4 a 6 horas. Teste com um garfo para ver se a carne está bem macia. Se estiver, retire do fogo. Deixe esfriar e guarde a carne na geladeira por, pelo menos, 24 horas. Na hora de servir, retire as coxas do confitado, remova o excesso de gordura e leve-as ao forno preaquecido a 220 °C, até dourar. • **Molho Hoisin** • Em uma panela, faça um caramelo escuro com o açúcar, coloque o caldo de pato, o molho de tomate, a canela, o curry, o pó defumado e corrija o tempero com sal e pimenta. Cozinhe em fogo baixo, semitampado, por 30 minutos. Engrosse com o amido de milho misturado a 100 g de manteiga. Mexa o molho até virar um creme. Coloque o vinho do Porto e cozinhe 20 minutos, em fogo baixo. Ao tirar do fogo, coloque o restante da manteiga para dar um tom aveludado. • **Montagem** • Sirva a coxa com o molho. Dica: acompanhe com uma *tarte tatin* de batatas.

Arroz 8 Grãos com Bacalhau e Crocante de Batata (2 porções)
Ingredientes • **Arroz** • *300 g de arroz 8 grãos* • *100 ml de vinho branco* • *1 litro de caldo de legumes* • *30 g de cebola-pérola picada* • *10 g de alho* • *100 ml de óleo de milho* • *1g de pimenta-branca moída na hora* • *300 g de brócolis picado grosseiramente* • *200 g de cebola-roxa em fatias* • *100 g de azeitonas--pretas sem caroço (cortadas ao meio)* • *100 g de tomates-cereja (cortados ao meio)* • *200 ml de azeite extravirgem* • *500 g de bacalhau dessalgado* • *Batata palha a gosto* • **Preparo** • **Arroz** • Aqueça o caldo de legumes. Em uma panela larga, coloque o óleo, o alho e a cebola-pérola até que fiquem com uma aparência dourado-clara. Acrescente o arroz e o vinho branco até evaporar o álcool. Junte o caldo, aos poucos, até o arroz ficar al dente. Salteie o bacalhau, o brócolis e a cebola-roxa em azeite. Na hora de servir, finalize colocando o bacalhau, o brócolis e a cebola-roxa salteados em azeite. Misture-os suavemente ao arroz, confira o tempero e, no final, coloque as azeitonas e os tomatinhos cortados ao meio. Regue com o azeite. Acompanhe com batata palha.

Hambúrguer de Cordeiro (4 porções)
Ingredientes • *1 kg de pernil de cordeiro moído (com 20% da gordura de cordeiro)* • *30 g de hortelã picada* • *30 g de cebola batida* • *10 g de sal* • *10 ml de óleo de canola* • **Preparo** • Misture muito bem todos os ingredientes e molde hambúrgueres com, aproximadamente, 250 g. Mantenha-os na geladeira até a hora de grelhar. Com a chapa ou a frigideira bem quente, coloque um fio de óleo e grelhe rapidamente um hambúrguer até ficar dourado e o sangue subir (o sangue sobe quando a carne começa a ficar "ao ponto"). Vire-o e deixe dourar o outro lado, da mesma maneira. O interior do hambúrguer deve permanecer rosado. Na hora de tirar da chapa, polvilhe cada lado do hambúrguer com uma pitada de sal. • **Montagem** • A dica da chef é servir o hambúrguer em brioche, com queijo de cabra e farofa de bacon.

Hambúrguer de Cordeiro

Flavia Marioto

Ela surgiu da mistura de libaneses, portugueses e italianos. Enérgica, exigente e agitada, Flavia Marioto comanda com bom humor seu restaurante Condessa, em São Paulo. Mas, no fundo, queria mesmo era ser atriz e dançarina.

No final da década de 1990, montou com o diretor Marcos Vinicius de Arruda Camargo um espetáculo de dança, o *Suíte nº 2 para Garfo e Faca*, premiado pela Secretaria de Estado da Cultura de São Paulo. E, até hoje, mantém vivo o sonho de um dia fazer cinema. "Com 15 anos, eu queria o teatro como profissão. Prestei a Escola de Artes Dramáticas da USP (Universidade de São Paulo) e não entrei. Mais tarde, fiz parte de grupos como o Boi Voador e o Ventoforte, mas viver da arte era muito difícil."

Aos 31 anos, no final de 1991, ela e a amiga Maddalena Stasi inauguraram a Mercearia do Conde, no ainda pouco explorado Jardim Paulistano. "A ideia era uma mercearia daquelas típicas de interior, no estilo secos e molhados e que tivesse de tudo um pouco: biscoitos, frutas, pães, frios, chinelos e sacolas", conta. No entanto, os sanduíches preparados em baguetes com queijos especiais (como brie) e embutidos (como presunto cru) começaram a roubar a cena. A torta de frango comprada da Dona Dag, que elas serviam com salada, também angariava fãs e, assim, aos poucos, delineava-se um menu de comidinhas. "Minha mãe morava perto e usávamos a cozinha dela como apoio. A gente fazia atum grelhado, frigideira de bacalhau com ovos e cuscus paulista. Chegou um momento em que foi preciso uma parede cheinha de micro-ondas na Mercearia para esquentar esses pratos!", lembra a cozinheira.

Não apenas a cozinha, mas o espaço foi todo reformado, ganhou ares de galeria de arte: "Garimpo e encomendo peças a artistas. Às vezes, nem quero vender, de tanto que gosto dos objetos". O local ganhou também um menu que deixa transparecer o sincretismo gastronômico da origem familiar de Flavia. Os pratos, fartos e variados, combinam com um pouco de tudo o que ela aprendeu na infância. "Do lado da minha mãe, uma mistura de italianos, portugueses e libaneses, com muita comida

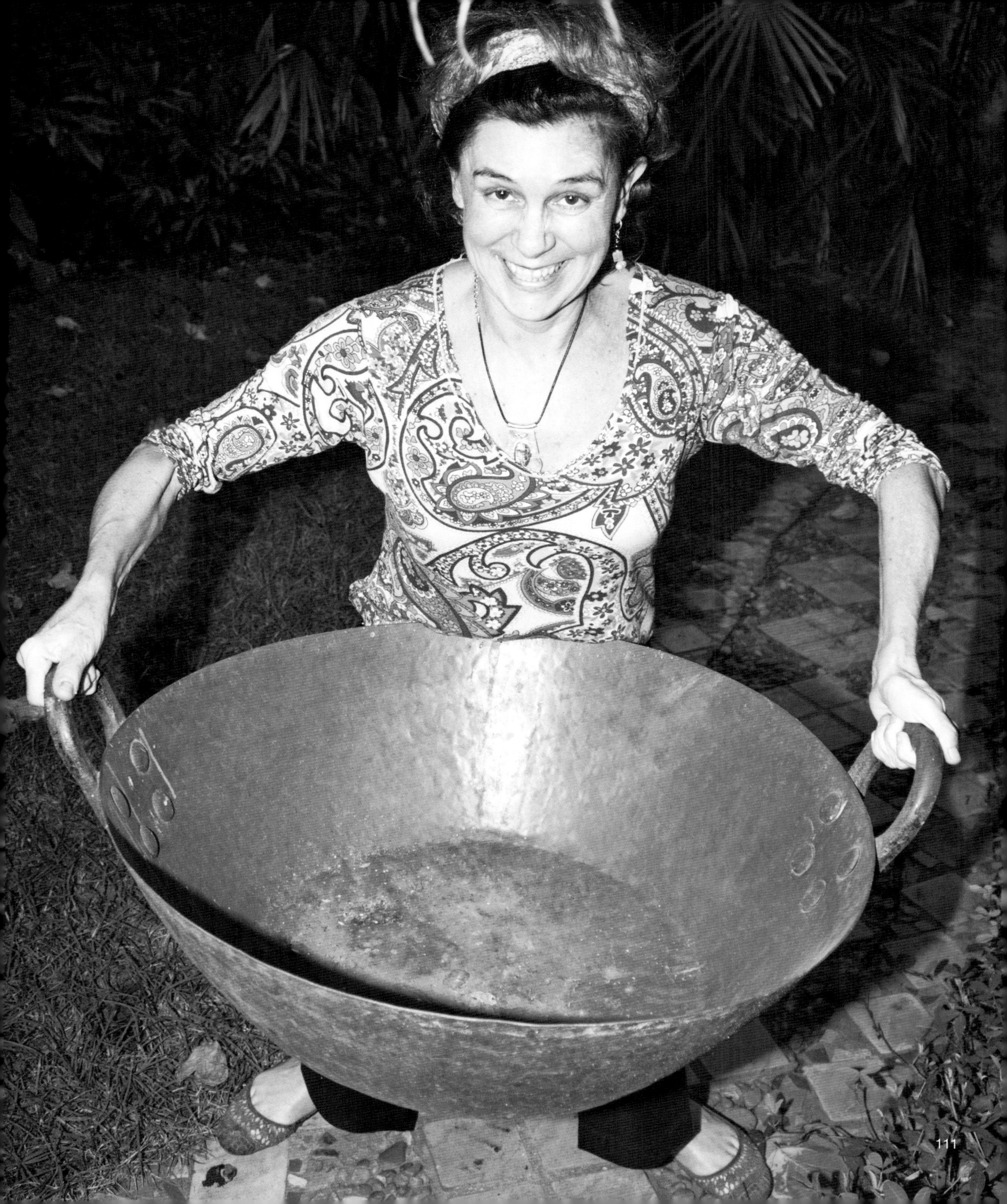

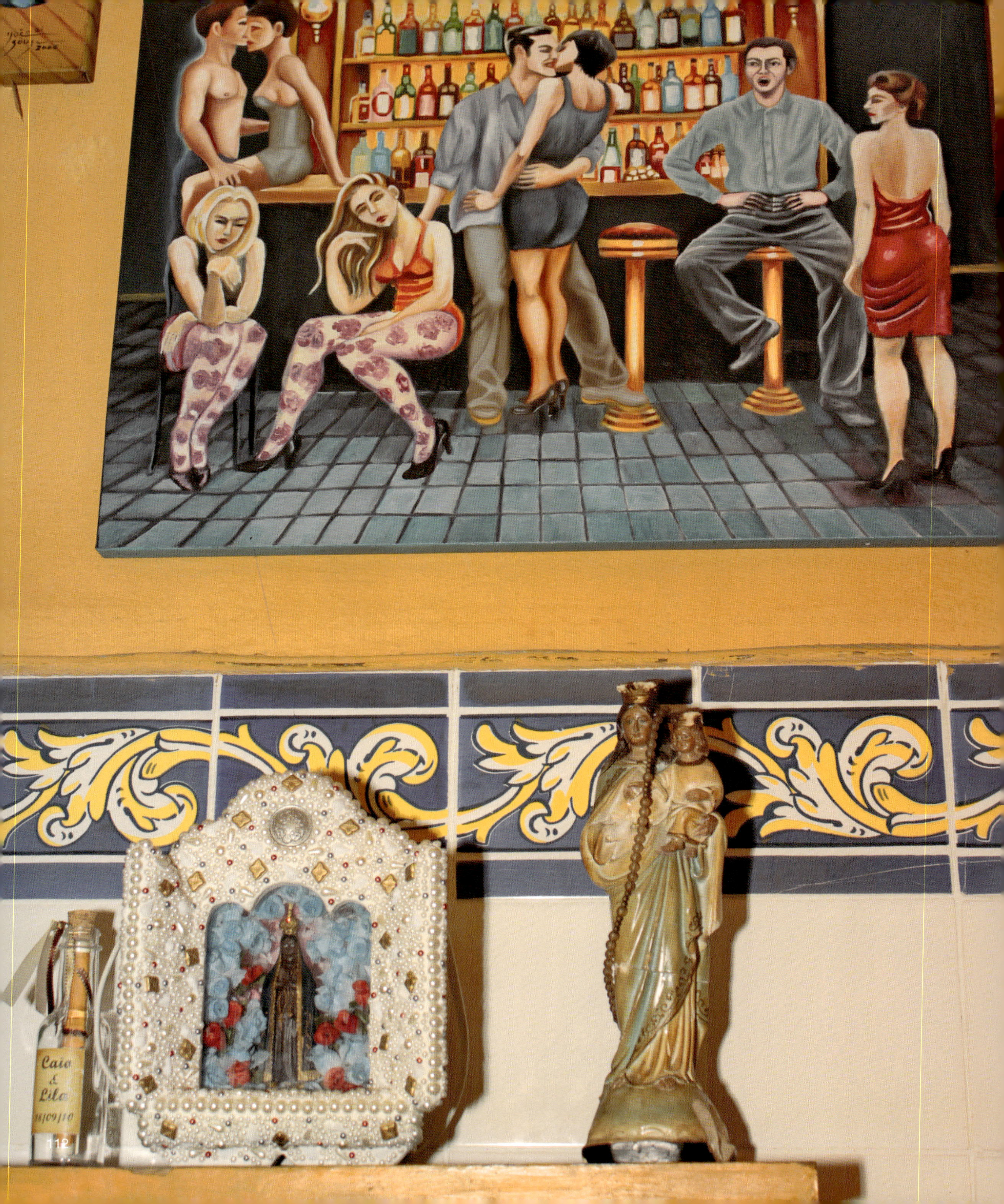
Caio
&
Lila
18/09/10

flavia marioto

árabe: trigo com frango e amêndoas, a sopa 'kibelabani' que leva coalhada seca, o quibe assado, o arroz com lentilha...", enumera. Uma das memórias mais fortes da chef é o ritual das esfihas folhadas, no sítio do avô. "Ficávamos um dia inteiro tomando suco de tangerina e fazendo as esfihas porque a massa era muito trabalhosa. A receita, da minha tia-avó Alice, que morreu com mais de 100 anos, era maravilhosa. A esfiha ficava sequinha e crocante."

Saída desse berço, sua mãe, dona Marilena, comandou duas lojas de decoração de cozinha e o extinto Namarilena Ristorante, em São Paulo. Das receitas maternas, Flavia se lembra do creme de ameixa com suspiro, do bolo de chocolate que não levava farinha e dos fios de ovos, herança portuguesa, sempre presentes nas festas de família. "Ela também fazia um cuscuz paulista que levava peixe e camarão. O prato é tradicional lá em casa, e faço até hoje nos meus restaurantes."

Já do lado do pai, predominavam as raízes italianas, com direito a almoços na casa da nona Ida, no bairro do Pacaembu. "Era uma farra, uns onze netos brincando de teatro, tocando a campainha dos vizinhos. E tinha muita comida, muitos assados e massas caseiras. Tem um franguinho da nona, inesquecível, que faço até hoje: o peito é untado com manteiga derretida e empanado com farinha de rosca e parmesão. Meus filhos, Lucca e Mano, amam!"

Coletando referências, Flavia se fez cozinheira. Empiricamente. Os cursos vieram com a necessidade de aperfeiçoar técnicas. "Recentemente, fiz um curso do Laurent Suaudeau. Fiz também um curso de pão, em Londres, na The Bertinet Kitchen, e faço aulas esporádicas quando viajo. Adoro cozinhar em outros países, com outros ingredientes. Na Tailândia foi incrível: não tinha farinha de trigo nem manteiga. Adoro a liberdade de poder misturar sabores e texturas."

Em 2001, apesar da correria de dois filhos – e de um restaurante de 105 lugares funcionando diariamente, Flavia e a sócia abriram o Condessa, mais intimista, com apenas 38 lugares e um ritmo mais tranquilo, na Vila Nova Conceição. Dividida entre um e outro, a cozinha de sua casa acaba negligenciada, assim como a dança e o teatro. "Tenho prazer em cozinhar, o que não tenho é tempo. Quando dá uma folga, prefiro sair sozinha para comer e descansar a cabeça. Vivo cercada de gente, comandando. Sou um pouco mandona, e isso é cansativo", confessa.

Depois de 22 anos de trabalho, ela sonha mesmo em se desligar um pouco dos negócios e tocar os milhões de projetos pessoais que tem em mente: fazer um longa-metragem, espetáculos de dança e, quem sabe, até um restaurante itinerante, "só para ficar livre por aí".

flavia marioto

FLAVIA E A FILHA MANO

flavia por flavia

Como se formou cozinheira?
Na marra, no dia a dia do balcão.

Qual o seu ingrediente favorito?
Pimenta.

Onde você mais gosta de cozinhar?
Em viagens.

Se você estiver sozinha, o que cozinha?
Invencionices com o que tiver à mão.

Uma receita inesquecível?
As do almoço bucólico em Xique-Xique do Igatu, na Chapada Diamantina: frango caipira com coentro e açafrão, mamão verde e cacto salteados, saladinha orgânica.

Se você não fosse chef, o que seria?
Atriz-dançarina.

Um ídolo?
Fernando Pessoa, Fernanda Montenegro, Zé Celso, Isadora Duncan, Kazuo Ohno e Pina Bausch.

Um sonho?
Fazer um personagem maravilhoso no cinema.

Quem estaria na sua mesa dos sonhos?
Amigos e família.

Quem cozinharia?
Um grande chef peruano ou asiático.

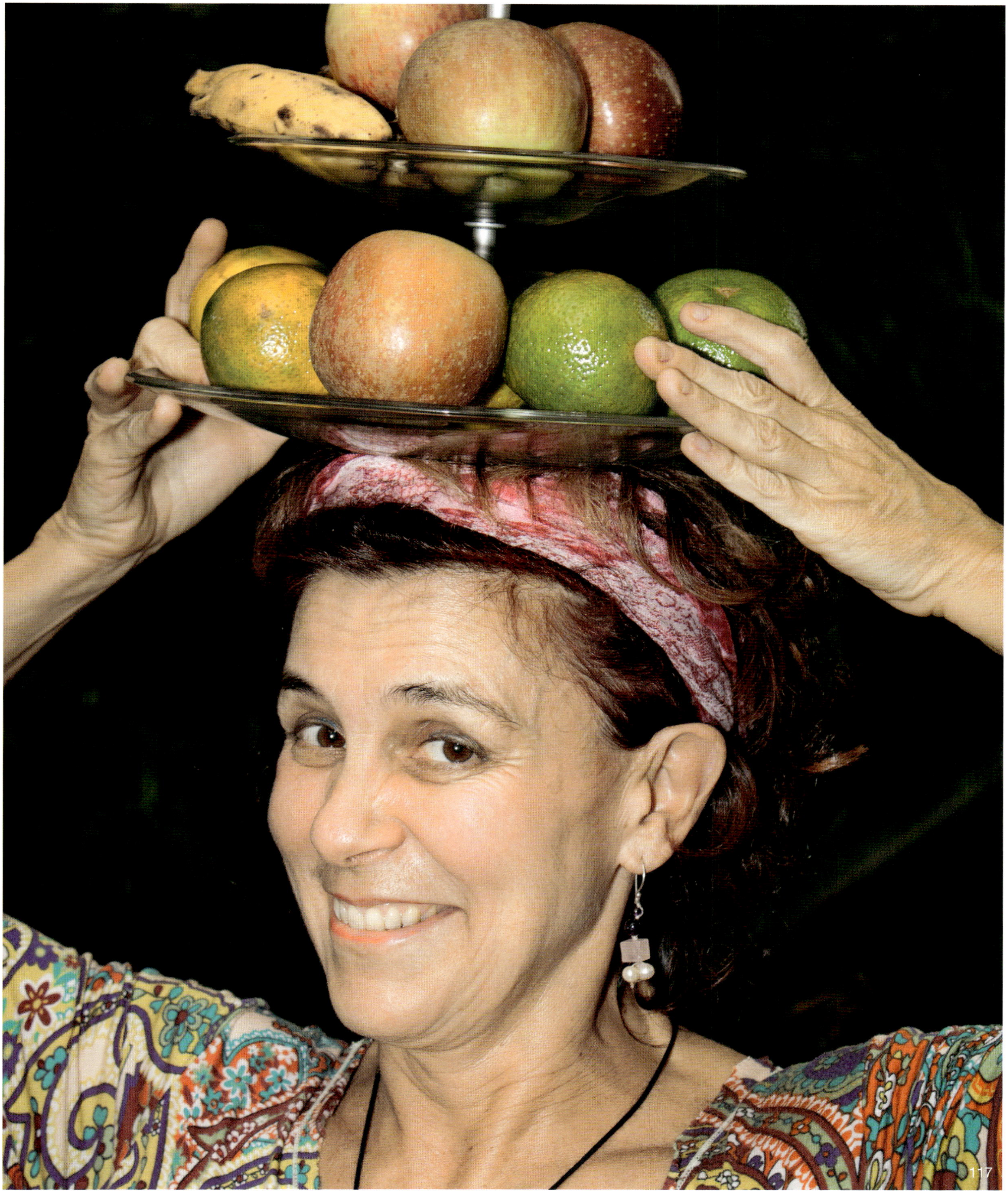

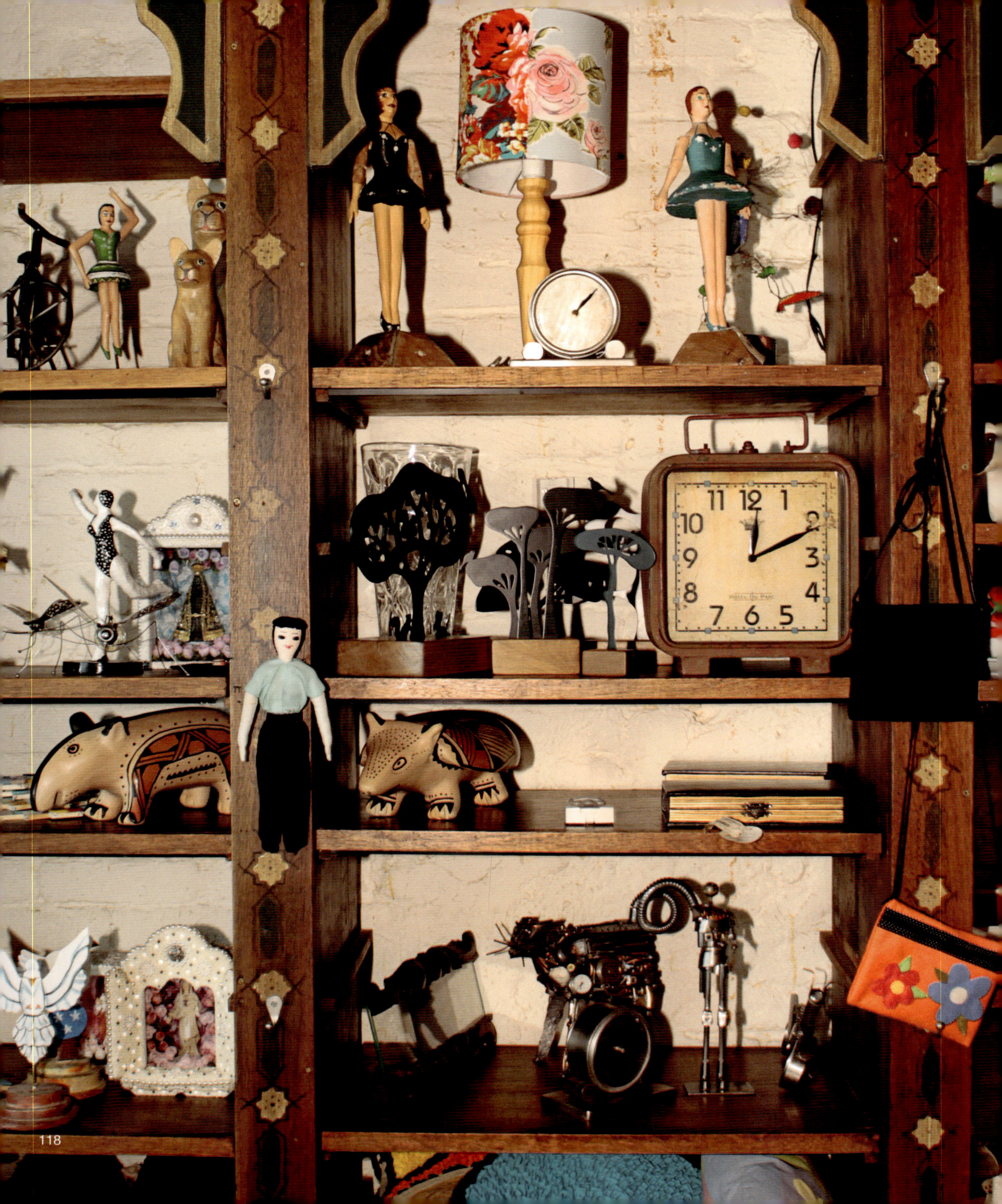

Tartar de Atum em Tapioca

Bacalhau da Condessa

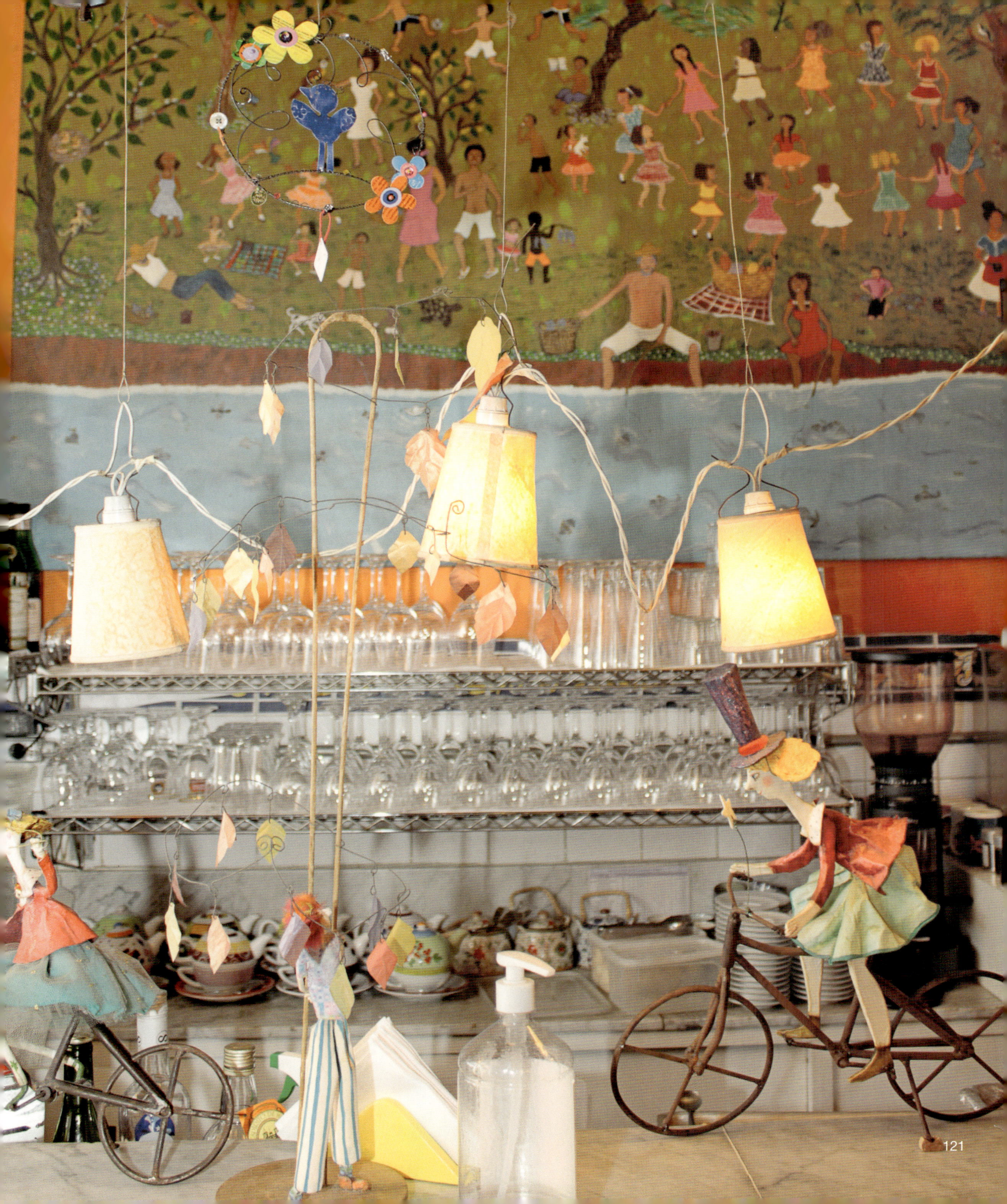

receitas

Tartar de Atum em Tapioca (6 porções)
Ingredientes • **Atum** • *80 g de atum fresco (em cubos pequenos)* • *1 colher (sopa) de shoyu claro* • *1 colher (chá) de cebolinha picada* • *1 colher (café) de wasabi* • *Suco de ½ limão pequeno e raspas da casca* • *1 colher (chá) de gengibre ralado* • *Broto de trevo, ou de alfafa, para enfeitar* • *1 colher (sopa) de cream cheese* • **Tapioca** • *9 colheres (sopa) de tapioca* • *1 colher (sopa) de manteiga ou azeite* • *1 colher (sopa) de parmesão ralado* • **Preparo** • **Atum** • Na hora de servir, misture o cream cheese com metade do wasabi e reserve. Misture o restante dos ingredientes com o atum. • **Tapioca** • Para cada "torradinha", use uma colher e meia de tapioca. Numa frigideira quente, passe cada porção dos dois lados para que fique crocante. Em seguida, coloque o azeite ou a manteiga e salpique o queijo. Asse-as no forno, por 10 minutos. • **Montagem** • Espalhe um pouco do cream cheese em cada tapioca, coloque um pouco do atum e finalize com o brotinho.

Bacalhau da Condessa (2 porções)
Ingredientes • **Molho** • *1 xícara (chá) de tomate (sem pele e sem sementes)* • *1 colher (sopa) de cebola picada* • *½ colher (café) de sementes de erva-doce* • *3 colheres (sopa) de azeite* • *1 colher (sopa) de folhas de estragão fresco picado* • *1 colher (sopa) de manjericão fresco picado* • *Sal a gosto* • *1 canela em pau* • **Bacalhau** • *10 minicebolas ou échalotes* • *¼ xícara (chá) de bulbo de erva-doce* • *1 colher (sopa) de flores de brócolis* • *10 azeitonas-portuguesas* • *2 batatas-doces pequenas (cozidas e cortadas em rodelas)* • *¼ xícara (chá) de pimentão-amarelo sem pele* • *1 colher (sopa) de pimentão-vermelho sem pele* • *1 colher (sopa) de amêndoas crocantes* • *½ xícara (chá) de molho de tomate* • *2 batatas-doces cozidas (sem casca e em rodelas)* • *340 g de bacalhau (2 postas de 170 g cada)* • **Preparo** • **Molho** • Coloque uma colher de azeite na panela, acrescente a cebola picada e doure-a por um minuto. Acrescente o tomate, as sementes de erva-doce, as folhas de estragão, o manjericão, a canela em pau e sal a gosto. Cozinhe em fogo baixo até o molho desmanchar e ficar com consistência cremosa. Retire-o do fogo, passe na peneira fina e reserve.• **Bacalhau** • Corte o bulbo da erva-doce em pedaços de 3 cm. Coloque-os rapidamente na água fervente com o brócoli e a cebola. Resfrie-os em água fria para ficar al dente. Reserve-os. Corte os pimentões no mesmo padrão da erva-doce e reserve-os. Em uma frigideira bem quente, adicione uma colher de azeite e grelhe um lado das postas do bacalhau, por dois minutos. Coloque-as numa assadeira, regue com azeite e leve-as ao forno, por cerca de cinco minutos. Sirva com as rodelas de batata-doce, as azeitonas, o molho de tomate e amêndoas salpicadas.

Arroz à Cadaqués (4 porções)
Ingredientes • *10 camarões-rosa* • *100 g de anéis de lula* • *80 g de polvo cozido* • *2 colheres (sopa) de conhaque* • *½ xícara (chá) de arroz cozido em água* • *¼ xícara (chá) de vagens branqueadas* • *2 colheres (sopa) de shoyu claro* • *3 colheres (sopa) de cebola-roxa* • *1 colher (sopa) de suco de limão-siciliano* • *Raspas da casca de um limão-siciliano* • *⅓ xícara (chá) de tomate cortado em cubos (sem pele e sem sementes)* • *1 pimenta-calabresa, caiena ou fresca (a gosto)* • *11 colheres (sopa) de curcuma (açafrão-da-terra)* • *1 colher (sobremesa) de cebolinha-verde* • *1 colher (chá) de coentro fresco picado* • *2 colheres (sopa) de azeite extravirgem* • *4 ovos de codorna cozidos (cortados ao meio) ou 2 ovos caipiras* • *8 azeitonas-pretas descaroçadas* • *1 colher (sopa) de manjericão tailandês* • **Preparo** • Tempere o camarão e a lula com sal e limão. Em uma frigideira bem quente, coloque uma colher de azeite e doure seis camarões inteiros. Acrescente o restante dos camarões e a lula, flambe-os rapidamente com o conhaque e reserve-os. Utilizando a mesma frigideira, acrescente outra colher de azeite, refogue a cebola, a pimenta, a curcuma, o shoyu e o arroz até ficar bem homogêneo. Finalize misturando dois terços das vagens, os frutos do mar, o suco de limão, o tomate e as ervas frescas. • **Montagem** • Coloque o arroz em um prato fundo. Enfeite com os camarões inteiros, os ovos, as azeitonas, o manjericão e o restante da vagem. Regue com um fio de azeite.

Arroz à Cadaqués

flávia quaresma

Aos 17, ela tentou ser médica, mas não ficou nem um ano na Universidade Gama Filho, no Rio de Janeiro. Na PUC, tentou ser jornalista, mas, em dois anos, percebeu que também não era isso. Passou, então, ao curso de Teatro. Durante três anos, quase enlouqueceu os pais com a possibilidade da carreira artística. De repente, a ficha caiu: o destino de Flávia Quaresma estava na cozinha. Tudo culpa da falecida avó materna Paula, para quem ela cozinhava quando era criança. "Minha avó morou em Paris na década de 1930, e lá aprendeu a comer, não a cozinhar. Durante as minhas férias em nosso sítio, ela, muito esperta, me punha para fazer as receitas francesas. E eu achava divertidíssimo", conta a chef. Naquela época, com apenas 8 anos, ela fazia preparos complexos, como as batatas dauphine – batatas cozidas e espremidas, misturadas à clássica massa choux, e fritas. "Eu ficava encantada: você juntava os ingredientes e, depois, tinha um travesseirinho macio." Flávia fazia, ainda, mousses e tortas.

A avó foi também quem lhe deu o primeiro livro de receitas, *A Cozinha de Paul Bocuse*. "Esse livro pautou boa parte da minha carreira. Bocuse é um gênio. Naquele tempo, ele já falava da importância do produtor e do contato do chef com os fornecedores. Tenho uma ligação afetiva tão grande com esse livro que, na reedição no Brasil, fui convidada a escrever a orelha." E mais: foi a avó quem incentivou a jovem de vinte e poucos anos a viajar. A senhora estava certíssima: Flávia foi para a França, de férias com a irmã, e "enlouqueceu". Voltou ao Brasil determinada a juntar dinheiro para custear os estudos. "Como isso levaria séculos, meu pai se propôs a ajudar, desde que eu trabalhasse para me manter por lá."

Na célebre Le Cordon Bleu, Flávia descobriu quem era Carême. "No primeiro dia de aula, me encaminharam para a sala com esse nome e perguntei para o pai de uma amiga quem era. Ele disse que era um dos nomes mais importantes da gastronomia, me mostrou livros e explicou que o sobrenome dele tinha o mesmo significado do meu – carême é quaresma em francês. Daí em diante, eu nem diploma tinha, mas já sabia o nome do meu restaurante."

Em 1994, de volta ao Rio, a moça estava determinada a pilotar o fogão profissionalmente. E começou fazendo festas. Em pouco tempo, seu pequeno bufê já tinha tomado conta da cozinha, da lavanderia e da garagem da casa dos pais. E teve que se

125

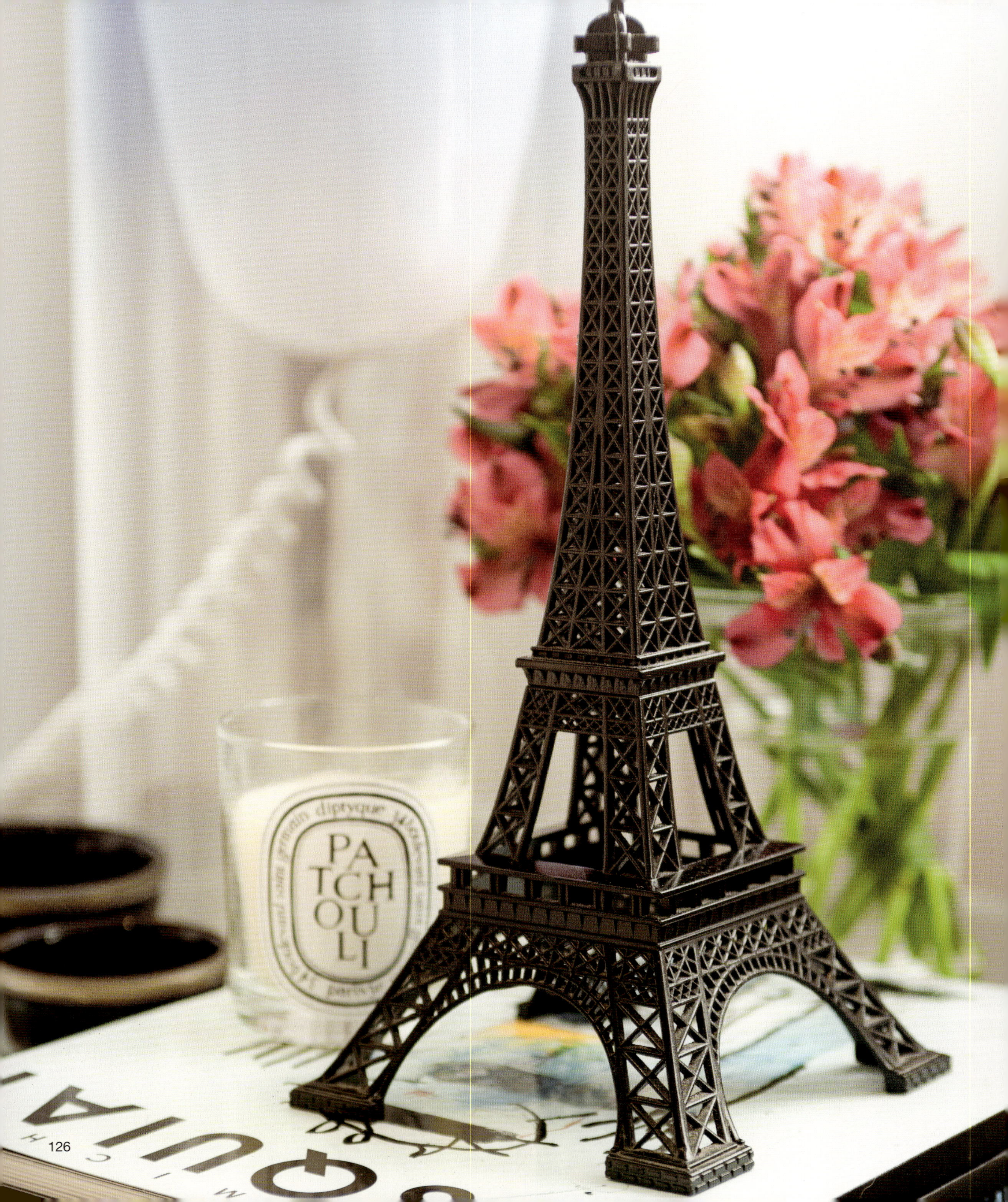
diptyque
PA
TCH
OU
LI

flávia quaresma

mudar dali, tornando-se uma empresa de catering, no bairro do Humaitá, que atendia metade do Rio de Janeiro graças ao boca a boca. Com o bufê indo bem, os clientes passaram a cobrar um restaurante... Foi quando Flavinha convidou o amigo francês, Christophe Faivre (chef experiente que trabalhou no estrelado Guy Savoy, em Paris), para ser seu braço direito. "Começamos na raça, com pouquíssimos pratos e sem aceitar cartão de crédito, pois não tínhamos capital de giro. Inventamos um sistema de dois turnos no jantar, para ter maior público numa casa de apenas 34 lugares."
Assim, no início de 1999, nascia o Carême, o primeiro bistrô francês carioca. O cardápio era harmonizado com uma boa carta de vinhos, algo que se tornava acessível num Brasil pós-inflação. O dólar equiparado ao real também facilitava a compra de equipamentos e ingredientes importados. A ousadia e o ineditismo contribuíram para o buchicho correr a cidade e, rapidamente, transformar o Carême num bistrô badalado nos dez anos em que existiu.
Com o tempo, a cozinheira quis expandir os horizontes. Em 2004, começou a viajar, a escrever livros e foi parar na TV, onde dividiu com o chef Alex Atala o comando do programa *Mesa Pra Dois*, do canal GNT. Ele no estúdio, e ela viajando pelo Brasil. "Foi aí que percebi que não conhecia meu país, que tinha uma formação gastronômica superfrancesinha. Isso deu um nó na minha cabeça." Na estrada, Flávia garimpou ingredientes como caju, cará e cupuaçu, para desgosto de seus comensais, que só queriam saber de boeuf bourguignon. "As pessoas tinham dificuldades para aceitar. Criei o foie gras com mousseline de cará, caju e pimentas. Eu toda feliz com o prato até um cliente dizer que eu tinha assassinado uma iguaria francesa. Decidi servir por conta da casa. Ele me chamou para dizer que não acreditava que tinha perdido tantos anos sem experimentar cará. Mas, naquela época, era difícil emplacar pratos com muitos ingredientes brasileiros."
Em 2009, sentindo necessidade de uma nova paixão, Flávia fechou o Carême. Então, na Espanha, visitando uma produção de azeite de oliva, ela conheceu Paulo de Abreu e Lima, responsável na época pela seleção de produtos e ingredientes da empresa LA, do designer Philippe Starck e do enólogo Michel Rolland. Surgiu a tal paixão. "Acabei virando sócia e me casando com o Paulo", confessa. O marido, por sua vez, voltou para o Brasil, e, desde o fim de 2012, os dois vivem às voltas com os azeites de oliva que produzem na Espanha, enquanto sonham com um óleo 100% brasileiro.
Quanto às panelas, Flávia garante que nunca as abandonou. "Pelo contrário, reconquistei o prazer de cozinhar em casa, para os amigos, para a família e para o Winston, meu Springer Spaniel inglês que consome azeite de oliva todos os dias e que é louco pelo gâteau de fígado que a mãe faz!" Saudades do restaurante? Nenhuma. "A beleza da vida é que ela muda e a gente pode ampliar nossos sonhos."

flávia quaresma

CAMINHOS DO BRASIL Maurício Barros de Castro

Silvia Roesler
Edições de Arte   milton dacosta

BOTAFOGO O GLORIOSO UMA HISTÓRIA EM PRETO E BRANCO

RIO

flávia por flávia

Como se formou cozinheira?
Le Cordon Bleu, em Paris.

Qual o seu ingrediente favorito?
A baunilha, que vai bem no doce e no salgado.

Onde você mais gosta de cozinhar?
Onde tem uma boa chama.

Se você estiver sozinha, o que cozinha?
Massa, risoto, muito queijo e pão.

Uma receita inesquecível?
Lasanha ao pesto que provei
no Ristorante Manuelina, em Gênova, Itália.
Simplesmente deliciosa.

Se você não fosse chef, o que seria?
Agrônoma.

Um ídolo?
É um clichê: Paul Bocuse.

Um sonho?
Que todo mundo tenha uma mesa
nutritiva repleta de sabor.

Quem estaria na sua mesa dos sonhos?
Antonin Carême.

Quem cozinharia?
Eu faria o *mis en place* e chamaria
o Alex Atala para cozinhar.

FLÁVIA E WINSTON, SEU SPRINGER SPANIEL INGLÊS

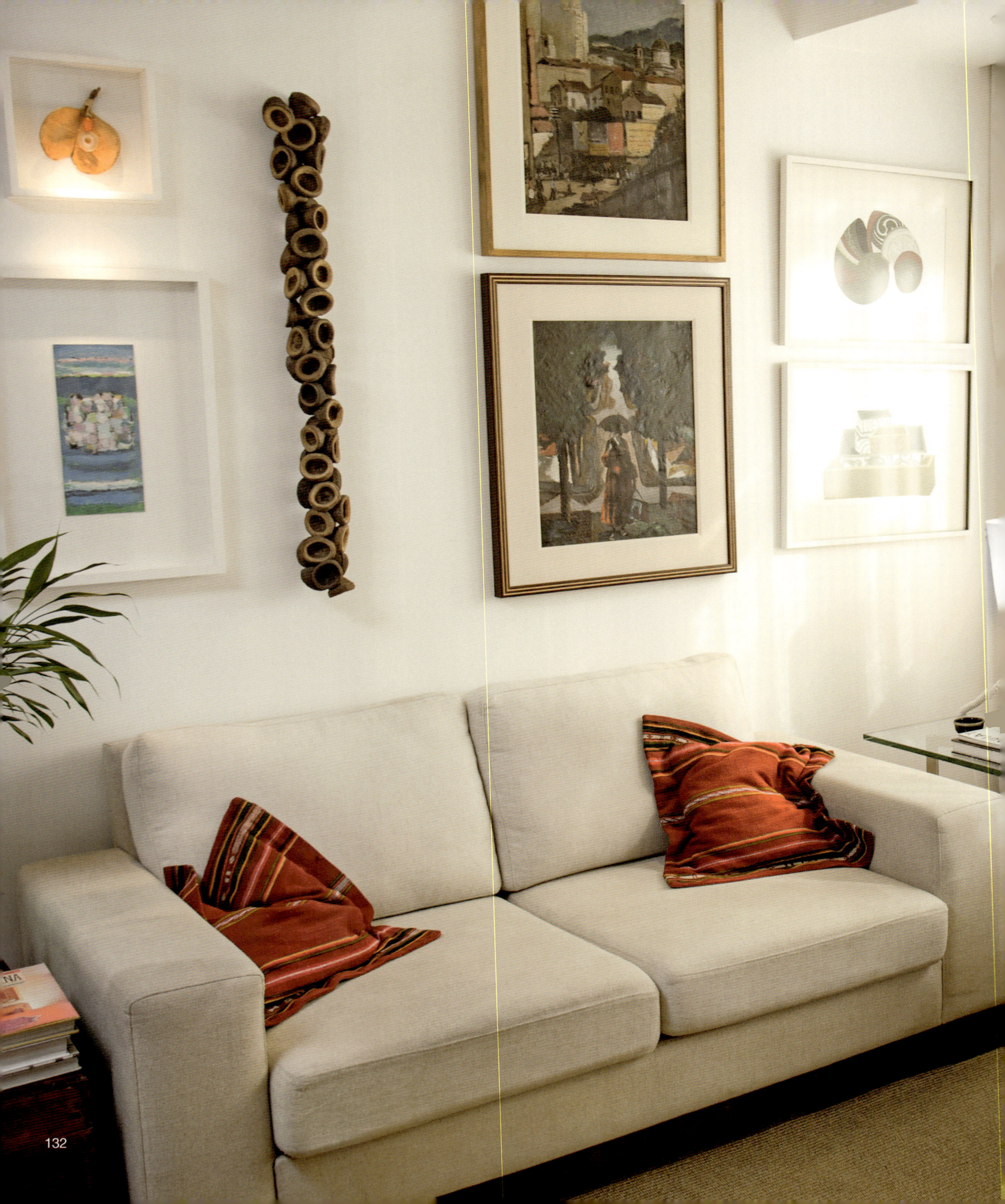

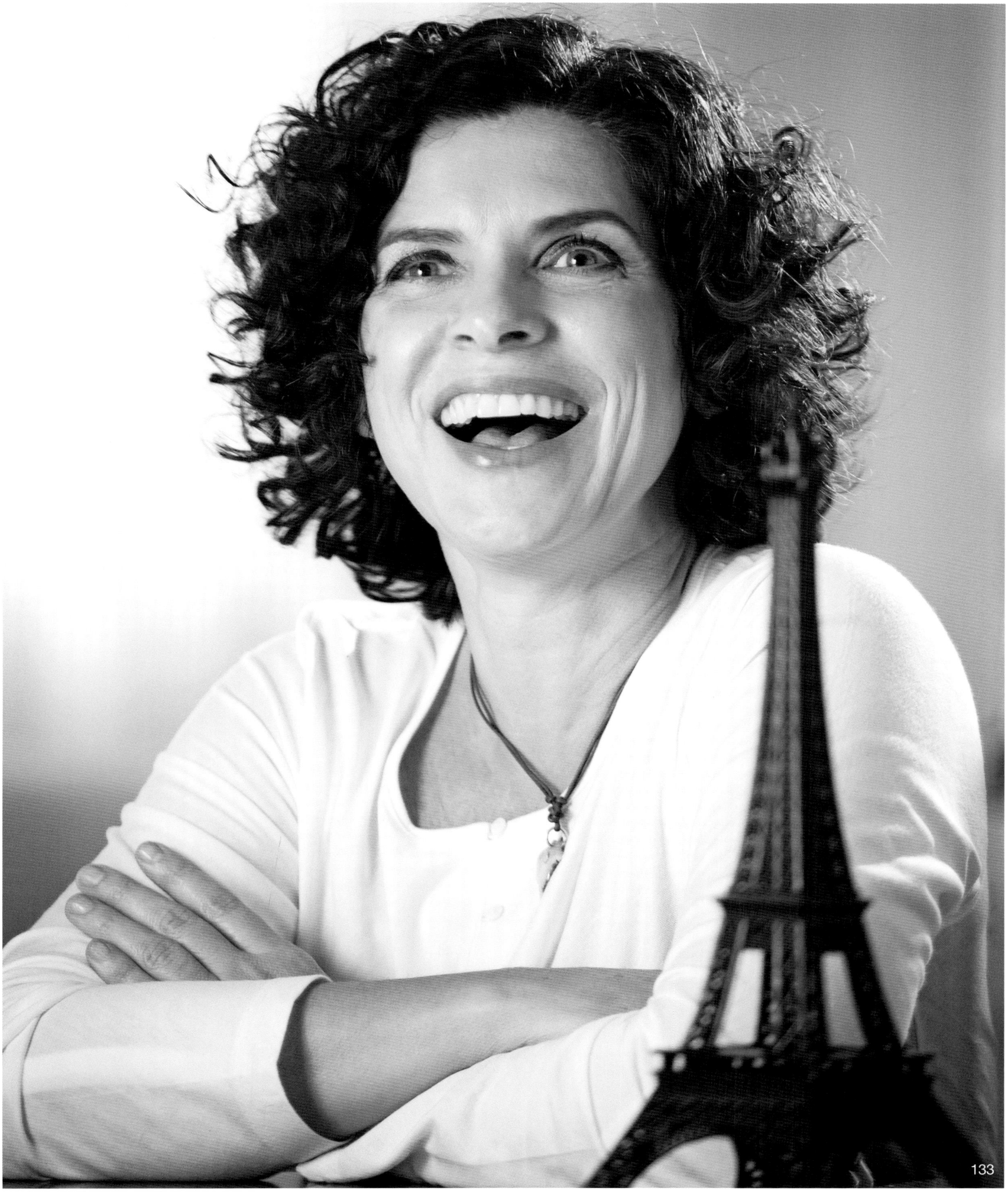

Duo de Mandioca com Camarões e Especiarias

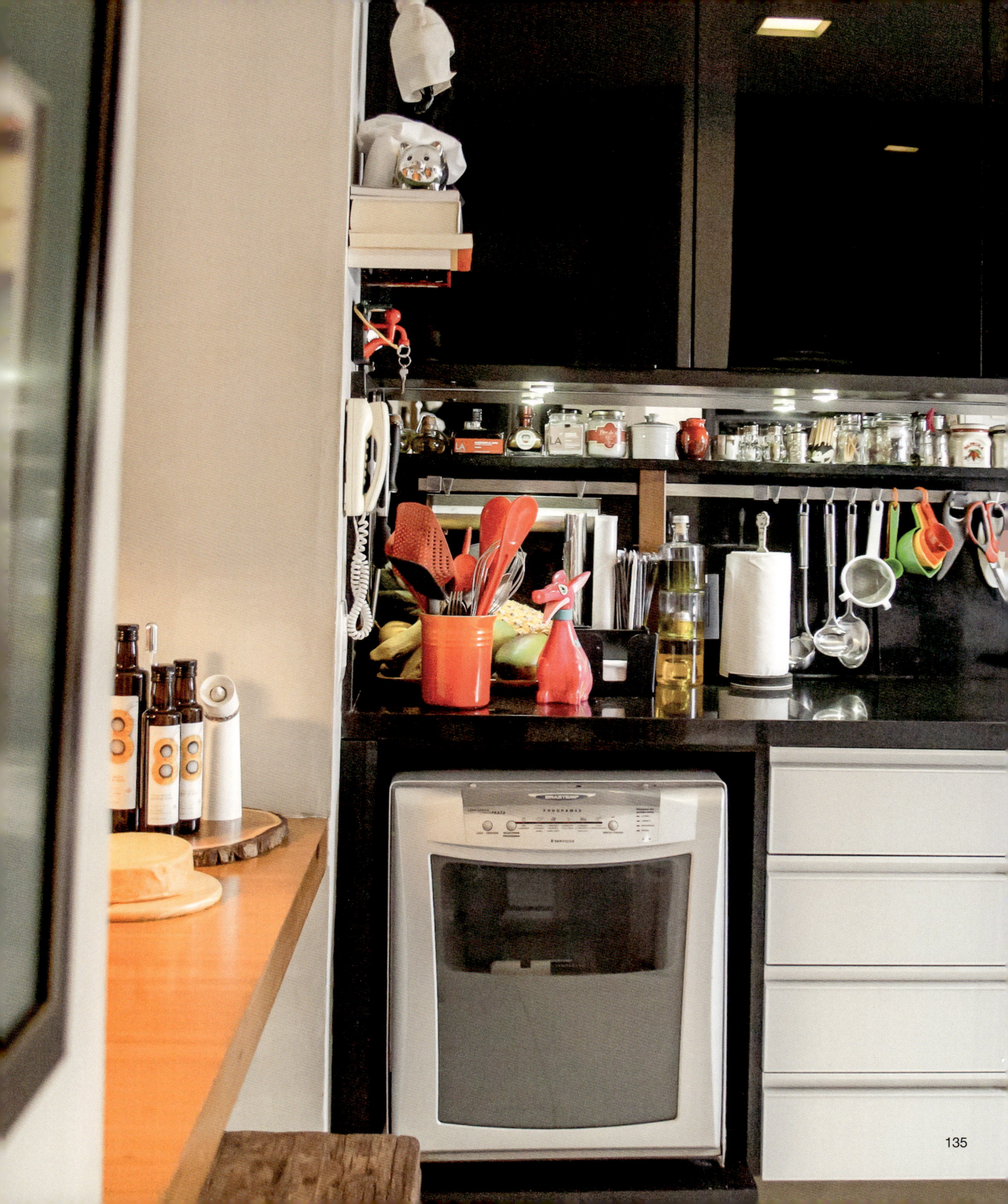

receitas

Duo de Mandioca com Camarões e Especiarias (4 porções)

Ingredientes • **Sopa** • *120 g de mandioca descascada (em cubos)* • *10 ml de azeite de oliva* • *50 g de maçã sem casca (em cubos)* • *10 g de funcho picadinho* • *3 g de gengibre picadinho* • *3 g de alho picadinho* • *4 g de pimenta dedo-de-moça (picadinha)* • *250 ml de caldo de legumes* • *200 ml de leite de coco* • *60 ml de creme de leite* • *8 ml de suco de limão (peneirado)* • *⅛ de anis-estrelado* • *12 galhos de tomilho* • *Sal e pimenta-branca a gosto (moída na hora)* • **Camarão** • *4 camarões médios* • *15 ml de azeite de oliva* • *Sal e pimenta-branca a gosto (moída na hora)* • *Broto de coentro, ou de salsa, para decorar* • **Cuscuz** • *40 g de farinha d'água de Bragança* • *30 ml de caldo de legumes* • *20 ml de leite de coco* • *Sal e pimenta-branca a gosto (moída na hora)* • *15 ml de azeite de oliva* • *0,5 g de alho* • *1g de pimenta dedo-de-moça* • *½ pitada de cominho* • *100 g de quiabo* • *50 g de manteiga de garrafa* • *80 g de cebola em tiras* • *60 g de pimenta-biquinho (em conserva)* • *½ colher (sopa) de salsa fresca (picadinha)* • **Preparo** • **Sopa** • Numa panela, aqueça o azeite de oliva para suar a cebola, o alho, o funcho, o gengibre e a pimenta dedo-de-moça. Acrescente a maçã e a mandioca. Refogue por aproximadamente 5 minutos, mexendo constantemente. Adicione o caldo de legumes, o creme de leite, o anis-estrelado e os galhos de tomilho. Deixe cozinhar até que a mandioca esteja bem macia. Retire os galhos de tomilho e o anis-estrelado e bata tudo no liquidificador até a mistura ficar bem lisa e homogênea. Tempere-a com sal e pimenta-branca e, por último, adicione o suco de limão. Reserve. • **Camarão** • Aqueça uma frigideira antiaderente com o azeite. Salteie os camarões temperados com sal e pimenta-branca. • **Cuscuz** • Numa panela, aqueça a manteiga de garrafa e frite as cebolas em tiras, mexendo bem até que fiquem douradas. Escorra-as e coloque-as sobre papel absorvente. Reserve em lugar seco. Sue, no azeite, o alho e a pimenta dedo-de-moça. Tempere com o cominho e reserve. Lave os quiabos, seque um a um e, no momento do preparo, corte-os em rodelas chanfradas. Numa frigideira antiaderente, esquente o azeite e salteie os quiabos chanfrados, temperando-os com sal. No momento de servir, envolva os quiabos com o refogado de alho e pimenta. Misture o caldo de legumes e o leite de coco, tempere com sal e pimenta-branca moída na hora. Coloque a farinha-d'água numa grande tigela e cubra, aos poucos, com a mistura do caldo envolvendo bem a farinha-d'água. Cubra com plástico-filme e deixe hidratar, por 20 minutos. Acrescente à farinha hidratada os quiabos, os camarões, a cebola crocante, a pimenta-biquinho e a salsa picada. • **Montagem** • Coloque a sopa de mandioca num prato fundo, bem no centro do prato. Disponha duas colheres de cuscuz, apoie o camarão em cima e decore com os brotos.

"Osso" de Pupunha com Rabada e Cogumelos (6 porções)

Ingredientes • **Rabada** • *1 kg de rabada bovina* • *Sal e pimenta-preta (a gosto)* • *30 g de farinha de trigo* • *20 ml de azeite de oliva extravirgem* • *50 g de cebola picada* • *30 g de cenoura picada* • *25 g de alho-poró picado* • *20 g de aipo picado* • *3 g de cabo de salsa* • *⅛ de um maço de tomilho* • *⅛ de um maço de cebolinha* • *1 folha de louro* • *2 fatias de casca de ¼ de uma laranja-pera (sem a parte branca)* • *375 ml de vinho tinto (seco)* • *150 ml de extrato de tomate* • *300 ml de caldo de músculo* • *½ colher (sopa) de purê de alho assado* • *Sal e pimenta-preta (a gosto)* • **Cogumelos** • *25 ml de azeite de oliva* • *250 g de shiitake (sem cabo)* • *150 g de shimeji* • *Sal e pimenta-preta (a gosto)* • **Molho de porcini** • *10 g de porcini seco* • *20 ml de azeite de oliva* • *30 g de cebola picada* • *2 g de tomilho* • *2 g de cabo de salsa* • *½ folha de louro* • *5 g de alho assado* • *375 ml de vinho madeira* • *75 g de manteiga (sem sal)* • **Pupunha** • *6 corações de pupunha (com 6 cm de altura)* • *50 ml de azeite de oliva virgem* • *Sal a gosto* • **Preparo** • **Rabada** • Esquente bem uma panela com azeite de oliva. Tempere com sal e pimenta as peças de rabada e passe-as na farinha de trigo, retirando bem o excesso. Sele todos os lados de cada peça no azeite quente, até dourar. Reserve. Retire o excesso de azeite da panela, volte ao fogo e acrescente metade do vinho. Peneire esse vinho e reserve. Na mesma panela, refogue todos os legumes. Adicione o extrato de tomate,

"Osso" de Pupunha com Rabada e Cogumelos

Pudim de Queijo Curado com Caju em Três Versões

receitas

as ervas, a laranja, o vinho peneirado e o caldo de carne. Dê uma boa fervida, some as peças de rabada seladas e deixe-as cozinhar por 1 hora. Vire as peças de rabada e deixe-as cozinhar por mais 1 hora, ou até que a carne se solte facilmente do osso. Retire as peças de rabada do caldo de cozimento, deixe-as esfriar e desfie toda a carne. Retire as folhas de louro e os galhos de tomilho e passe o caldo de cozimento num moinho de legumes. Leve-o para reduzir numa panela com o purê de alho assado, até atingir consistência encorpada. Verifique o sal e a pimenta. Separe 500 ml para a confecção do molho de cogumelos e reserve o restante para misturar na rabada. Numa panela, misture a rabada desfiada com o caldo de cozimento e os cogumelos salteados. Confira o sal e a pimenta. • **Cogumelos** • Numa frigideira antiaderente, aqueça metade do azeite de oliva e salteie os shiitakes, temperando-os com sal e pimenta. Faça o mesmo com o shimeji. Misture os dois e reserve. • **Molho de porcini** • Coloque os cogumelos porcini numa tigela e cubra-os com água fervente. Deixe-os de molho até esfriar totalmente. Retire os cogumelos do caldo, esprema-os bem, e corte-os em cubos. Aqueça uma panela com o azeite de oliva para suar a cebola com as ervas, adicione esse cogumelo e o purê de alho assado. Dê uma boa refogada, acrescente o vinho madeira e deixe ferver. Some o caldo do cogumelo e, em seguida, o da rabada. Deixe ferver, abaixe o fogo até reduzir à metade. Tempere com sal e pimenta. Na hora de servir, coloque cubinhos de manteiga para aveludar o molho. • **Pupunha** • Deixe os corações de pupunha vazados, como um osso de canela. Coloque-os numa assadeira untada com azeite, tempere-os com sal e regue-os com mais azeite. Cubra com papel-alumínio e leve-os ao forno a 180 °C por, aproximadamente, 40 minutos. Eles devem ficar macios sem perder o formato.

Pudim de Queijo Curado com Caju em Três Versões (4 porções)

Ingredientes • **Caju** • *4 cajus em calda (fatiados)* • **Redução de caju e pimenta** • *20 ml de vinagre de vinho tinto* • *20 g de açúcar mascavo* • *15 g de açúcar refinado* • *125 ml de suco concentrado de caju* • *¼ de pimenta-malagueta* • **Pudim** • *125 g de queijo curado (ralado)* • *100 ml de leite integral* • *75 ml de creme de leite (fresco)* • *30 g de gemas* • *2 ovos inteiros* • *75g de açúcar* • *100 g de açúcar (para caramelizar as formas)* • **Farofa de castanha-de-caju** • *100 g de castanha-de-caju (sem sal)* • *65 g de rapadura triturada* • *100 ml de água* • **Preparo** • **Redução de caju e pimenta** • Numa panela, coloque todos os ingredientes, deixe levantar fervura. Logo depois, abaixe o fogo para que a mistura reduza lentamente até obter a consistência de xarope. Resfrie, coloque numa "mamadeira" e reserve na geladeira. • **Pudim** • Numa panela, coloque 100 g de açúcar em 50 ml de água, e leve ao fogo sem mexer. Quando começar a ficar com cor de caramelo em alguns pontos, agite para misturar sem usar uma colher. Assim que o caramelo ficar com a cor dourada clara, e toda por igual, retire a panela do fogo e vá caramelizando somente o fundo de seis formas individuais. Leve uma panela com o leite e o creme de leite, ao fogo, para ferver. Adicione o queijo ralado, mexendo bem. Bata tudo no liquidificador para obter uma mistura lisa e homogênea. Numa tigela, misture os ovos, as gemas e o açúcar sem bater, para não aerar a mistura. Deite a mescla de leite quente sobre a mistura de ovos e açúcar, mexendo sem aerar. Divida essa mistura entre as forminhas caramelizadas. Coloque as forminhas numa assadeira com água fervente, o suficiente para atingir a metade da altura das forminhas. Leve-as ao forno preaquecido, a 150 °C. O tempo de cozimento é de, aproximadamente, 35 minutos. Deixe-as esfriar e leve-as à geladeira. • **Farofa** • Coloque as castanhas numa assadeira e leve-as ao forno, a 180 °C, para dar uma leve tostada. Deixe-as esfriar e pique. Leve, ao fogo médio, a rapadura triturada e dissolvida com a água, até que atinja cor de caramelo-claro. Retire do fogo e acrescente as castanhas picadas, mexendo muito bem. Após esfriar completamente, quebre um pouco em pedaços pequenos e passe-os pelo processador para obter uma farofa fina. • **Montagem** • Centralize o pudim de queijo no prato e apoie as fatias de caju em calda ao lado. Disponha uma boa colher de farofa e cinco gotas de redução de caju. Dica: decore com flores e hortelã.

helena rizzo

Há alguns momentos na vida em que precisamos escolher nos conformar ou buscar a pimentinha, o tempero extra para a nossa vida. Por vezes, são momentos efêmeros, duram segundos, por vezes, duram meses. Para a premiada chef Helena Rizzo, esse "estalo" durou dezenas de dias – e teve grandes consequências.

A gaúcha de Porto Alegre veio para São Paulo, aos 18 anos, para um teste como modelo. Com beleza natural, elegância e um charme peculiar, logo encantou. "Era uma curtição a vida da modelagem, muita festa, muita animação, cheia de agito", lembra. Nessa época, ela já era *habituée* da cozinha. Longe dos pais, o espaço se tornou um refúgio para matar as saudades dos sabores familiares e da casa da avó Vanda, à beira do rio Guaíba, local onde passava os fins de semana e as férias, onde as brincadeiras eram com o pé na terra, pegando frutos das árvores, tendo contato com os bichos, sentindo a natureza. "A vó cozinhava muito... arroz com feijão, tortéis de abóbora, linguicinha, queijo da colônia", suspira. "E essa cultura de se reunir em torno da comida sempre esteve presente na minha vida."

Para além da cozinha caseira, a gastronomia já fascinava a garota, fissurada em experimentar coisas diferentes e ir a restaurantes. Em São Paulo, teve a clara sensação de que "um novo mundo se abriu". Rapidamente, dos pequenos jantares que fazia entre amigos, conseguiu, em 1997, um estágio no Roanne, sofisticada casa comandada por Emmanuel Bassoleil e que marcou época na capital paulista.

Seguiram-se outros estágios, no Gero, do Grupo Fasano, e no bufê da também gaúcha Neka Menna Barreto, entre outros. A surpresa, porém, veio em 1999, quando foi convidada a chefiar a cozinha do Na Mata Café, cujos proprietários eram seus amigos. "Era um cardápio sem nada de mais. Eu copiava descaradamente as receitas de chefs que admirava", lembra. Mesmo assim, a moça começou a causar burburinho na imprensa. "Quando vi todo aquele glamour, senti que faltava algo, vi que havia um longo caminho a percorrer na gastronomia", recorda.

E eis que Helena, aos 23 anos, decidiu buscar mais tempero, aquele que faz toda a diferença, que muda completamente o sabor do prato: foi para a Europa estudar.

141

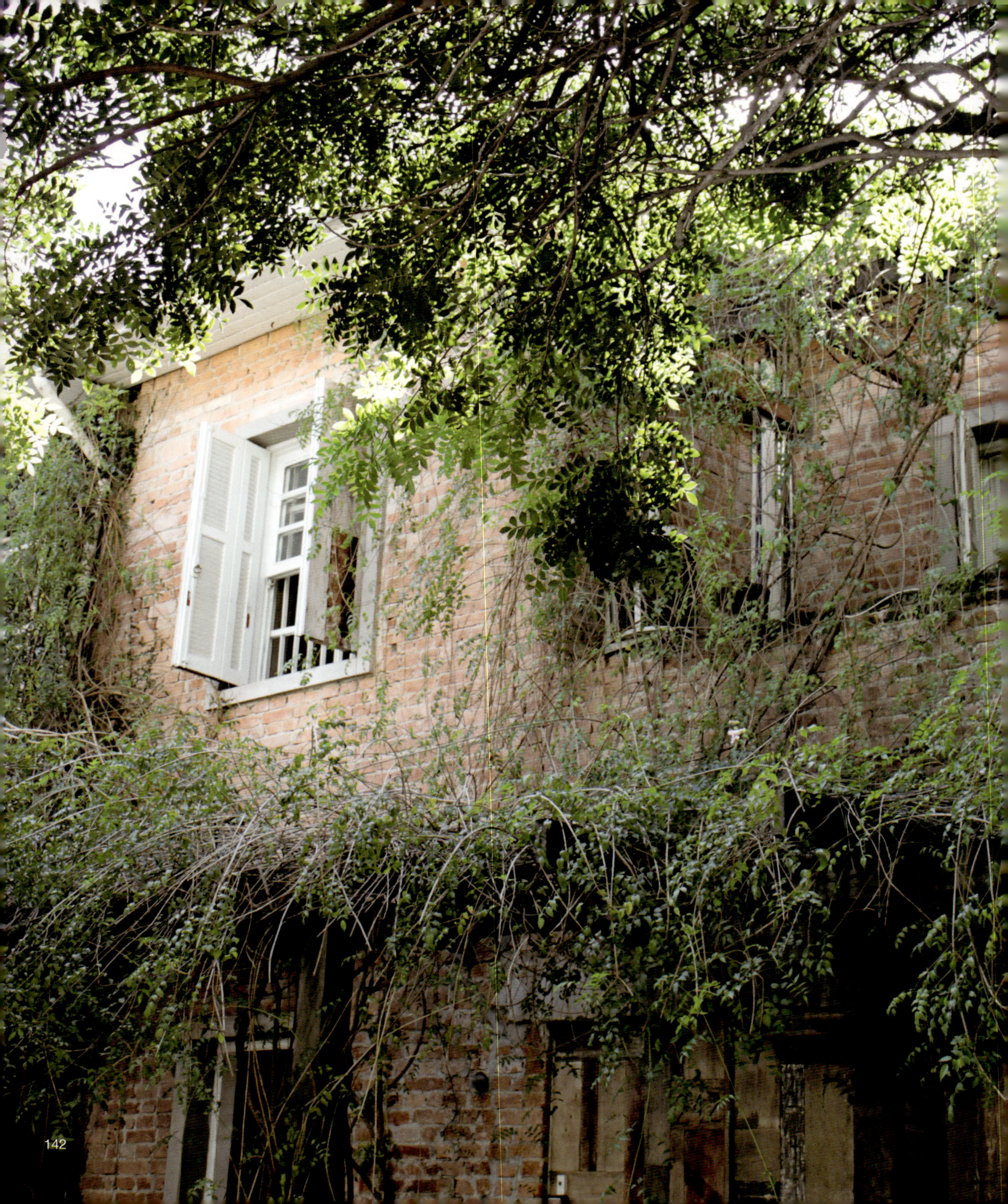

helena rizzo

Ficou um ano em Milão, na Itália, e partiu para Barcelona, na Espanha, onde estagiou em nove lugares diferentes. Alguns clássicos, outros já na trilha da vanguarda que começava a despontar. "O clima de Barcelona era um pouco como está o Brasil agora na gastronomia. Dava para sentir algo acontecendo, com novidades pipocando aqui e ali, com uma grande entrega dos chefs", compara.

"Foi um dos momentos mais felizes da minha vida. Aprendi muito, e todas as experiências foram superválidas, do El Celler de Can Roca aos clássicos, dos pequenos aos mais imponentes", explica. No Can Roca, eleito em 2013 o melhor restaurante do mundo pelo mais prestigiado dos prêmios internacionais – o "The World's 50 Best Restaurants", Helena ficou por quatro meses e foi escalada para comandar a equipe em outra casa do grupo. Um ano depois, ela retornaria ao Brasil e, a convite da amiga e apresentadora Fernanda Lima, abriria o Maní, em 2006.

Na bagagem, trouxe uma vivência que a tornou uma das melhores (e mais premiadas) cozinheiras do país. De quebra, veio também o marido, o chef catalão Daniel Redondo, com quem divide a cozinha do restaurante. "No início não foi fácil, exigiu muita ralação. A cada vinte clientes que entravam fazíamos festa, acreditávamos muito no projeto." Ali já se revelava outra Helena, sem maquiagem (mas não menos bela), de estilo simples e zen. "Acho que segui os conselhos da minha mãe. Ela sempre falava para eu buscar o que gostava: 'Busca a ti mesma, mais do que ser bem-sucedida'", recorda.

Também em 2013, seu Maní entrou na já citada lista dos melhores restaurantes do mundo, em 46º lugar, tornando Helena a segunda brasileira (Alex Atala veio antes) a figurar no rol. "O momento de ganhar prêmios é sempre muito bom. A gente se dedica muito. É um retorno importante também para o negócio. Mas procuro não me perder no meio disso tudo. O meu foco, o que gosto de fazer, é estar aqui na minha cozinha", confidencia.

Para conquistar prêmios, fama e clientes, ela conta com o marido, que a ajuda a equilibrar a vida pessoal e a profissional. "Consigo ter os meus momentos em casa, ler livros, ver um filme. E também me dedicar, continuar trabalhando, investigando, desenvolvendo receitas." Apesar da faceta gestora bem presente, que comanda várias equipes e negócios, Helena diz ter aprendido a cativar a simplicidade. Vez ou outra, põe a botina e vai ao campo conhecer o trabalho dos pequenos produtores que fornecem ingredientes para suas criações. Seus pés, bem fincados ao chão, não sentem a mínima falta do salto alto das passarelas.

helena rizzo

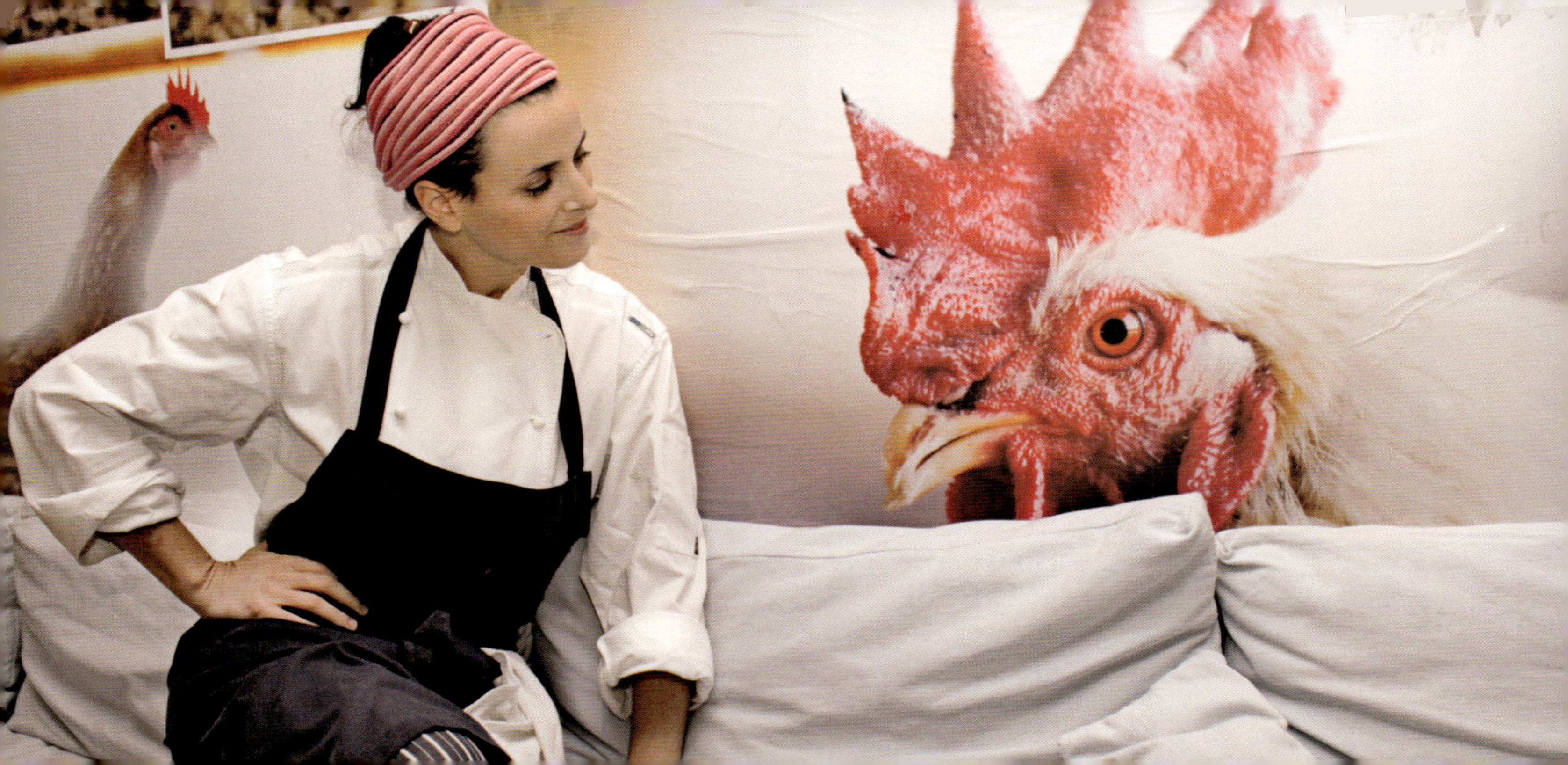

helena por
helena

Como se formou cozinheira?
Comecei cozinhando para amigos. Depois, tive experiências importantes em restaurantes em São Paulo e na Europa, incluindo alguns meses no restaurante El Celler de Can Roca.

Qual o seu ingrediente favorito?
Jabuticaba.

Onde você mais gosta de cozinhar?
No meu restaurante.

Se você estiver sozinha, o que cozinha?
Espaguete com tomate.

Uma receita inesquecível?
A torta de maçã da minha bisavó.

Se você não fosse chef, o que seria?
Escritora.

Um ídolo?
Minha avó. Tive uma infância muito ligada a ela, cheia de fantasias, de vivências lúdicas.

Um sonho?
Que nosso país melhore em termos sociais. Que as pessoas se preocupem mais com os outros, que haja menos violência e mais igualdade.

Quem estaria na sua mesa dos sonhos?
Clarice Lispector e John Lennon.

Quem cozinharia?
Eu.

147

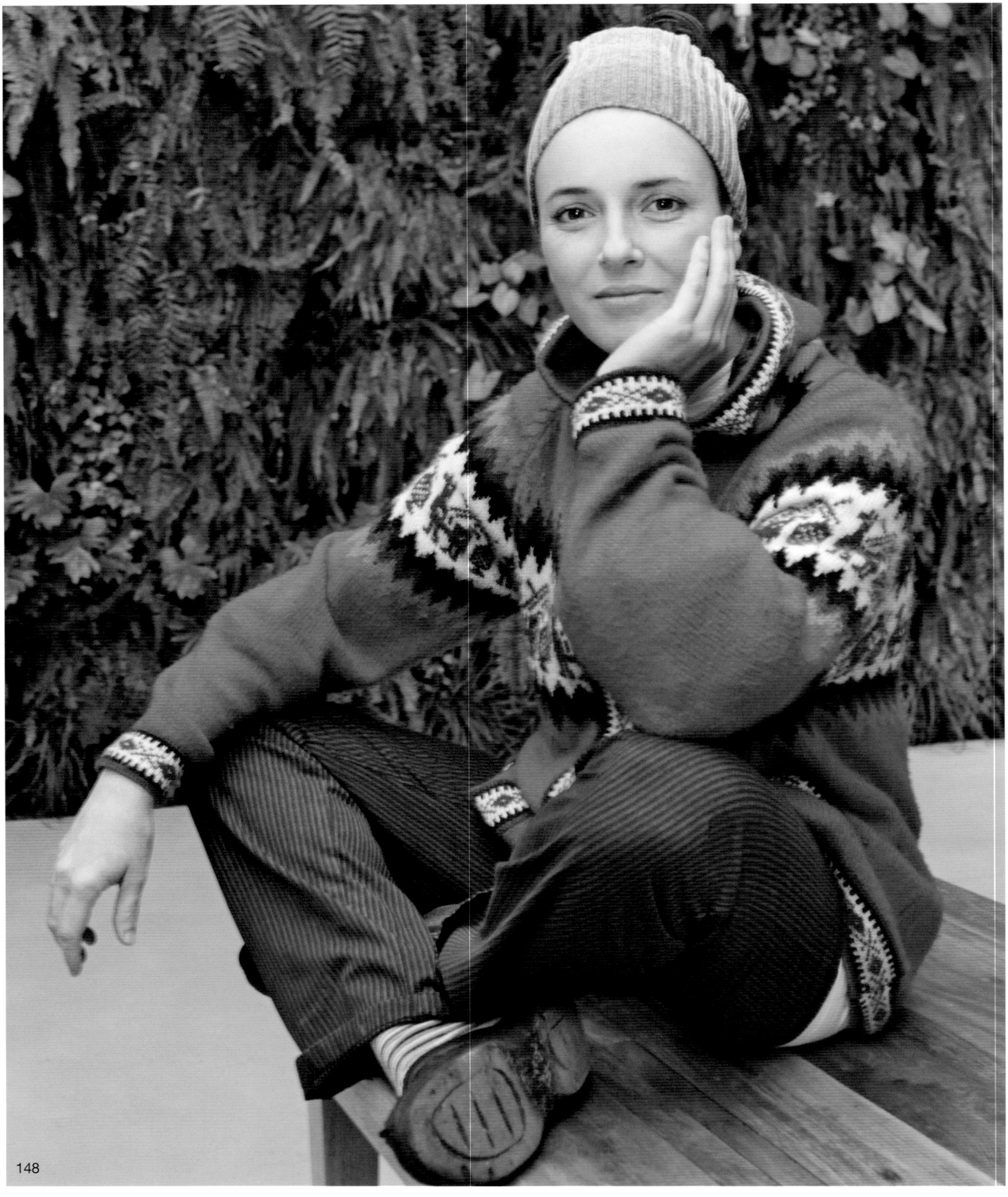

MANIOCA

Salada Waldorf

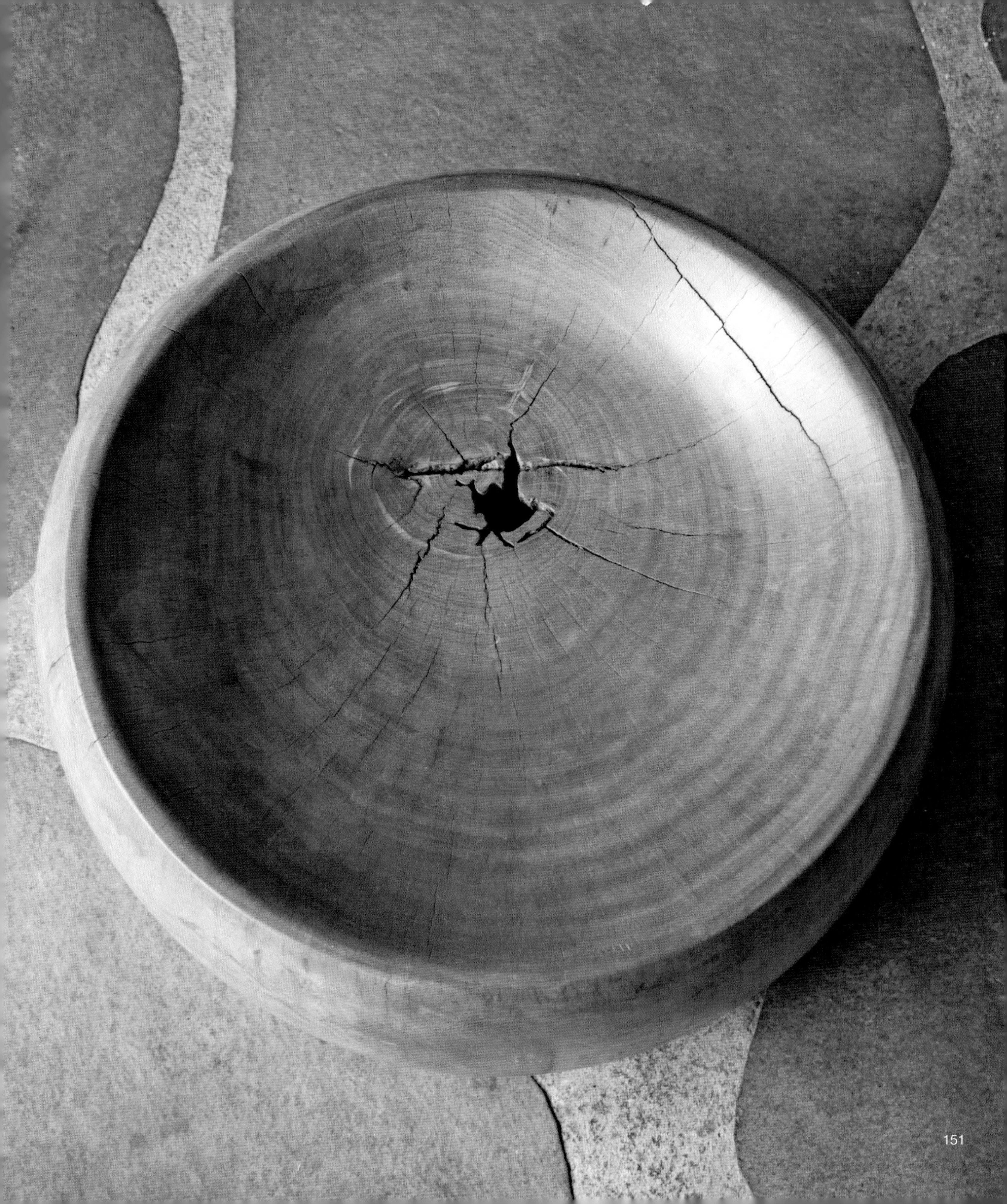

receitas

Salada Waldorf (4 porções)
Ingredientes • Água de maçã • *2 kg de maçãs-golden gala* • Gelatina de maçã • *100 ml de água de maçã* • *0,6 g de ágar-ágar* • *18 g de aipo em brunoise (bem pequeno)* • Sorbet de aipo • *500 g de suco de aipo centrifugado* • *100 g de dextrose* • *100 g de açúcar invertido* • *4 folhas de gelatina* • Emulsão de gorgonzola • *20 g de gemas pasteurizadas* • *40 g de gorgonzola* • *100 g de óleo* • *Sal a gosto* • *50 ml de água* • Nozes garapinadas • *100 g de nozes-pecã* • *40 ml de água* • *40 g de açúcar* • Montagem • *flores* • *ervas* • *brotos* • *azeite* • *flor de sal* • *redução de vinagre balsâmico* • Preparo • Água de maçã • Lavar as maçãs e passá-las pela centrífuga. Levar o suco obtido numa panela com fogo lento e, com ajuda de uma colher, retirar os resíduos que subirão à superfície. Quando começar a ferver, coar o suco em uma chinoise com guardanapo de pano. Resfriar em banho-maria invertido, guardar no saco a vácuo e congelar. • Gelatina de maçã • Ferver 50 ml da água com o ágar-ágar e, depois, misturar com os 50 ml restantes. Em um aro de PVC (5 cm de diâmetro), cobrir uma das bordas com filme plástico para fazer um fundo. Colocar o aro com o filme para baixo, em uma superfície plana. Adicionar 9 g do aipo e o líquido de maçã (morno). A gelatina deve ter 1,5 cm de altura. • Sorbet de aipo • Numa panela, colocar 100 ml do suco de aipo com o açúcar invertido e a dextrose. Ferver. Retirar do fogo e acrescentar as folhas de gelatina, previamente amolecidas em água e gelo. Acrescentar o restante do suco. Mexer bem e deixar resfriar em banho-maria invertido. Mixar e passar para a sorveteira. Guardar no congelador. • Emulsão de gorgonzola • Por alguns segundos no micro-ondas, amornar a gema com um pouco de água e o queijo. Mixar bem e acrescentar uma pitada de sal. Continuar mixando e juntar o óleo em fio até obter uma emulsão firme e cremosa. Reservar. • Nozes garapinadas • Levar uma panela ao fogo com a água e o açúcar. Quando ferver, acrescentar as nozes picadas e mexer sem parar até caramelizar. Acrescentar flocos de flor de sal e deixar resfriar sobre um silpat. Guardar em um recipiente hermético com sílica. • Montagem • Desenhar no prato uma lágrima de emulsão de gorgonzola. Com a ajuda de uma espátula, retirar a gelatina do cilindro e colocá-la sobre a emulsão. Cortar cubinhos de maçã-verde e jogá-los por cima. Colocar as nozes e fazer uma quenelle de sorbet de aipo. Distribuir pelo prato algumas flores, ervas e brotos. Temperar com um fio de azeite de oliva, flor de sal e alguns pontos de redução de vinagre balsâmico.

Feijoada do Maní (4 porções)
Ingredientes • Caldo de feijão • *6 kg de feijão-preto* • *830 g de cebola* • *450 g de pimentão* • *2 kg de costela de porco (defumada)* • *1 kg de paio* • *1 kg de pé de porco* • *Azeite a gosto* • Consommé • *3 kg de coxão duro* • *2 kg de frango* • *210g de batata* • *500g de repolho* • *280 g de cebola* • *1 kg de osso de vitela* • *2 kg de panceta* • *240 g de cenoura* • *80 g de alho* • *60g de alho-poró* • "Feijões" • *1 litro de solução de alginato de sódio (1 litro de água/5 g de alginato mixado)* • *200 g de caldo de feijão* • *100 g de consommé* • *6 g de gluco* • *50 ml de azeite de oliva* • Couve • *100 g de folha de couve sem talo (cortada em juliana bem fina)* • *500 ml de óleo de girassol* • Farofa de castanha-do-brasil • *100 g de farinha de mandioca* • *50 g de castanha-do-brasil (ralada bem fina)* • *40 g de castanha-do-brasil (picada)* • *75 g de manteiga* • *Sal a gosto* • Montagem • *Gomos de uma laranja (cortados em três partes)* • *1 paio (cortado em cubinhos e salteado)* • *Algumas gotas de azeite de pimenta dedo-de-moça* • Preparo • Caldo de feijão • Em um panelão, dourar a cebola e o pimentão. Juntar as carnes e cobrir com água. Colocar o feijão e deixá-lo cozinhando em fogo baixo, até que o caldo fique bem espesso e as carnes bem macias. Coar bem para obter apenas um caldo grosso. • Consommé • Em um panelão, juntar todos os ingredientes e cobrir com água. Deixar em fogo baixo, por aproximadamente 6 horas, e coar. Resfriar, retirar o excesso de gordura e reservar. • "Feijões" • Corrigir o sal do caldo e mixá-lo com o

Feijoada do Maní

Rei Alberto

154

receitas

gluco. Retirar todo o ar na máquina de vácuo. Colocar o caldo num bowl e deixar descansar, por 1 hora. Com uma microconcha, despejar porções de feijão sobre a solução de alginato. Esferificar por 2 minutos. Retirar da solução e lavar em água. Retirar da água e guardar os "feijões" em óleo. Antes de servir, ferver o consommé. Retirar do fogo e acrescentar os "feijões" escorridos do óleo. Manter a 80 °C. • **Couve** • Aquecer o óleo a 180 °C. Fritar a couve, por alguns segundos, e escorrê-la em papel absorvente. Temperar com um pouco de sal e reservar. • **Farofa de castanha-do-brasil** • Numa frigideira, dourar a farinha de mandioca com a manteiga em fogo baixo. Quando estiver quase dourada, acrescentar as castanhas. Dourar mais um pouco, ajustar o sal e reservar. • **Montagem** • Servir os "feijões" com alguns pedaços de laranja, cubinhos de paio, uma gota do azeite de pimentas, um pouco de farofa e de couve frita.

Rei Alberto (6 porções)

Ingredientes • **Creme de baunilha** • *200 g de creme de leite fresco* • *200 g de leite* • *80 g de açúcar* • *1 fava de baunilha* • *5 gemas* • *20 g de amido de milho* • **Purê de ameixa** • *200 g de ameixas secas (sem o caroço)* • *200 ml de água mineral* • **Doce de ovos** • *250 g de açúcar* • *150 ml de água* • *12 gemas de ovos caipiras (peneiradas)* • **Gelatina de morangos** • *500 g de morangos limpos* • *1,2 g de ágar-ágar (para cada 200 ml de "água" de morangos)* • **Flocos de nata** • *200 ml de nata* • *500 ml de nitrogênio líquido* • **Merengue** • *2 claras de ovo* • *75 g de açúcar* • **Montagem** • *16 morangos fatiados* • **Preparo** • **Creme de baunilha** • Numa panela, levar ao fogo o creme de leite e o leite com a fava de baunilha (aberta ao meio e raspada) até ferver. Retirar do fogo e infusionar por 2 minutos. Coar e acrescentar as gemas, o açúcar e o amido de milho previamente dissolvido num pouco do creme infusionado. Levar ao fogo médio, mexendo sempre, até atingir a temperatura de 83 °C. Colocar o creme numa vasilha e esfriar em banho-maria invertido. Quando estiver bem frio, mixar bem e colocar numa manga de confeiteiro. Reservar. • **Purê de ameixa** • Levar as ameixas com a água ao fogo até ferver. Ainda quente, bater no Thermomix até formar um purê bem fino. Colocar numa manga de confeiteiro e reservar. • **Doce de ovos** • Levar a água e o açúcar ao fogo até atingir a temperatura de 115 °C. Retirar do fogo e deixar baixar a temperatura a 80 °C. Acrescentar as gemas, remover bem rápido com o fouet e levar ao fogo até atingir 83 °C. Retirar do fogo, mixar e esfriar em banho-maria invertido. Colocar numa manga de confeiteiro e reservar. • **Gelatina de morangos** • Passar os morangos pela centrífuga. Numa panela, ao fogo baixo, clarificar o suco obtido, retirando com uma escumadeira a espuma que formará na superfície. Quando começar a ferver, retirar do fogo e coar por um pano limpo. Medir 200 ml do suco e acrescentar o ágar-ágar. Levar ao fogo até ferver. Colocar numa vasilha e levar para coagular na geladeira. Cortar cubinhos e reservar. • **Flocos de nata** • Semimontar a nata na batedeira ou na mão, com um fouet. Colocar colheradas de nata sobre a vasilha com o nitrogênio até congelar bem. Com uma colher, quebrar a nata, formando flocos, e guardá-los no congelador. Reservar. • **Merengue** • Montar as claras na batedeira em velocidade lenta. Aumentar a velocidade e ir acrescentando, aos poucos, o açúcar. Colocar o merengue numa manga de confeiteiro (com um bico bem fino). Sobre o silpat, fazer "nós" de merengue e assar a 80 °C, durante 2 horas ou até ficarem bem secos. Guardá-los em recipiente hermético com gel de sílica. • **Montagem** • Colocar, numa cumbuca, pontos de creme de baunilha, de purê de ameixas e de doce de ovos. Acrescentar alguns cubinhos de gelatina de morangos e pedaços da fruta. Finalizar com os flocos de nata e o nó de merengue.

Heloisa
Bacellar

Heloisa Bacellar é daquelas personagens que parecem saídas de um comercial da década de 1950. Sabe aqueles em que as mulheres estão sempre sorrindo, de vestido de poá com corte alinhado, mesmo quando passam aspirador de pó pela casa? Essa é Helô, sempre feliz, bem-humorada, até em momentos de muito trabalho e de dificuldades. Proprietária do armazém, café e restaurante Lá da Venda, em São Paulo, ela é conhecida por seus quitutes, doces e salgados – muitos deles premiados – e por ter sido uma das criadoras do Atelier Gourmand, uma das escolas de Gastronomia pioneiras para o público gourmet não profissional. Apesar de ter se formado em Direito e praticado a profissão, a cozinha sempre foi protagonista em sua vida. Desde muito cedo. "Aos 6 anos, fiz minha primeira maionese. Aos 10, quando era ainda um tiquinho de gente, fiz uma goiabada", diverte-se. "Minha mãe falava que nasci meio avó", conta. Talvez pela sua forma delicada e doce de ver e fazer as coisas, talvez pelas gostosuras que alegram a vida de muitas pessoas, talvez pela alma generosa. A conclusão da mãe surgiu quando conversavam sobre uma das dezenas de coleções que Heloisa faz desde criança, e pela sua paixão pelas coisas antigas. Ao longo de toda a sua vida, a chef não deixou passar uma latinha, forminha ou xícara sem que a levasse para o seu acervo. Hoje são centenas de itens, entre louças, talheres, copos, taças, panelas, tachos, colheres de pau, latas de mantimentos, formas de todos os tipos e liquidificadores. Incluindo o liquidificador de vidro de sua avó, em que fez sua primeira receita, aquela maionese, aprendida aos 6 anos. "Lembro-me perfeitamente daquela gema lá dentro um tanto crua, quanto depois, já emulsificada. Ah, como eu achava aquilo lindo, aquele desenho, aquela mistura", recorda.

Ah, as avós, essas transmissoras do "bichinho da cozinha" para as netas e netos! Foi assim que Heloísa começou, acompanhando Betty, a mãe de sua mãe, ao pé do fogão. Herdou dela a maionese, o hábito de colocar uma folha de louro no arroz, a receita de alguns bolos, mas, principalmente, o profundo encantamento pela arte de

dia *119 receitas para todo o mundo se derreter*

COZINHANDO PARA AMIGOS 2

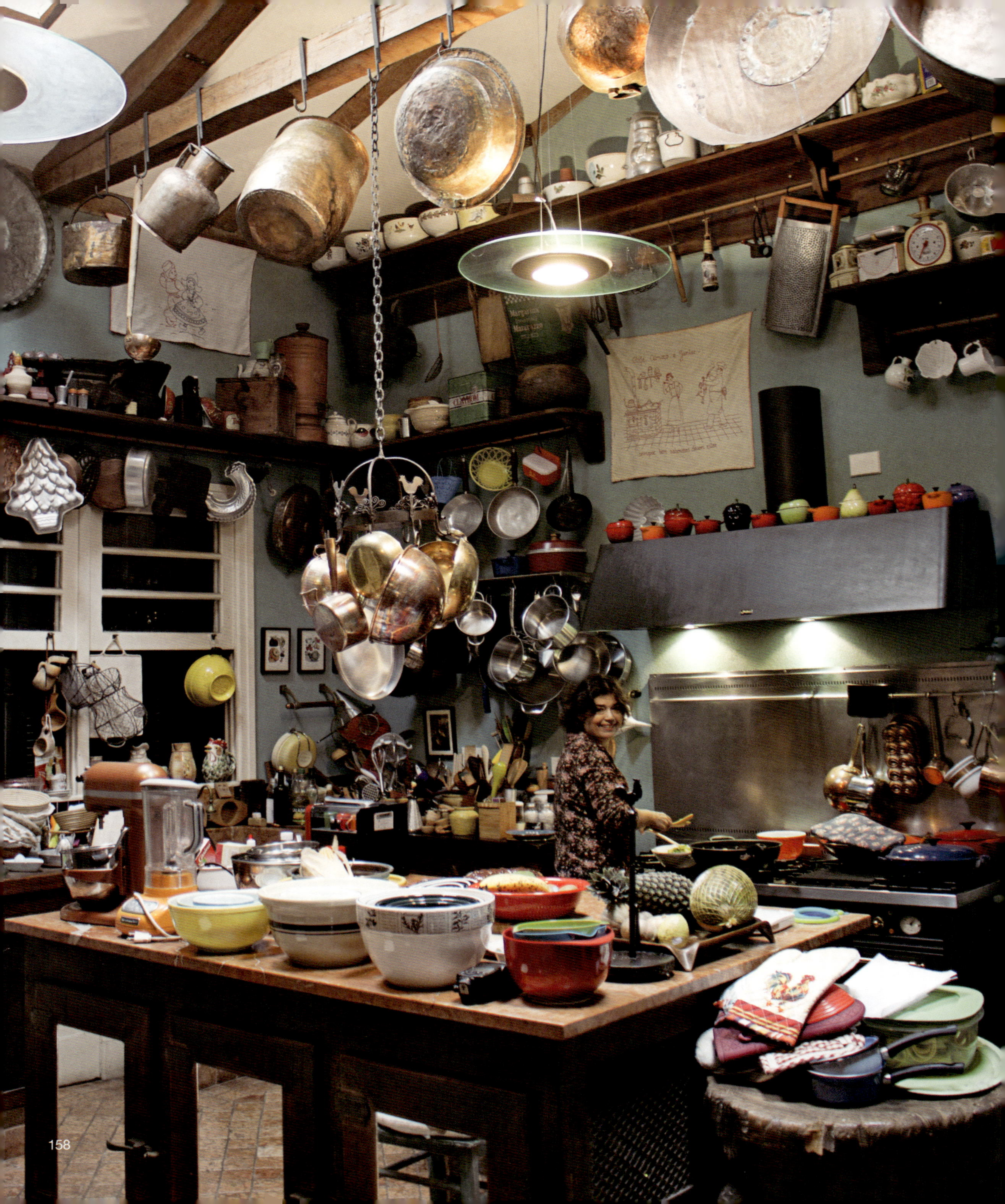

heloisa bacellar

cozinhar. "Minha avó cozinhava as coisas simples, mas com maestria. Eu era um toquinho de gente, mas prestava a maior atenção no que ela fazia", recorda emocionada.

Da cozinha caseira à gourmet foi um pulo fácil, após anos e anos sendo a responsável pelos almoços, jantares e festas da família e dos amigos. A passagem para a cozinha profissional é que foi mais árdua. Nos anos de 1990, já com as duas filhas crescidas, o marido recebeu um convite para trabalhar na França. Era o pretexto que Heloisa desejava para estudar na famosa escola Le Cordon Bleu. Foi um ano de dedicação intensa. "Eu aproveitava cada minuto do dia, anotava tudo, queria entender o porquê das coisas. Também fiz estágio em alguns restaurantes por lá, quase não dormia." Ao retornar para o Brasil, a chef abriu o Atelier Gourmand, em sociedade com Paula Moraes Rizkallah. Ficou no projeto por nove anos, ministrando aulas para apreciadores e compartilhando um pouco das técnicas aprendidas.

Também encantada pelos ingredientes do Brasil e por um toque retrô e levemente campestre, resolveu, alguns anos depois, abrir o Lá da Venda. Ali, além de servir pratos e quitutes de linha contemporânea e brasileira, vende mais de 2 mil itens, entre ágatas, panelas de ferro, lápis exclusivos, toalhas de mesa e panos de prato feitos por artesãos de todo o País. A ideia surgiu de lembranças que tinha da infância, quando já era *habituée* de vendinhas. Pesquisadora, hoje descobre itens especialíssimos para encher de charme as suas coleções e as de seus clientes.

Nesse aspecto, Heloisa Bacellar não se parece em nada com aquelas senhorinhas, aparentemente fúteis dos comerciais dos anos 1950: é uma grande intelectual da Gastronomia. Estuda cada detalhe, devora livros e mais livros, testa tudo de forma quase obsessiva. Perfeccionista, é capaz de fazer dez receitas diferentes para definir uma que vai incluir em seu cardápio, ou apenas para decidir de qual biscoito a filha mais velha vai gostar mais. Não por acaso, é casada com um historiador e possui uma biblioteca de dar inveja a José Mindlin. São mais de 2 mil livros, "todos lidos, anotados e pensados", colecionados desde a adolescência, quando começou a descobrir as delícias da Gastronomia. As diárias e deliciosas leituras a levaram, também, a publicar quatro livros no Brasil e um na França. De Gastronomia, claro. A ideia dela é sempre levar aos leitores um pouco de sua alma e de uma comida "simples e gostosa, que todos possam fazer", define. Cada um tem o seu estilo, mas Helô se considera muito mais ligada a essa cozinha de aconchego do que chef. "Isso está tão presente em mim, que faz parte da minha vida, do meu dia a dia. Não é um trabalho. Quando estou feliz faço um bolo, quando estou triste, faço dois."

heloisa bacellar

COMIDA CASERA

heloisa por heloisa

Como se formou cozinheira?
Pela vida e pelo aprimoramento técnico.
É algo que quase nasceu comigo.

Qual o seu ingrediente favorito?
Adoro manteiga, queijo, frutas, farinha de trigo, mandioca. Mas as ervas, eu não vivo sem.
É muito triste cozinhar sem ervas.

Onde você mais gosta de cozinhar?
Na minha cozinha.

Se você estiver sozinha, o que cozinha?
Pão ou salada de tomate.

Uma receita inesquecível?
A maionese da minha avó e bolo de fubá.

Se você não fosse chef, o que seria?
Não acho que sou apenas chef, meu trabalho é um pouco mais amplo. Sou uma profunda pesquisadora de comida, escritora.
Não gosto de usar roupa de chef.

Um ídolo?
John Lennon, Paul McCartney e Caetano Veloso.

Um sonho?
Que o dia tivesse 26 horas para que eu pudesse cozinhar mais. Ficar o tempo todo na cozinha sem fazer coisas chatas,
só com os meus livros e as minhas panelas.

Quem estaria na sua mesa dos sonhos?
A minha família.

Quem cozinharia?
Eu.

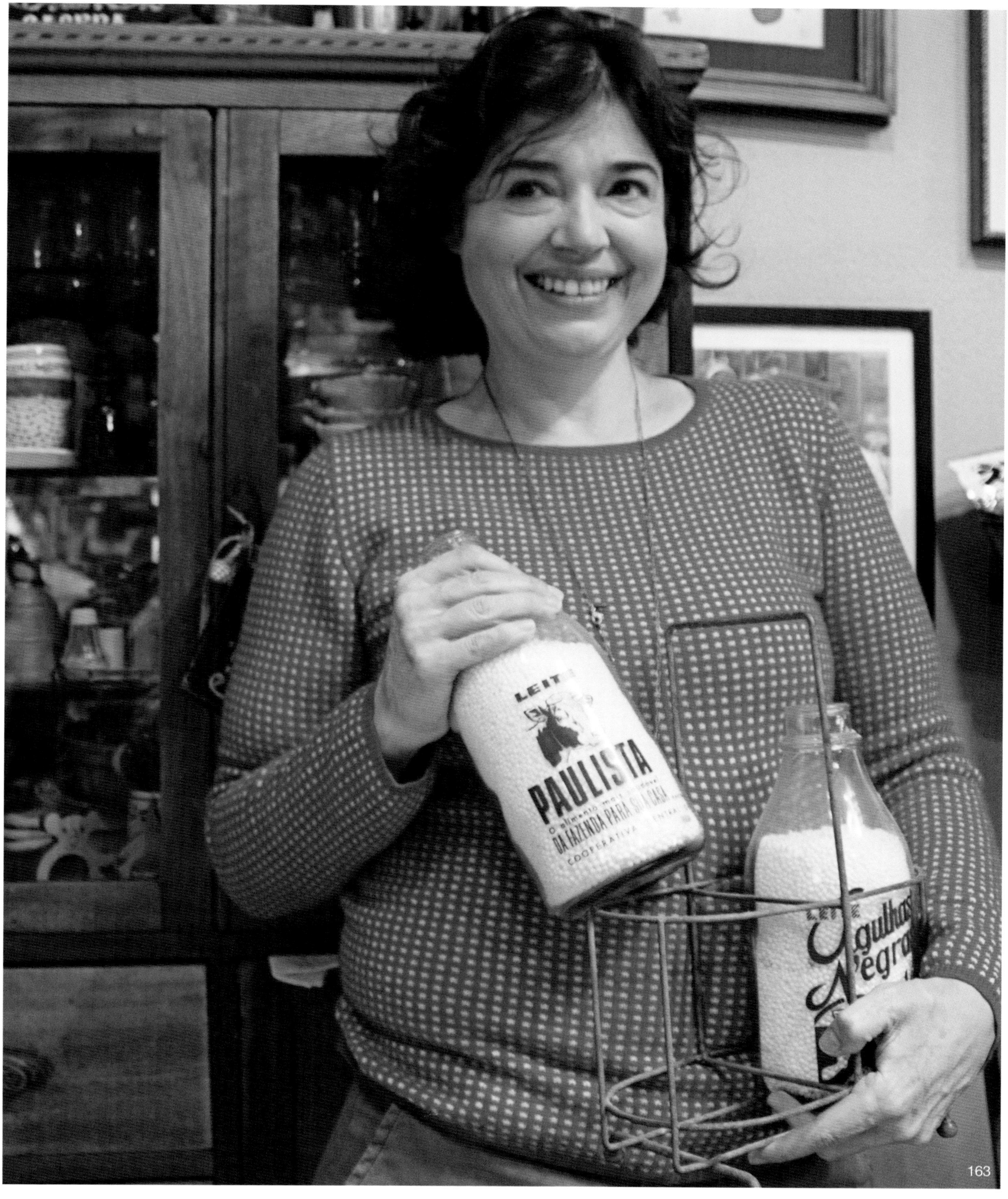
PAULISTA
COOPERATIVA

Potinho Cremoso de Queijo Canastra e Cheiro-Verde

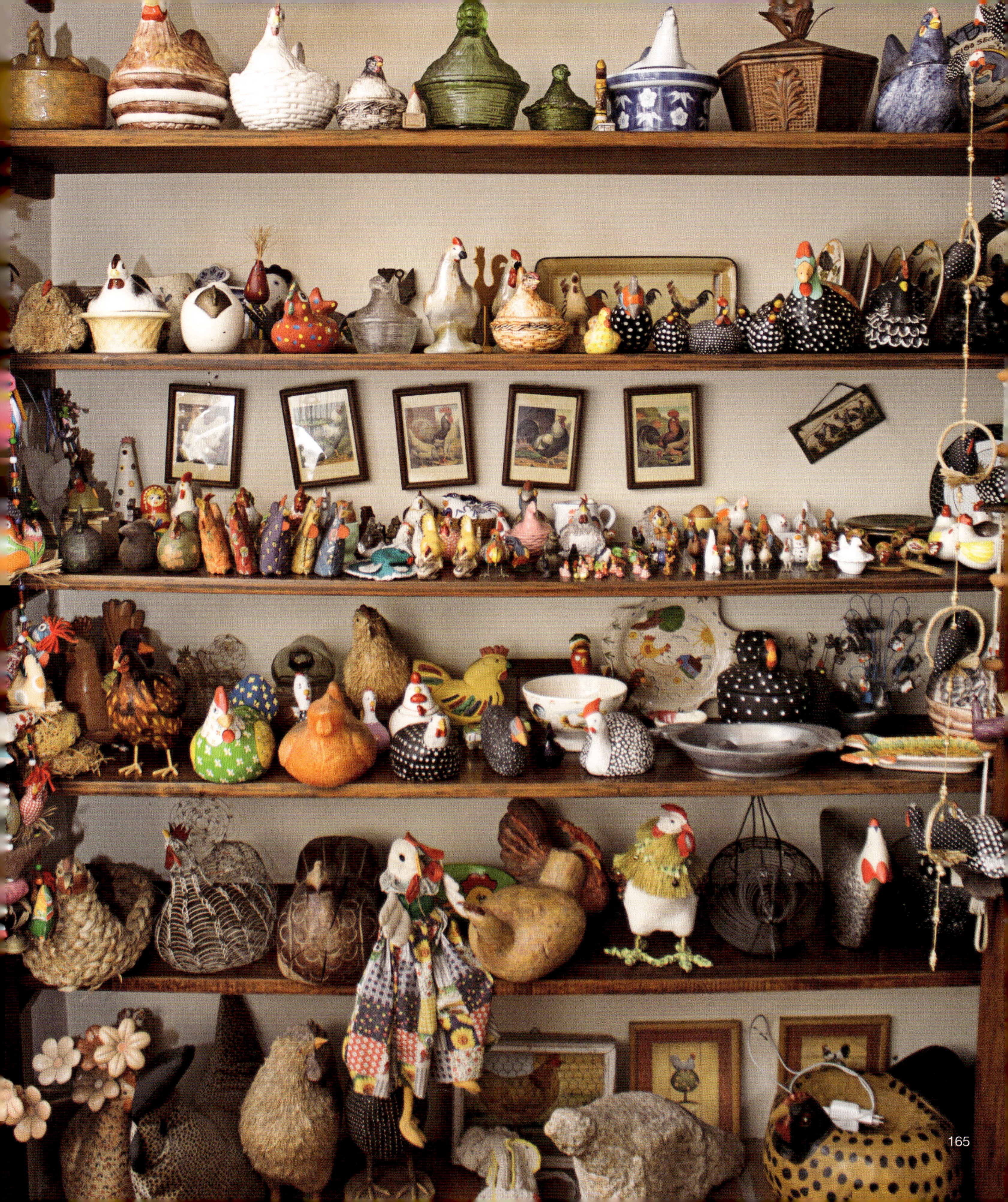

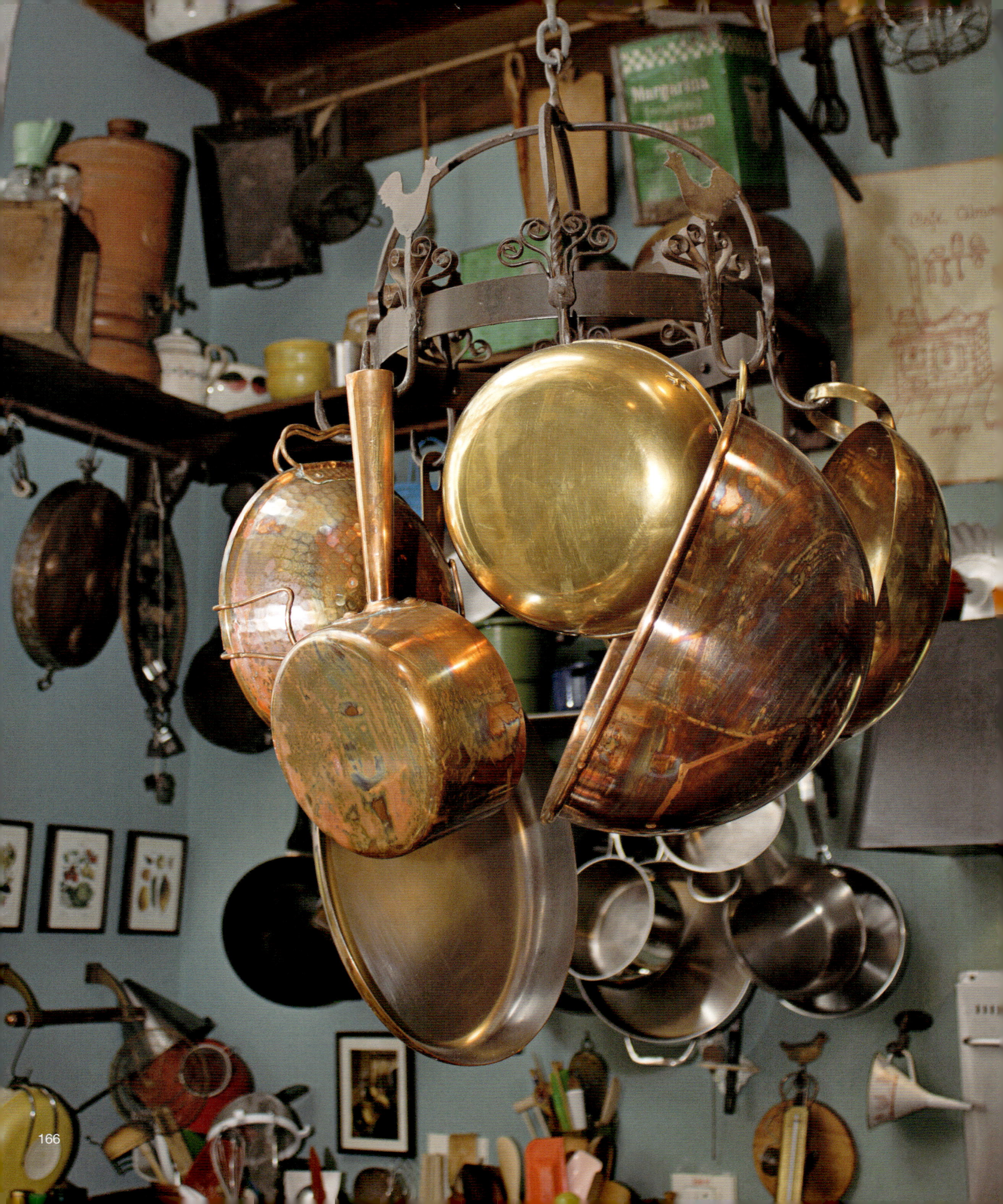
Margarina

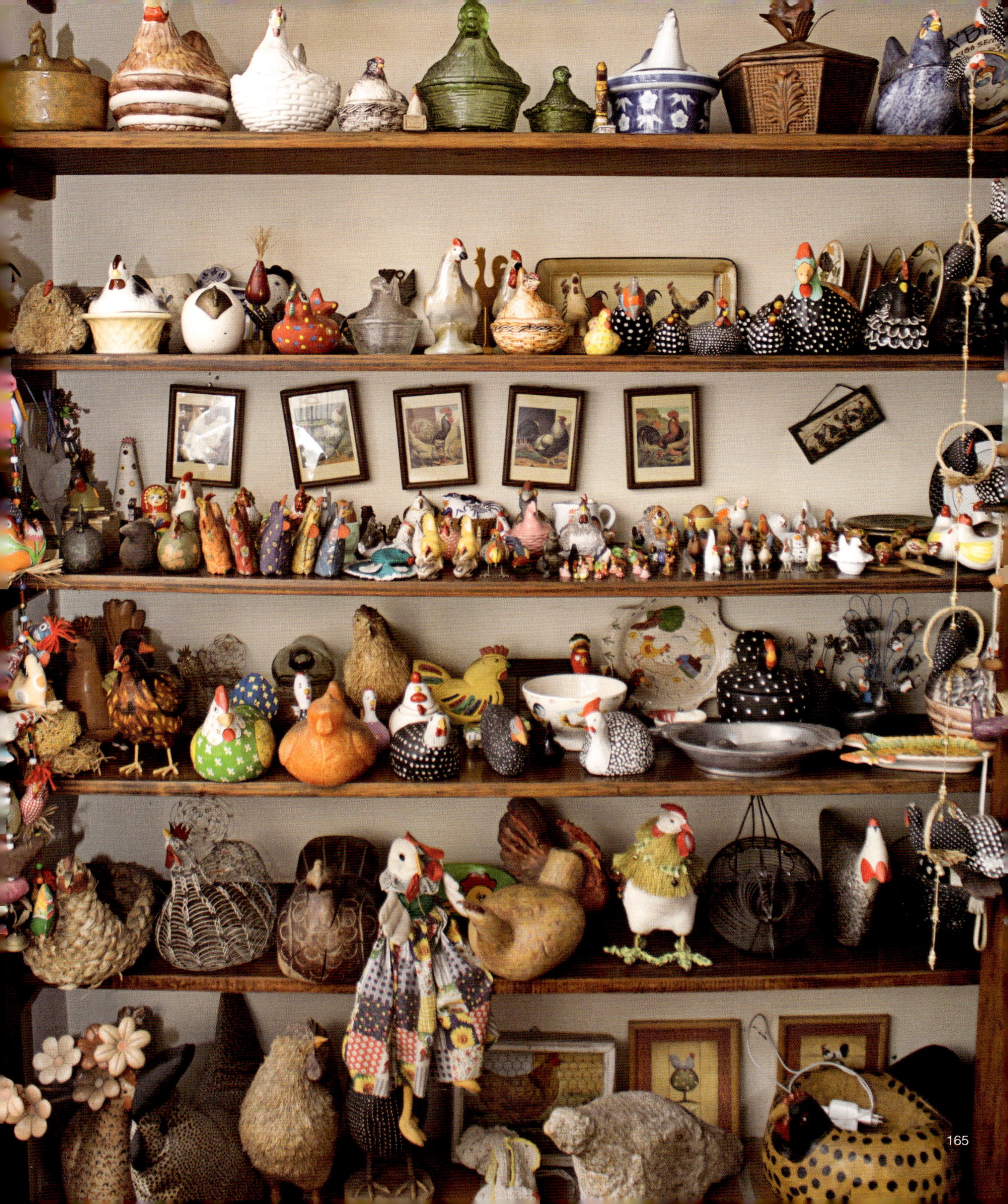

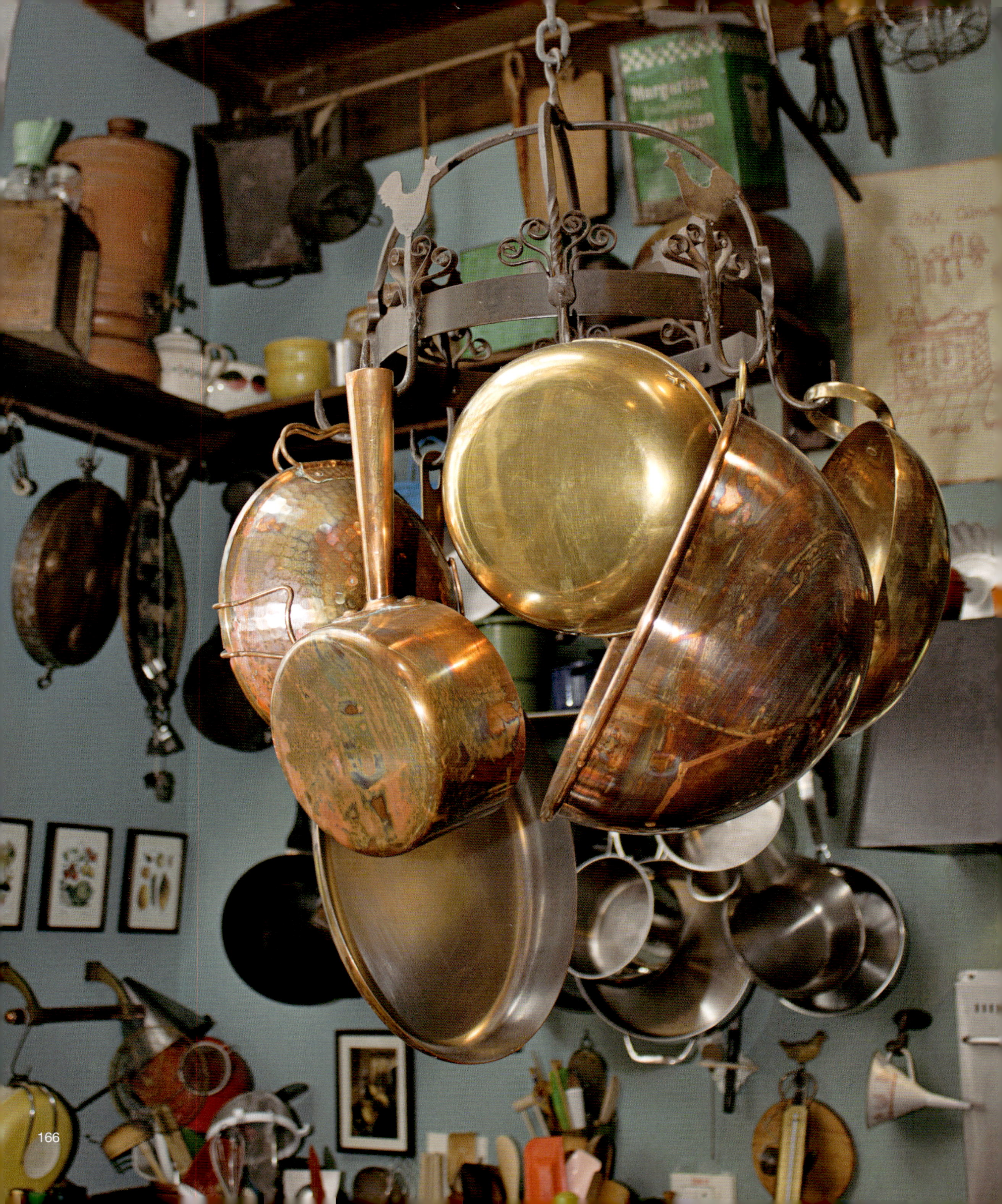

Farofa Verde e Amarela

receitas

Potinho Cremoso de Queijo Canastra e Cheiro-Verde (6 porções)
Ingredientes • *50 g de manteiga • ⅓ de xícara (chá) de farinha de trigo • 2 xícaras (chá) de leite • 1 dente de alho inteiro • ½ colher (sopa) de mostarda de Dijon • ¼ de xícara de cebolinha e salsinha picadinhas • 125 g de queijo canastra (ralado grosso) • 3 ovos separados • ½ colher (chá) de fermento em pó • Sal e pimenta-do-reino branca (a gosto) • 6 potinhos untados com manteiga e polvilhados com farinha de rosca* • **Preparo** • Para a base, aqueça a manteiga e a farinha e mexa até amarelar e borbulhar. Junte o alho, o leite e mexa por uns 10 minutos, até ferver e engrossar. • Passe o creme quente para uma tigela grande, misture o queijo, a mostarda, as ervas e as gemas. Mexa de 5 em 5 minutos até amornar. • Aqueça o forno a 160 °C (médio), ferva 1 litro de água para o banho-maria e coloque os potinhos numa assadeira média. • Bata as claras em neve até obter picos firmes. Descarte o dente de alho do creme e, com delicadeza, incorpore as claras. • Preencha os potinhos com o creme até ¾ da altura e polvilhe com o restante do queijo. • Despeje a água fervente na assadeira e asse por uns 20 minutos, até que o creme esteja firme, crescido e dourado (enfiando um palito no centro, ele deverá sair limpo). Sirva imediatamente.

Farofa Verde e Amarela (6 porções)
Ingredientes • *50 g de manteiga • 1 cebola média em cubinhos • 1 dente de alho picadinho • 2 xícaras (chá) de couve em tiras bem finas • 1 xícara (chá) de milho-verde pré-cozido ou em conserva (já escorrido) • 2 xícaras (chá) de farinha biju de milho • 1 ovo cozido em cubinhos • ½ xícara (chá) de cubinhos de queijo fresco • Sal a gosto* • **Preparo** • Aqueça a manteiga numa panela média, doure a cebola, acrescente a couve, sal e deixe murchar. Misture o milho, a farinha e mexa até umedecer a farinha. Acrescente os ovos, o queijo e acerte o sal.

Bolo Mármore (8 porções)
Ingredientes • *4 ovos • 2 xícaras + ⅔ de xícara (chá) de açúcar • 200 g de manteiga (em temperatura ambiente) • 1 colher (sopa) de essência de baunilha • 2 xícaras (chá) de farinha de trigo • 2 colheres (chá) de fermento em pó • ¼ colher (chá) de bicarbonato de sódio • ½ xícara (chá) de cacau em pó • ¼ de xícara (chá) de leite • Manteiga para untar e farinha de trigo para polvilhar* • **Preparo** • Aqueça o forno a 180 °C (médio), unte com manteiga e polvilhe com farinha uma fôrma média. • Com a batedeira, bata os ovos, o açúcar e a manteiga até obter um creme homogêneo e fofo. Junte a baunilha, a farinha, o fermento e o bicarbonato e bata até conseguir uma massa lisa. • Coloque ⅔ da massa na fôrma. Misture o cacau e o leite a ⅓ de massa restante. Espalhe sobre a massa branca e, com a lâmina de uma faca, faça uns cortes para misturar ligeiramente as duas massas e conseguir o efeito marmorizado. • Asse por uns 50 minutos até que o bolo esteja bem crescido, dourado e firme (ao enfiar um palito no centro, ele deverá sair limpo). • Retire do forno, deixe amornar e desenforme.

Bolo Mármore

janaina rueda

Ela já vendeu terrenos, roupa em shopping center, lingerie e bijuteria como sacoleira, lanches naturais e iogurte caseiro na garupa de uma vespa, e até vinhos finos. O caminho para Janaina Rueda se tornar a celebrada "Dona Onça" foi longo e tortuoso.

O apelido conquistado pode encobrir uma moça sensível, do tipo que se emociona ao falar da família. "Cuido das minhas crias com unhas e dentes – dois meninos – e do meu marido. Eles são tudo pra mim." Não é à toa que, desde pequena, sonhava em ser delegada ou policial: "Gosto de mandar, de desvendar, de fazer justiça".

Foi um de seus "esparramos" passionais que lhe rendeu o tal do apelido – o de onça. "Umas estagiárias estavam mexendo com o Jeffinho (seu marido e também chef, Jefferson Rueda) e tive que mostrar quem era a dona, né?" Hoje, a estampa da fera está em tudo: na decoração do bar (que leva o nome de Dona Onça), na de casa, no guarda-roupa e até no dólmã de cozinha.

Paulistana nascida no Brás, em 1975, Janaina foi criada no Bexiga por uma família de três mães: a avó espanhola, Dona Cecília, a madrinha Catarina, e a mãe propriamente dita, Isabel Rejane Rodas. "Venho de uma linhagem de mulheres fortes e independentes. Minha avó criou minha mãe sozinha, na década de 1930. Com mais de 80 anos, meu avô apareceu querendo voltar, mas ela botou ele para correr. Ninguém leva desaforo para casa!"

A bem dizer, Janaina tem na avó um grande exemplo. Ela não era uma cozinheira, mas fazia muito bem paellas, tortillas e pucheros. E usava muita carne de porco, fritava mais bisteca do que bife. Referências como essas, de certa forma, moldam a comida de sucesso do Bar da Dona Onça: "O puchero que preparo lá é receita dela, mas adaptado às técnicas de cozinha que um restaurante exige".

Já a mãe da pequena Janaina trabalhou como recepcionista em casas noturnas lendárias da cidade (caso do Hippopotamus e o Gallery), o que lhe permitiu experiências culinárias peculiares. Chefs de cozinha belgas, pioneiros na gastronomia paulista,

171

Chef **Janaina Rueda**

janaina rueda

frequentavam sua casa e, lá, tomavam vinho e cozinhavam pratos considerados chiques à época, como estrogonofe e coquetel de camarão.

Graças a esses contatos, antes mesmo de entender do que se tratava, Janaina já ia a restaurantes famosos da cidade, caso do Baby Beef Rubaiyat (a primeira casa do grupo, inaugurada na década de 1950). Ali, via o maître finalizar pratos na frente dos clientes: "Eu delirava com os flambados, ficava encantada com as chamas. Acho que vem daí a paixão pelo estrogonofe, o prato da moda, flambado no salão".

A cozinheira lembra que, por volta de seus 5 anos, jantou com a mãe no restaurante italiano Il Sogno di Anarello. A casa, fundada por Giovanni Bruno há mais de trinta anos, ainda funciona no bairro de Vila Mariana, em São Paulo. Giovanni é um ícone da gastronomia paulistana, começou como lavador de pratos no Gigetto e fundou seu próprio restaurante. Foi ele quem criou o capelete à romanesca, aquele com champignon, presunto, creme de leite e ervilhas, um dos pratos famosos em cantinas da cidade. Ali, Janaina se lembra de um instante de alumbramento. "Eu comia uma lasanha verde à bolonhesa, um hit da cantina, quando vi Giovanni e minha mãe bebendo vinho. Perguntei o que era. Ele diluiu um pouco em água e me deu, dizendo que eu já devia acostumar meu paladar com coisa boa para não virar uma mulher beberrona. Desde então, o meu prêmio por bom comportamento era ir, uma vez por semana, comer lasanha verde e tomar um golinho de vinho."

As boas bebidas, aliás, levaram Janaina ao encontro do amor. Ela trabalhava no marketing da Pernod Ricard, companhia francesa de destilados, e visitava restaurantes para apresentar produtos. Numa dessas ações, o chef Adriano Kanashiro sugeriu que ela incluísse a nova geração. "Assim, conheci o Jeffinho, que trabalhava num italiano do Itaim. Nós saímos, bebemos – eu, conhaque, ele, cachaça – e, desde então, estamos juntos, há alguns anos. Depois, vim a saber que me apaixonei pela comida dele antes: ele cuidava do Madeleine, que era meu restaurante favorito na cidade!". Jefferson, um mestre da cozinha atual, ensinou técnicas, testou receitas, provou, criticou, aprovou. "Nunca busquei um curso formal porque tinha a melhor escola em casa", e emenda: "Ele é tudo o que sempre sonhei, um ótimo pai, um homem generoso, o único amor da minha vida". Além dos filhos. E do ravióli de camarão e lagostim ao molho bisque com champanhe e tartufo nero, o prato-assinatura do Madeleine.

janaina rueda

Terça

Galeto assado
com batatas
(galete) 42,00

occhi com
duta de grana
padano
39,00

Feijoada
ulo, servida
ova, salada de couve, farofinha

Quarta

Puchero
(cozido
espanhol)
46,00

Tortelline de
ricota de búfala
pancetta e 40,00
espinafre

com arroz sol

janaina por janaina

Como se formou cozinheira?
Na escola viva dentro da minha casa, que dorme ao meu lado.

Qual o seu ingrediente favorito?
Cebola.

Onde você mais gosta de cozinhar?
Em casa, para os filhos.

Se você estiver sozinha, o que cozinha?
Sanduíche com o que tiver na geladeira.

Uma receita inesquecível?
Ravióli de camarão e lagostim ao molho bisque, com champanhe e tartufo nero.

Se você não fosse chef, o que seria?
Delegada, gosto de mandar.

Um ídolo?
Meu marido.

Um sonho?
Que ele fique rico.

Quem estaria na sua mesa dos sonhos?
Minha família e meu sócio (e parceiro) Julinho

Quem cozinharia?
Acho que o Jefferson não me deixaria cozinhar, ele iria querer se mostrar.

177

Salada da Chef

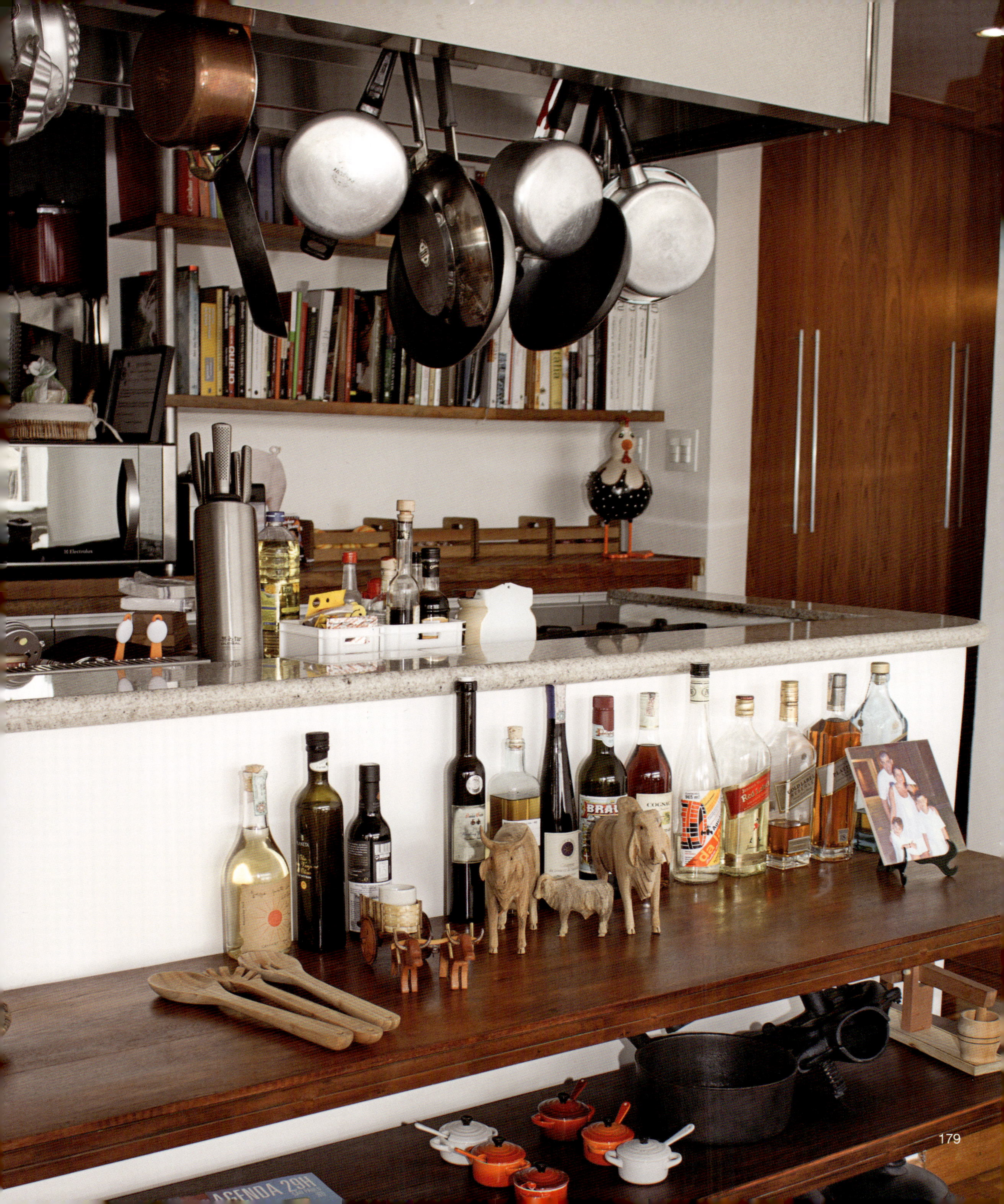

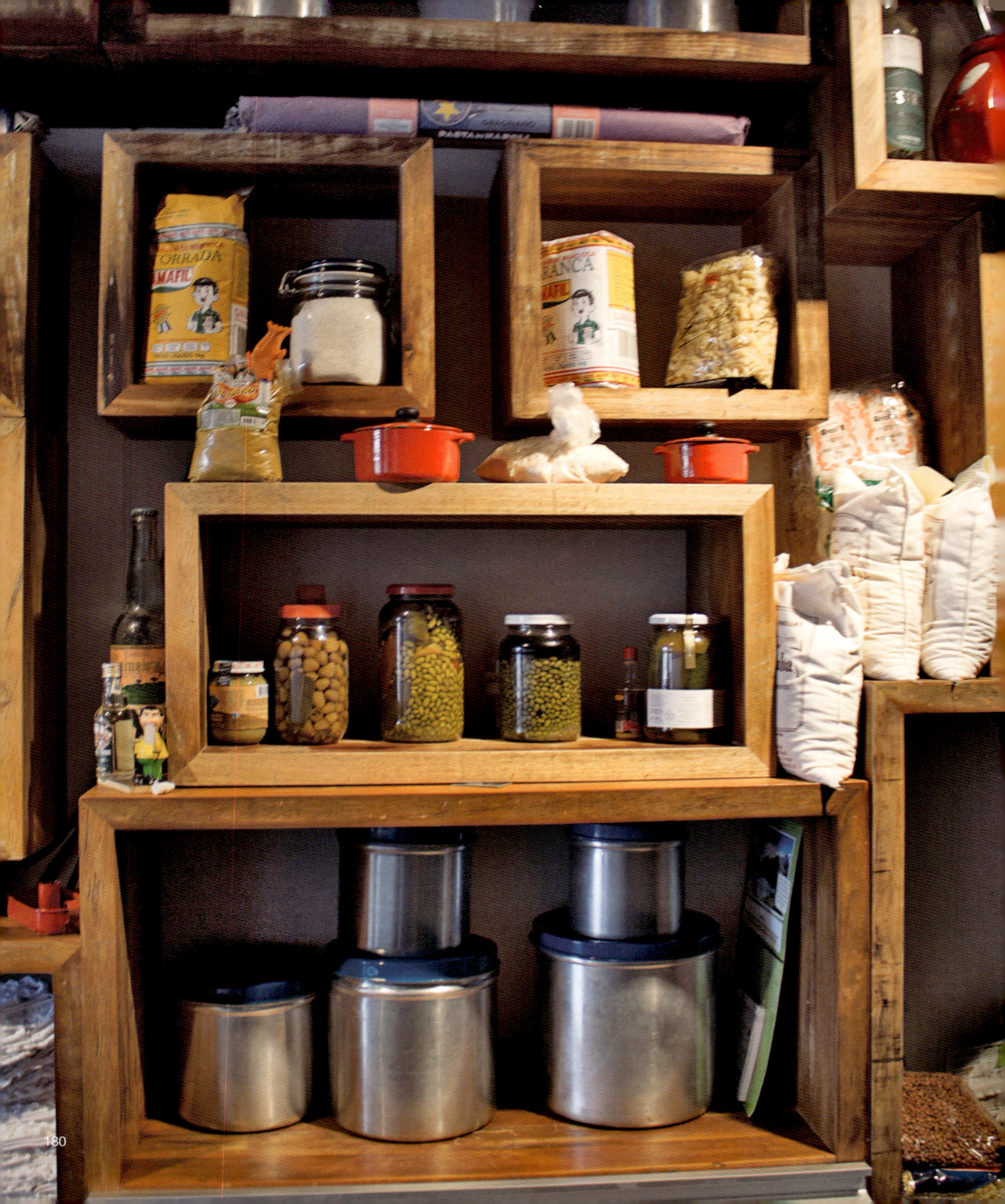

Ravióli Integral

receitas

Salada da Chef (2 porções)
Ingredientes • *70 g de alface-americana • 30 g de alface-roxa • 10 g de agrião • 40 g de camarão-cinza (médio) • 60 g de lula crocante • 25 g de maçã-verde em cubos • 25 g de manga em cubos • 8 g de pepino em rodelas • 15 g de palmito em rodelas • 10 g de* **vinagrete de mostarda*** *• Pimenta-calabresa a gosto •* **Preparo** *•* No prato de servir, montar as folhas, o vinagrete, o pepino, a manga e a maçã. Depois, distribuir o camarão cozido e a lula crocante frita. Terminar com palmito e uma pitada de pimenta-calabresa. *Vinagrete de mostarda • **Ingredientes** • 50 ml de azeite • 50 ml de vinagre • 65 g de açúcar • 10 g de sal • 250 g de mostarda • Suco de ½ limão •* **Preparo** *•* Dissolva o açúcar e o sal no vinagre. Acrescente a mostarda no vinagre e complete com azeite. Acerte a acidez com o suco de limão.

Ravióli Integral (2 porções)
Ingredientes • **Massa** • *50 g de farinha de trigo integral • 300 g de farinha de trigo comum • 50 g de farinha de trigo (grano duro) • 10 ml de leite • 400 g de gema • 70 g de farelo de trigo • 10 g de sal •* **Recheio** *• 1,5 kg de cebola • Tomilho a gosto • 60 g de parmesão • 30 g de açúcar mascavo • Pimenta, noz-moscada e sal a gosto • 600 g de batatas cozidas (picadas) •* **Preparo** *•* **Massa** *•* Colocar as farinhas em cima da pedra e fazer um buraco bem grande, como uma barreira de farinha em volta. No centro, juntar o leite e a gema. Misturar com as pontas dos dedos. Trabalhar bem a massa até desaparecer a farinha. Passá-la pela máquina de macarrão. • **Recheio** • Descascar as cebolas e cortá-las em julienne. Acrescentar o tomilho e cozinhar em fogo baixo, até caramelizar. Acrescentar o sal, o parmesão, a noz-moscada, as batatas cozidas, passando tudo pelo moedor. • **Montagem** • Rechear os raviólis com a cebola e cozinhar por 2 minutos em água fervente. Dica: servir com manteiga derretida em caldo (carne, legumes ou frango) e salpicar salsinha e parmesão.

Espuma de Coco (2 porções)
Ingredientes • **Espuma de coco** • *1 litro de creme de leite fresco • 250 g de açúcar • 250 g de coco fresco • 6 folhas de gelatina sem sabor • 250 ml de leite de coco •* **Baba de moça** *• 1 kg de açúcar • ½ litro de água • 500 g de leite de coco • 30 gemas peneiradas •* **Telha de coco** *• 250 g de* **crème pâtissière*** *• 200 g de coco seco • 200 g de açúcar • 3 ovos •* **Preparo** *•* **Espuma de coco** *•* Bater o creme de leite ao ponto de chantilly. Colocar a gelatina em água fria para hidratar, por 1 minuto. Levar a gelatina hidratada à panela com o leite de coco e deixar até amornar, mexendo sempre. Juntar o açúcar, o coco e, então, o creme de leite batido. Deixar repousar na geladeira, por 12 horas. • **Baba de moça** • Colocar o açúcar e a água em uma panela e deixar ferver por 20 minutos. Em um recipiente, misturar o leite de coco e as gemas peneiradas. Acrescentar metade da calda feita com a água e o açúcar. Misturar bem e juntar o restante da calda. Voltar ao fogo baixo e cozinhar, por 20 a 30 minutos, mexendo sempre. • **Telha de coco** • Colocar os 250 g de ***crème pâtissière*** em um recipiente, acrescentar o coco seco, o açúcar e os ovos. Misturar tudo. Com uma espátula, abrir esse creme em formato arredondado, com espessura bem fina. Assar essa "película" em forno preaquecido a 160 °C, por 7 a 10 minutos, ou até dourar.
Crème pâtissière • **Ingredientes** *• 250 ml de leite • 70 g de açúcar • 3 gemas • ⅓ de fava de baunilha • 40 g de amido de milho •* **Preparo** *•* Em uma panela, colocar o leite e as sementes do pedaço da fava de baunilha. Deixar ferver. Em outra panela, fora do fogo, colocar as gemas, o açúcar e o amido de milho. Juntar metade do leite fervendo com os outros ingredientes e misturar bem. Sem parar de mexer, levar a panela ao fogo baixo. Juntar o restante do leite e deixar cozinhar por 10 minutos, sempre mexendo. Deixar esfriar.

Espuma de Coco

ligia karazawa

Ligia Karazawa desembarcou em São Paulo depois de treze anos na Europa, a maior parte deles na Espanha. Sem malabarismos, apresentou uma comida de vanguarda – ok, com algumas espumas, pós e esferificações – no Clos de Tapas. Era bem no comecinho de 2011. Em coisa de um ano, o lugar foi eleito o melhor espanhol de São Paulo pela revista *Veja*. Texturas à parte, a graça do lugar está nos sabores, invariavelmente vibrantes. Nesse quesito, o mérito da chef é indiscutível.

Dos anos vividos, metade deles Ligia passou dentro da cozinha. Talvez até um pouco mais que isso, considerando que os pais (ambos arquitetos, a mãe de ascendência italiana e o pai, japonesa) de Ligia são, segundo ela, "donos frustrados de restaurante, que passam o fim de semana cozinhando e cozinhando para receber os amigos em casa". E isso desde sempre, o que permitiu que ela se embrenhasse por receitas das mais variadas: de buchada a bacalhau no forno, passando por massas artesanais, muito peixe de rio, às vezes pescados pelo avô, além de muito churrasco. A primeira vez que viu um boi ser morto ela se impressionou, mas jamais considerou não comer sua carne.

Outra descoberta de impacto veio na mesma época: "Lembro-me de que, uma vez, meus pais prepararam um cassoulet. Quando comi, aquilo ficou marcado: era uma feijoada, mas o feijão era branco e a carne era de pato. Eu gostei muito do sabor, mas, em paralelo, a reflexão me impressionou ainda mais", relembra a cozinheira.

Aos 17, a menina precisava decidir por qual carreira seguir. A cozinha era uma possibilidade, o problema é que não havia escola de gastronomia. Ligia, então, se dividiu entre os cursos de Administração e de Hotelaria. Já com os olhos abertos para a cozinha, aproveitou todas as aulas que pôde no Senac de Águas de São Pedro e, uma vez concluídas, partiu para um estudo mais especializado em Barcelona,

185

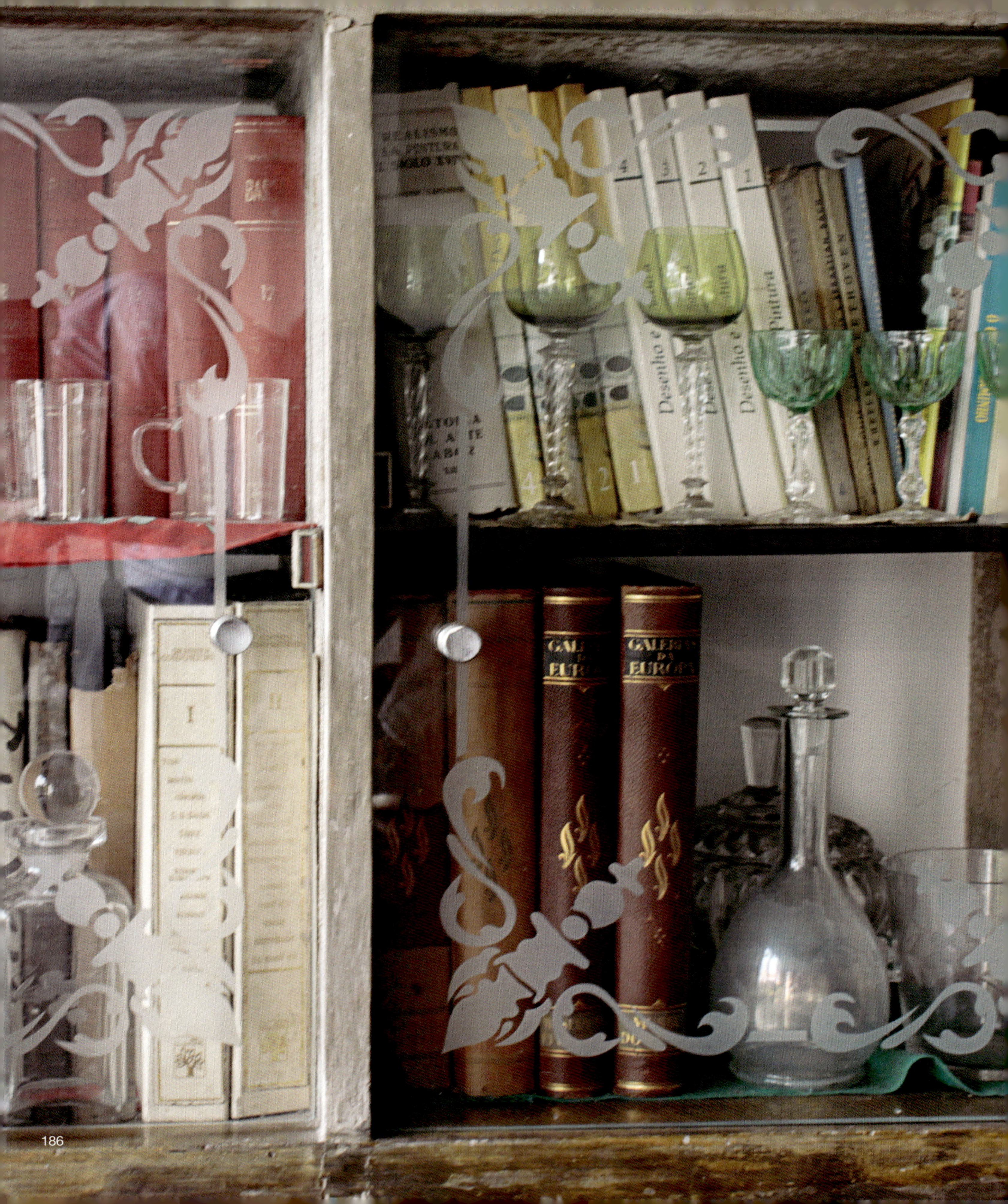

ligia karazawa

Passou dois anos na Escuela Hoffman-Arnadi, um misto de escola e restaurante com uma estrela Michelin.

No Brasil, Ligia havia estagiado na cozinha de Laurent Suaudeau, depois no Fasano, e teve sua carteira assinada, pela primeira vez, no Gero Caffè, no Shopping Iguatemi, ao lado da igualmente jovem e promissora Helena Rizzo. Na Espanha, começou no Santa Maria, um bar de tapas gastronômicas, estagiou no mítico El Bulli, de Ferran Adrià, e encarou dois anos no Racó de Can Fabes, do falecido Santí Santamaria. Depois, se embrenhou por outros restaurantes prestigiados, caso do Mugaritz, do chef Andoni Luis Aduriz, avaliado, na época, como o quarto melhor do mundo pela revista britânica *The Restaurant*.

Foi na Espanha, aliás, que a chef em formação conheceu o ex-marido Raúl Jímenez, com quem teve um restaurante em Valência e com quem voltou ao Brasil para comandar o Clos de Tapas após uma passagem pelo El Celler de Can Roca – dos irmãos Jordi (Josep e Joan Roca), que ocupou o topo da já mencionada publicação inglesa.

De experiências como essas, Ligia herdou o apreço – ou obsessão – pela matéria-prima de qualidade e por seus fornecedores, assim como a concentração na cozinha. Da mesma forma, fortaleceu ainda características pessoais como a organização e a dedicação, por exemplo. Hoje, ela é compenetrada, atenta a tudo – do trabalho da pia ao telefone que toca no salão, passando pelos gestos de cada um de seus cozinheiros. É também extremamente doce. E pode ser bastante brava, se o serviço se mostrar descuidado. Ligia comandou sozinha o Clos de Tapas.

De certo modo, a chef se tornou viciada em gastronomia: "Brinco que cozinha você ama ou odeia, não existe meio-termo. Vivi em função disso por muito tempo, mas hoje me divirto quando não estou pensando nem fazendo comida", confessa. Desabafo à parte, além da vontade de ser mãe, seus sonhos ainda se referem a esse universo. Ela deseja ter uma horta com tudo o que é tipo de erva, ou melhor, um sítio onde possa cultivar diversos produtos e onde seus clientes possam ir comer, "um lugar como já existe na Europa".

Em última instância, seus desejos refletem uma jovem segura de seu talento, de seu domínio de técnica. Ainda assim, Ligia fica feliz quando comparada à mãe: "Uma vez, o arquiteto Ricardo Ohtake comeu a minha comida e disse que se lembrava muito daquela que minha mãe fazia. E constatou que era por isso que eu tinha virado cozinheira". Ela agradeceu e, mais do que consentir, orgulhou-se. Ligia já começa a se sentir a cozinheira que sempre quis ser.

ligia karazawa

LIGIA E O GATO NILDO

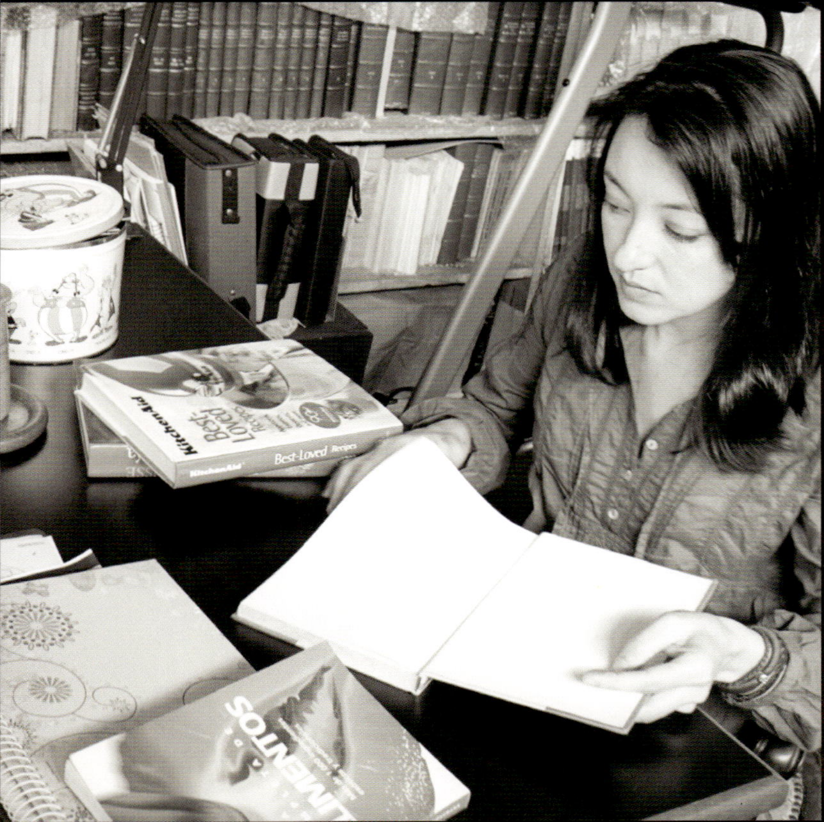
KitchenAid
Best-Loved Recipes

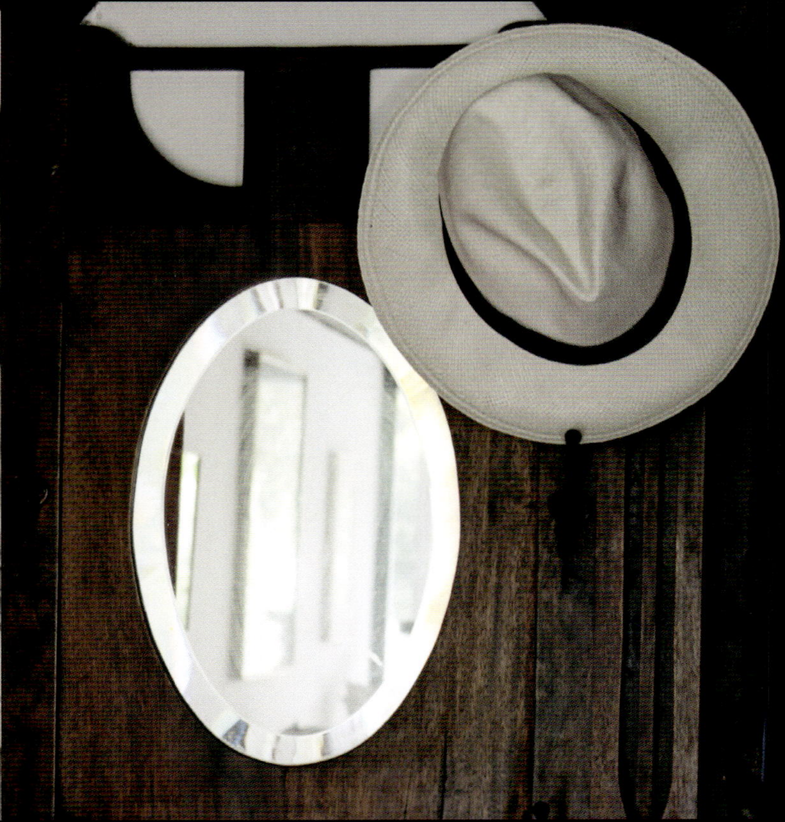

ligia por ligia

Como se formou cozinheira?
Estudando muito (Senac e Escuela
Hoffman-Arnadi) e trabalhando mais
ainda no dia a dia de um restaurante.

Qual o seu ingrediente favorito?
Estou numa fase do mel.

Onde você mais gosta de cozinhar?
Na casa dos meus pais, em Presidente Prudente.

Se você estiver sozinha, o que cozinha?
Um ovinho mexido.

Uma receita inesquecível?
Cassoulet.

Se você não fosse chef, o que seria?
Atriz ou diplomata.

Um ídolo?
Ferran Adrià, Santi Santamaria,
Andoni Luis Aduriz e Quique Dacosta.

Um sonho?
Viver num sítio e receber comensais.

Quem estaria na sua mesa dos sonhos?
Muita gente, umas 20 pessoas, entre família
e amigos que não vejo há muito tempo.

Quem cozinharia?
Todo mundo ajudaria no churrasco.

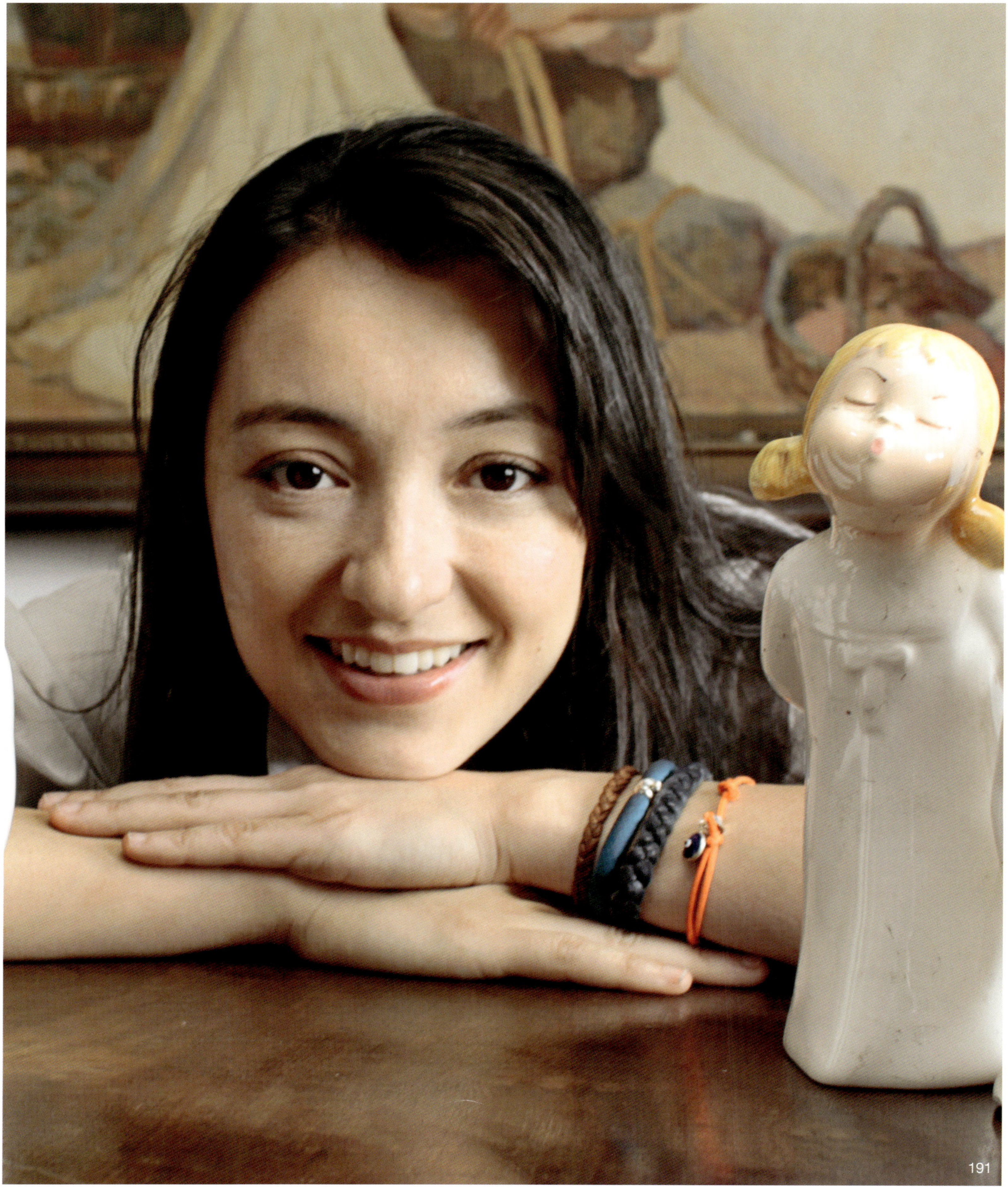

Caixa de Legumes

193

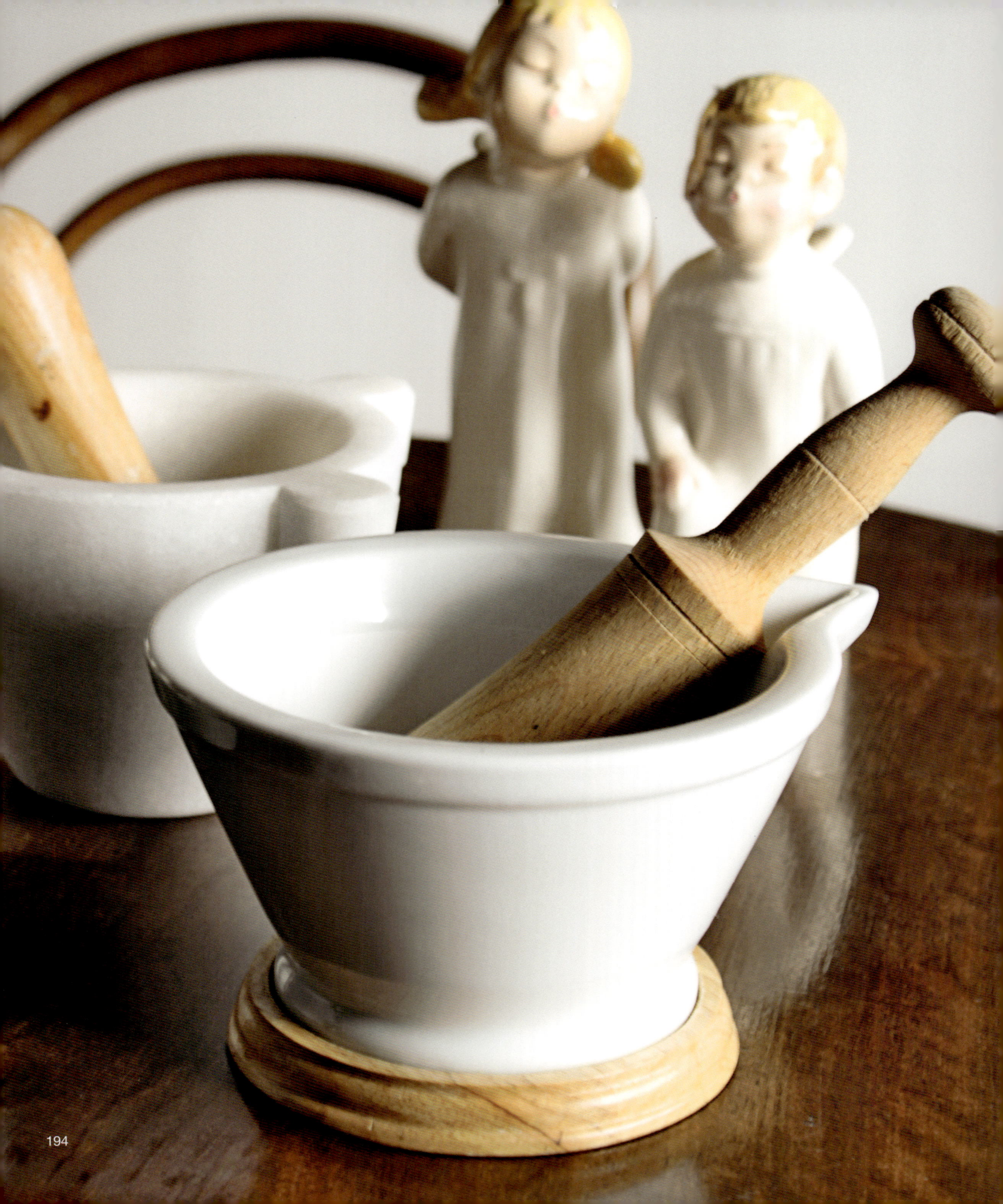

Arroz Cremoso de Polvo

receitas

Caixa de Legumes (4 porções)
Ingredientes • *Legumes* • *4 minicenouras* • *4 minirrabanetes* • *60 g de mandioquinha assada (cortada em 4 pedaços)* • *4 tomates romanita (ou grape)* • *4 batatas (tipo bolinha)* • *4 vagens holandesas* • *4 ervilhas-tortas* • *4 cebolinhas* • *Sal e azeite de oliva extravirgem a gosto* • **Terra** • *50 g de manteiga* • *25 g de farinha de trigo* • *25 g de farinha de amêndoa* • *10 g de açúcar* • *10 g de gergelim-preto triturado* • *15 g de pó de cogumelos* • *2 g de sal* • **Queijo** • *100 g de queijo Catupiry* • *10 g de estragão picado* • *80 g de espinafre bem fresco* • *40 ml de água mineral* • *Sal fino (a gosto)* • **Montagem** • *Azeite a gosto* • *Brotos de manjericão genovês e repolho-roxo a gosto* • **Preparo** • Cozinhar as verduras em abundante água com sal até que estejam al dente. Dar choque térmico, em água com gelo, para que fiquem bem verdes e parem de cozinhar. Escorrer e secar bem. Descascar a cenourinha com ajuda de um pano limpo. Cortar os legumes em dois pedaços para poder apoiá-los, posteriormente, no queijo. Temperar com sal fino e um bom azeite. Reservar na geladeira, num recipiente fechado. • **Terra** • Misturar todos os ingredientes até formar uma massa homogênea. Se necessário, adicionar um pouco de água. Congelar a massa enrolada em papel-filme. Ralar a massa sobre uma placa com papel-manteiga. Assar por 20 minutos, a 140 °C. Quando esfriar, amassar com ajuda de um garfo para que fique bem solta. • **Queijo** • Fazer um "suco" com a água e as folhas de espinafre. Coar com uma peneira bem fina. Misturar esse suco com os outros ingredientes e colocá-lo num saco de confeiteiro. Guardar na geladeira até o uso. Caso não vá usar no mesmo dia, não misturar o estragão, que oxida com muita rapidez. • **Montagem** • Pegar uma caixinha e, na base, colocar um fio grosso de queijo. Sobre ele, acomodar um pouquinho da "terra" e ir colocando os legumes de forma a dar volume. Finalizar com gotinhas de azeite de oliva, brotos de manjericão genovês e repolho-roxo. Servir frio.

Arroz Cremoso de Polvo (1 porção)
Ingredientes • *120 g de arroz carnaroli* • *40 g de polvo cozido* • *1 tomate picado (sem pele e sem sementes)* • *10 g de manteiga* • *1 pitada de açafrão* • *1 pitada de pimentón de la vera (se não encontrar, usar páprica-doce)* • *1 g de alho picado* • *15 g de cebola picada* • *400 ml de caldo de frutos do mar* • *30 ml de azeite de oliva* • *10 g de edamame* • *30 g de abóbora-pescoço ralada* • *Ciboulette e flores (taguetes e capuchinhas) para decorar* • **Preparo** • Refogar a cebola, o alho, o tomate picado, um pouco de azeite de oliva e uma pitada de pimentón de la vera. Acrescentar o açafrão, o arroz e refogar por um minuto. Colocar o caldo de frutos do mar, pouco a pouco, conforme o arroz for absorvendo. Não deixar de mexer. Cinco minutos antes de terminar o cozimento, acrescentar o polvo fatiado em rodelas e, nos últimos dois minutos, o polvo grelhado. Acertar o sal e acrescentar a manteiga. Decore com ciboulette, flores de taguetes, capuchinha e edamame.

Sangria em Versão Sobremesa (1 porção)
Ingredientes • *30 g de sagu seco* • *100 ml de água* • *200 ml de suco de uva orgânico* • *30 g de açúcar* • *1 pedaço de pau de canela* • *1 semente de amburana* • *2 grãos de zimbro* • *1 lasca de pele de limão-siciliano* • *1 lasca de laranja-baía* • *100 ml de suco de beterraba* • *4 dados de pera* • *4 dados de maçã* • *4 dados de abacaxi* • *4 dados de damasco* • *4 dados de ameixa-seca* • *1 maçã-verde* • *2 folhas de hortelã-pimenta* • **Preparo** • Colocar o sagu, a água, o suco de uva orgânico, canela, amburana, zimbro, pele de limão-siciliano e lasca de laranja-baía numa panela para cozinhar, em fogo baixo, por aproximadamente 15 minutos. Reservar na geladeira, por 8 horas. Fazer uma lâmina (bem fina) da maçã inteira e deixar, por 12 horas, submersa no suco de beterraba. Formatar a lâmina como se fosse uma rosa. • **Montagem** • Misturar os dados de frutas com o sagu frio e servir numa taça-martíni, decorando com a rosa e as folhas de hortelã-pimenta.

Sangria em Versão Sobremesa

luiza hoffmann

É possível que uma moça loira seja vista andando de skate pelo bairro paulistano da Vila Nova Conceição. Sua voz tem som de sorriso, coisa de menina que cresceu em Chapecó, no interior de Santa Catarina, brincando na casa e na cozinha da avó. "Minha avó teve dezesseis filhos e quase todos moravam na cidade. Eu e meus primos íamos da escola para a casa dela, com horta e pomar. Ela tirava o leite da vaca, matava as galinhas, fazia massa, queijo, polvilho, pão e até sabão com a gordura que sobrava", conta Luiza.

Para aquela família alemã, qualquer jantar era um banquete para dezenas de pessoas, com direito a bolachinhas de Dona Luiza distribuídas no final. Os nomes repetidos de avó e neta poderiam ser apenas uma homenagem, mas fato é que uma saiu à outra... "Sempre gostei de comer as coisas cruas – a massa, o pão, a bolacha. Então, era a única neta que ficava grudada na minha avó", explica saudosa. E relembra quando o avô deu à esposa um fogão a gás, de seis bocas. O presente ganhou uma toalhinha e um vaso de flores, e o velho fogão a lenha continuou aquecendo a casa.

Por sua vez, a avó de São Paulo, Dona Irene, com quem a pequena passava as férias, também cozinhava muito bem: "Até hoje tento descobrir o segredo do bife dela, porque não tem bife no mundo igual. Sem contar o pavê, que ela tinha que fazer toda semana, no pirex, com bolacha maisena, creme de baunilha e claras batidas, que todo mundo amava e que eu gostava de comer congelado".

Assim, Luiza se envolveu na cozinha, adquiriu habilidade e manteve aquilo como hobby, enquanto estudava Turismo e Hotelaria. Porém, em 2005, na Austrália, algo aconteceu: "Eu era garçonete num café, em Sidney. Um dia faltou alguém na cozinha, eu entrei e nunca mais saí". Na sequência, diferentes oportunidades a levaram a cozinhar: foi à Tailândia fazer trekking e acabou aprendendo receitas passadas de mãe para filha. No mesmo país, numa ilhota atingida por um tsunami,

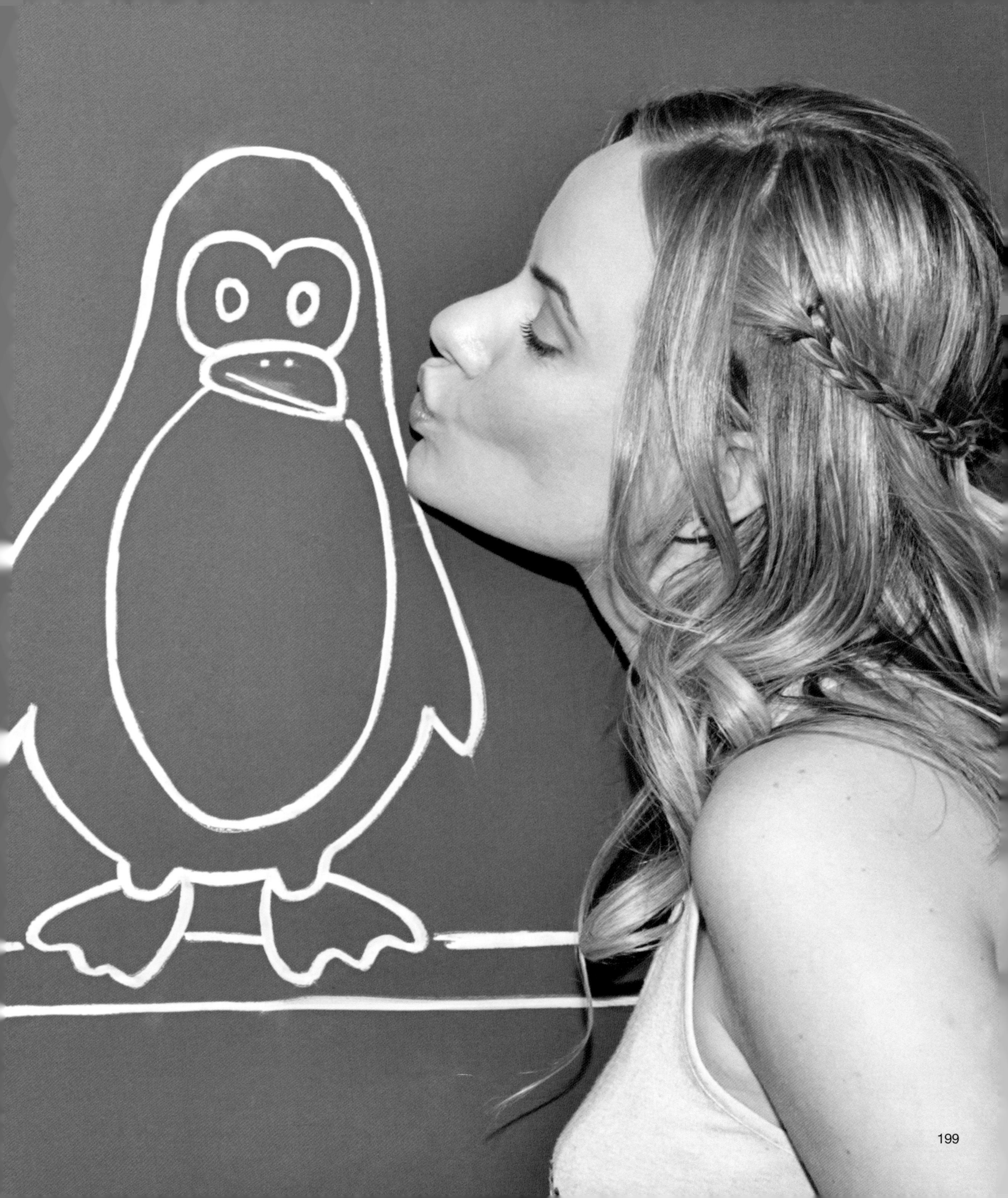

LIMITED EDITION GIFTPACK
ABSOLUT® DISCO
NTAINS 1 LITER ABSOLUT VODKA

luiza hoffmann

serviu como voluntária: "Eu catava entulho, cuidava das crianças e sempre fazia uma comidinha, um peixe que alguém trazia. Era muito gratificante".

Contar ao pai que trocaria a faculdade de Turismo por Gastronomia, na Anhembi Morumbi, em São Paulo, foi como dizer que tinha passado em Medicina. Além do novo curso, Luiza procurava aulas à parte – de sushi, de cozinha natural, de massas, de risotos e até de administração de restaurante. Nessa toada, viajou à França, onde, por cinco meses, teve aulas no Instituto Paul Bocuse. Dali, a jovem cozinheira acabou indo à Espanha estagiar com o chef basco Martín Berasategui, em San Sebastián. Era um restaurante três estrelas Michelin que mais parecia um quartel-general. Várias pessoas desistiram no primeiro dia de labuta, mas Luiza persistiu por cinco meses. Ela chorava todo dia, mas aprendeu qualidades essenciais a seu métier, como rapidez e limpeza. "Não fosse ele, talvez eu não tivesse o Figo, porque é preciso ter muita coragem, raça, força. Martín passa todos os dias nos restaurantes dele, faça chuva, faça sol, e até com pedra no rim", revela com admiração sua pupila.

Na volta ao Brasil, a aprendiz trabalhou com Alex Atala, no Dalva e Dito, até que, tempos depois, teve outra experiência gastronômica curiosa: foi para Holanda e Bélgica estudar comida macrobiótica. "Passei um mês trabalhando num centro de cura, na Bélgica, com pacientes terminais que você vê levantar da cama por causa de um prato de comida. É um milagre perturbador. O que você come pode curar mais do que uma quimioterapia, e isso é difícil de entender." A chef não se tornou macrobiótica, apesar de crer que com aquela dieta os pensamentos são mais claros, a pele melhor, a disposição maior. "Não dá para ser macrobiótico na minha realidade, mas a comida não tem que matar para ser boa. Não uso gordura que satura na cozinha, arroz, eu cozinho com alga marinha, são princípios pessoais", revela.

Com ajuda da família, em maio de 2011, seu Figo abriu com uma geladeira e um fogão. Depois, o lugar contou com três fogões, seis geladeiras e precisou, cada vez mais, de espaço. "As primeiras críticas abalaram um pouco, mas vejo que só ajudaram a casa a crescer e a se profissionalizar. Acreditei nesse projeto, e deu supercerto." A chef contava com a tia como braço-direito e com a amiga Sayuri Tsuji como sub-chef. Sua mãe cuidava do financeiro. Seu pai ajudava no salão. E ela? "Sou geminiana, quero fazer e controlar tudo. A cozinha me completou de um jeito... jamais ficaria seis horas num escritório, mas fico dezoito no restaurante. Mudo o menu executivo todos os dias, crio pratos especiais para eventos, compro livros, pesquiso. Sou feliz", explicou Luiza.

luiza hoffmann

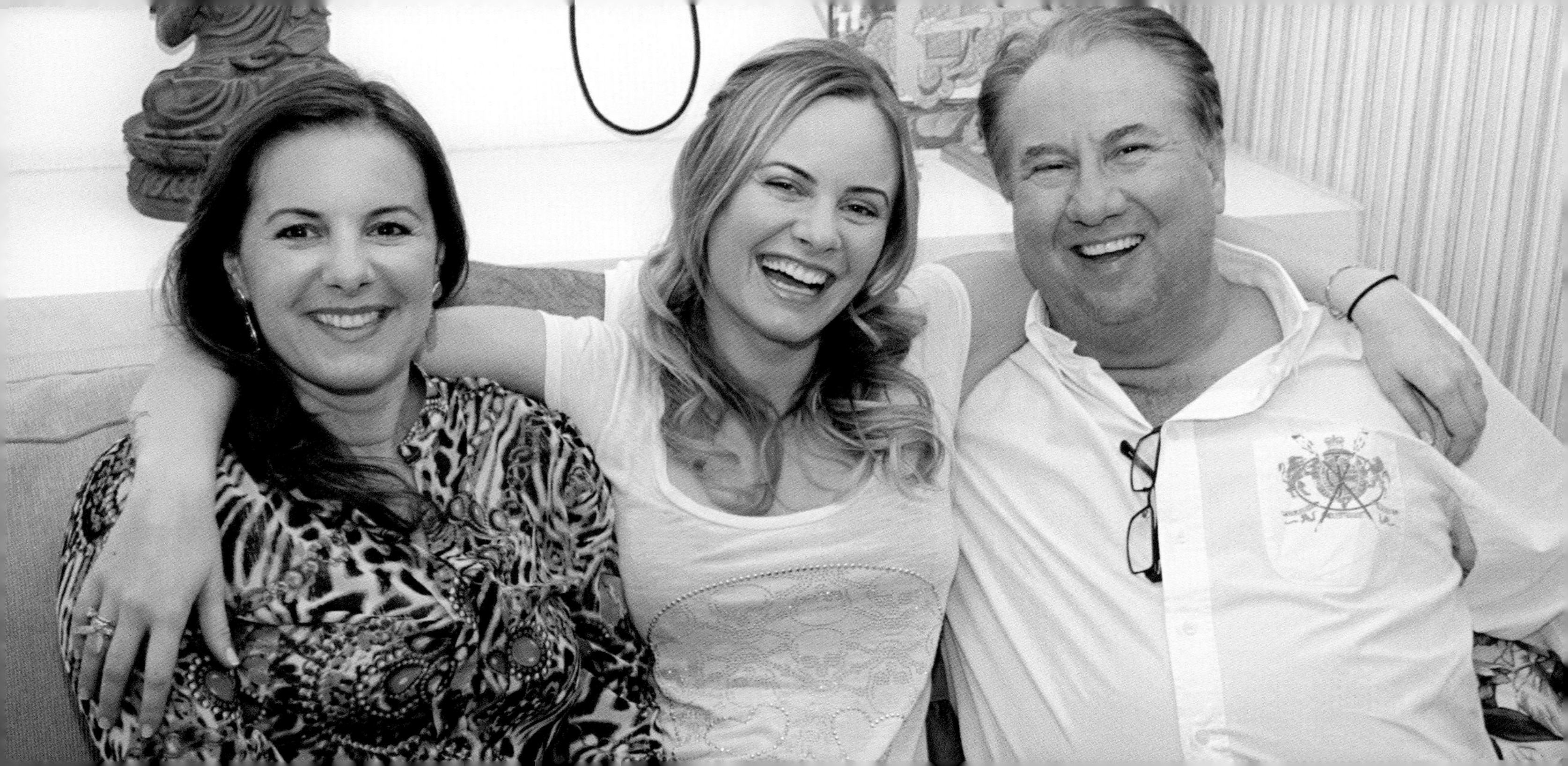

luiza por luiza

Como se formou cozinheira?
Com minha avó Luiza, não consigo esquecer a infância. Foi minha base, depois só faltou um empurrãozinho. Tenho uma foto dela em casa e agradeço todos os dias.

Qual o seu ingrediente favorito?
Tenho uns dez, mas gosto muito de pimenta

Onde você mais gosta de cozinhar?
No Figo.

Se você estiver sozinha, o que cozinha?
Macarrão com tomate, queijo e manjericão da minha hortinha.

Uma receita inesquecível?
O pavê da avó Irene.

Se você não fosse chef, o que seria?
Eu seria mergulhadora.

Um ídolo?
Martín Berasategui.

Um sonho?
Queria reproduzir um Figo no Rio de Janeiro, ou numa praia, uma coisa menor.

Quem estaria na sua mesa dos sonhos?
Minha família e meus amigos.

Quem cozinharia?
A Sayuri. Quer dizer, se eu pudesse ter mais uma refeição das minhas avós...

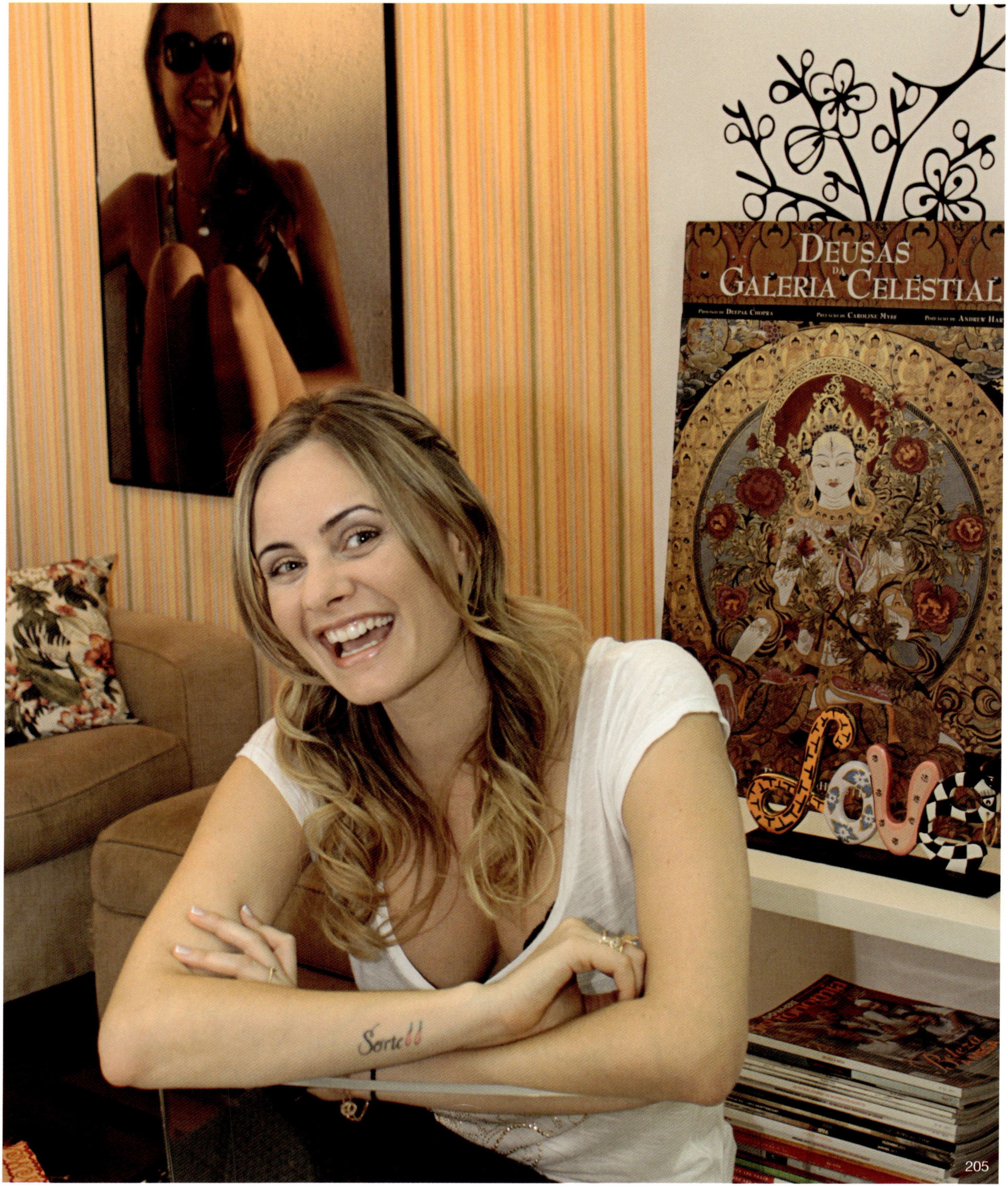
DEUSAS DA GALERIA CELESTIAL

Pupunha à Carbonara

COZINHA CONFIDENCIAL
LAROUSSE
das sobremesas
SONIA
Jonathan Ray
APERITIVOS
LA CUISINE DE RÉFÉRENCE
SEGREDOS e VIRTUDES das PLANTAS MEDICINAIS

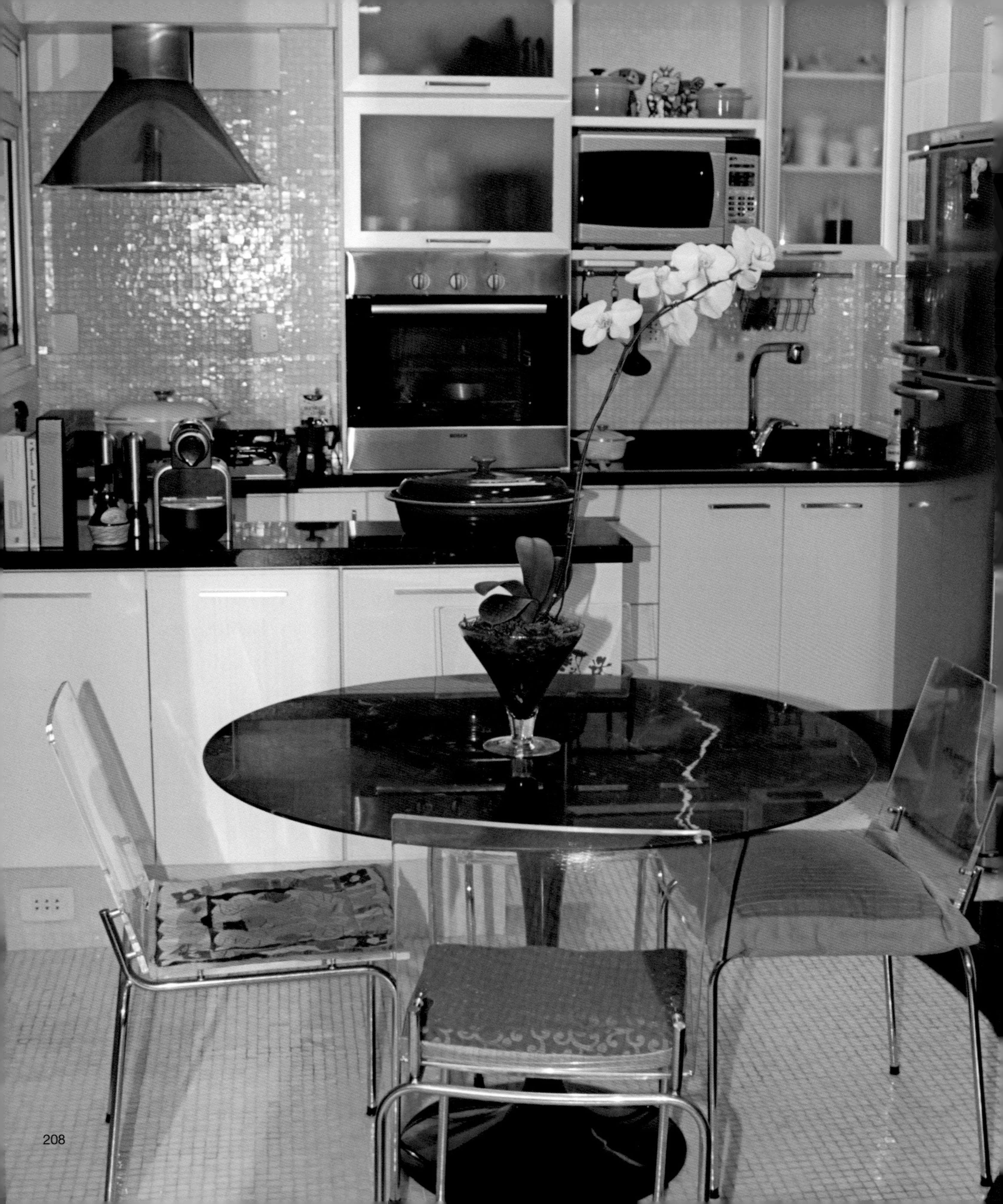

Arroz Macrobiótico

receitas

Pupunha à Carbonara (1 porção)
Ingredientes • *180 g de fios de pupunha • 2 gemas • 5 ml de azeite • 40 g de presunto parma (em cubos) • 65 g de queijo parmesão • 150 ml de creme de leite • Sal, pimenta e salsinha a gosto •* **Preparo** • Para o molho, misturar o creme de leite, as gemas, o parmesão e reservar. Em uma frigideira, esquentar o azeite e fritar os cubos de parma em fogo baixo. Acrescentar o molho, sempre mexendo para não cozinhar a gema do ovo. Cozinhar os fios de pupunha em água fervente (por 3 minutos), juntá-los ao molho, acertar o tempero e finalizar com salsinha.

Arroz Macrobiótico (1 porção)
Ingredientes • *80 g de arroz cateto • 300 ml de caldo de legumes • 3 cm de kombu (alga marinha) • 1 folha de louro • 1 dente de alho • 10 ml de óleo de gergelim • 25 g de tofu (cortado em triângulos) • 60 g de cenoura • 10 g de cebola • 15 g de ervilha • 15 g de abobrinha • 25 g de abóbora • 20 g de couve • 1 umeboshi (conserva de ameixa) sem caroço • 20 g de alho-poró • 240 ml de óleo de girassol • 20 ml de azeite • 30 ml de água • Sal e pimenta a gosto •* **Preparo** • Em uma panela, colocar o azeite, o alho, o louro, a Kombu e adicionar o arroz. Refogar por 2 minutos e entrar com o caldo de legumes e a umeboshi. Semitampar e deixar cozinhar, por cerca de 15 minutos. Reservar. Cortar o alho-poró em tiras bem finas e fritá-las, sob imersão, no óleo de girassol. Cortar todos os legumes em cubos pequenos e refogá-los em uma frigideira untada com o óleo de gergelim. Entrar com o arroz já cozido. Refogar a couve, cortada finamente, em 30 ml de água e temperá-la a gosto. Aquecer o tofu no forno a 180 °C, por 1 minuto.

Pavê (6 porções)
Ingredientes • *3 gemas • 1 lata de leite condensado • 500 ml de leite • 40 g de chocolate belga • 10 g de amido de milho • 2 claras • 30 g de açúcar • 1 pitada de sal • 100 g de bolacha maisena • 60 g de macadâmia • 100 g de creme de leite gelado •* **Preparo** • Para o creme, misturar as gemas, o leite condensado e uma lata de leite. Levar ao fogo médio até dar o ponto (aproximadamente 2 minutos depois de ferver). Para o creme de chocolate, misturar o chocolate belga, o amido de milho e uma lata de leite. Levar ao fogo médio até engrossar. Para a cobertura, bater as claras até dar ponto de neve, adicionar o açúcar e finalizar com o creme de leite gelado. • **Montagem** • Em uma travessa, ou em seis taças, dispor primeiro o creme amarelo, uma camada de bolacha maisena, outra do creme de chocolate, logo as macadâmias picadas grosseiramente e, por fim, as claras em neve. Gelar por pelo menos 3 horas. Dica: você pode montar o pavê com os cremes quentes e também pode levá-lo ao freezer, se preferir.

Pavê

margarida haraguchi

Descendente de um dos muitos casais de japoneses que vieram tentar a vida no Brasil no início do século XX, a nissei Margarida Haraguchi está longe do perfil introspectivo da maioria dos orientais da Liberdade, em São Paulo. Ela esbanja simpatia no seu Izakaya Issa, que acabou se tornando o suprassumo dos botecos japoneses do bairro, frequentado inclusive por famosos. Mas ela nem liga. Gosta mesmo é de ver a casa cheia, isso sim. "Izakaya", no Japão, é o nome que se dá ao bar para tomar saquê. Mas o da Dona Margarida é celebrado pela boa cozinha. Como todo bom boteco, a comida de qualidade começa com os petiscos. Enquanto bebericam (saquê ou cerveja), os clientes beliscam wakadori (frango frito com saquê mirin, shoyu e gengibre) e guioza: "Dizem que o meu é muito bom, fazemos inclusive a massa", revela. Depois, os visitantes partem para pratos como o yaki udon, um macarrão com carne de boi e legumes.

Margarida, por si só, é um cardápio em pessoa, sempre disposta a dar sugestões. O que é uma maravilha, diante de um menu com nomes desconhecidos pela maioria. Até porque sua casa foge do lugar-comum: não tem nem sushi, nem sashimi. "Isso tem em todo lugar, não é? Procuro fazer algo diferente, pois quase ninguém conhece as outras comidinhas", comenta ela, que nem gosta muito de peixe (só de atum).

As receitas do Issa são um misto da cozinha da terra de seu pai, Hokkaido, ao norte do Japão, com a região natal de sua mãe, Fukuoka, ao sul. A elas somam-se os pratos aprendidos com o marido, o chef Haraguchi (hoje à frente do Ban, também na Liberdade), e ainda uma boa dose de criatividade. "Meus pratos são um mix de invenção com tradição", revela. Um exemplo é o okonomiyaki, típico de Hiroshima e de Osaka, espécie de panqueca frita preparada com ingredientes como farinha, ovos, vegetais, carne, frutos do mar, entre outros. "Eu misturo as influências das duas regiões, colocando yakissoba por cima", conta.

213

214

margarida haraguchi

Dona Margarida costuma desenvolver os pratos e passá-los à cozinha. Mas, se precisar, ela põe a mão na massa. E adora agradar: "Se o cliente diz que deseja uma coisa, a gente não fala que não tem. Eu mesma entro na cozinha, bolo e dá certo". É tão carinhosa (e sociável) que costuma almoçar com as clientes amigas: é convidada para ir a churrascarias, a restaurantes de comida mineira, baiana e de massas. Fã de viagens, a nissei já rodou o Japão inteiro. Da última vez, com duas clientes, descobriu o Nankatsu, um Izakaya de Fukuoka. "Era incrível, tudo feito na hora, num balcão pequeno, em duas pessoas", elogia. Em Hokkaido, ela e as amigas experimentaram o caranguejo-rei (King Crab). Em Kagoshima, provaram o shabu-shabu (um cozido de carnes e verduras) de porco preto.

Embora o Izakaya da Liberdade não possa se dar ao luxo de matar o peixe (ou o crustáceo) na hora, como se faz em muitas casas no Japão, o frescor das receitas é garantido: "Meu marido vai ao Mercado Municipal todo dia, e eu não deixo nada pronto, tudo é feito na hora". A autenticidade também é perceptível. Para ela, a alma da cozinha japonesa é o dashi – aquele caldo preparado com alga marinha (kombo) e raspas de peixe bonito (katsuobushi), ao que ela acrescenta caldo de cogumelo, utilizado também em boa parte dos preparos.

No trato com as pessoas, Margarida é expansiva, mas com sua vida pessoal é mais reservada. Nascida em Avanhandava, interior de São Paulo, sente-se pelo tom de sua voz que tem é saudade da infância vivida em Açaí, no Paraná.

Margarida tomou gosto pelo ramo de restaurantes na convivência com o marido, chef já renomado. Sua primeira casa, o Goen, permaneceu aberta por dezessete anos, no Jaguaré. "Estava muito cansada, o Goen abria para almoço e jantar e ficava muito longe da minha casa na Aclimação", conta. De três anos de descanso, ela ficou um ano no Japão com o filho. Lá, aprendeu a fazer patchwork, arte à qual ainda se dedica nas poucas horas vagas. Oshibana, a arte das flores prensadas, que aprendeu quando voltou ao Brasil, ela quase não faz, pois exige mais tempo. Mas, aos sábados, uma coisa é sagrada: cuidar da neta Bruna, seu grande prazer.

Se Dona Margarida guarda suas tradições japonesas, seu coração, no entanto, é brasileiro. "Num jogo entre Brasil e Japão, torço para o Brasil", revela. Seu pai, segreda, já era corintiano. Com tanto carisma, imaginem se o seu boteco e a casa no bairro da Aclimação não estão sempre cheios... E é o que ela mais gosta. "Adoro ajudar as pessoas e fazê-las felizes." Quem a conhece sabe que é a mais pura verdade.

margarida por
margari

Como se formou cozinhei...
Pelo que aprendi com m[inha]...
E porque sempre gostei [de]...

Qual o seu ingrediente fav[orito?]
Saquê mirin e shoyu.

Onde você mais gosta de [cozinhar?]
Em casa e no restaurant[e...]
não tenho preguiça na co[zinha...]

Se você estiver sozinha, o [que faz?]
O que tiver na geladeira:
uma linguiça, faço uma s[...]

Uma receita inesquecível?
A de pão assado no forn[o...]
Janete, de Ponta Grossa

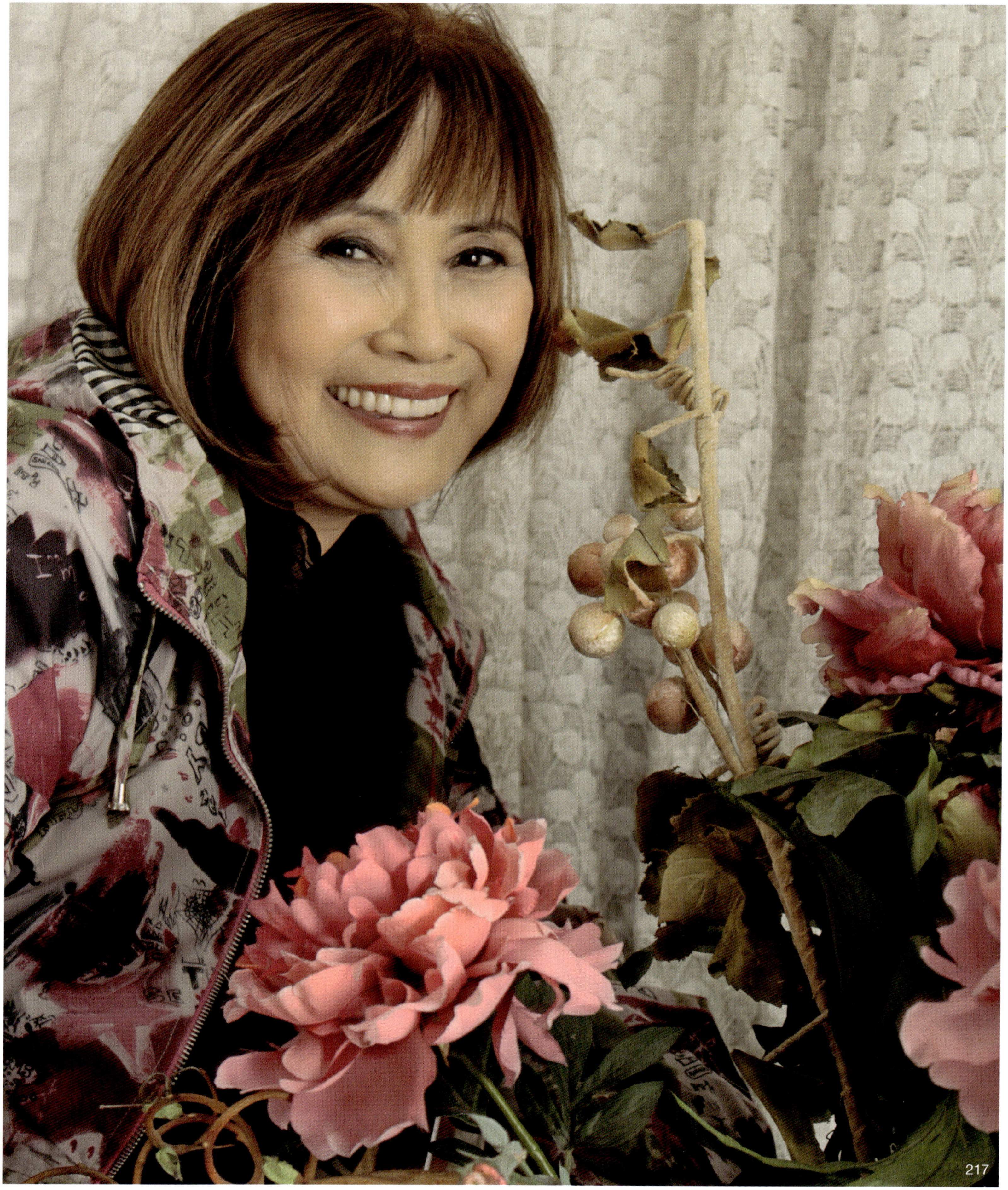

Tyanpon

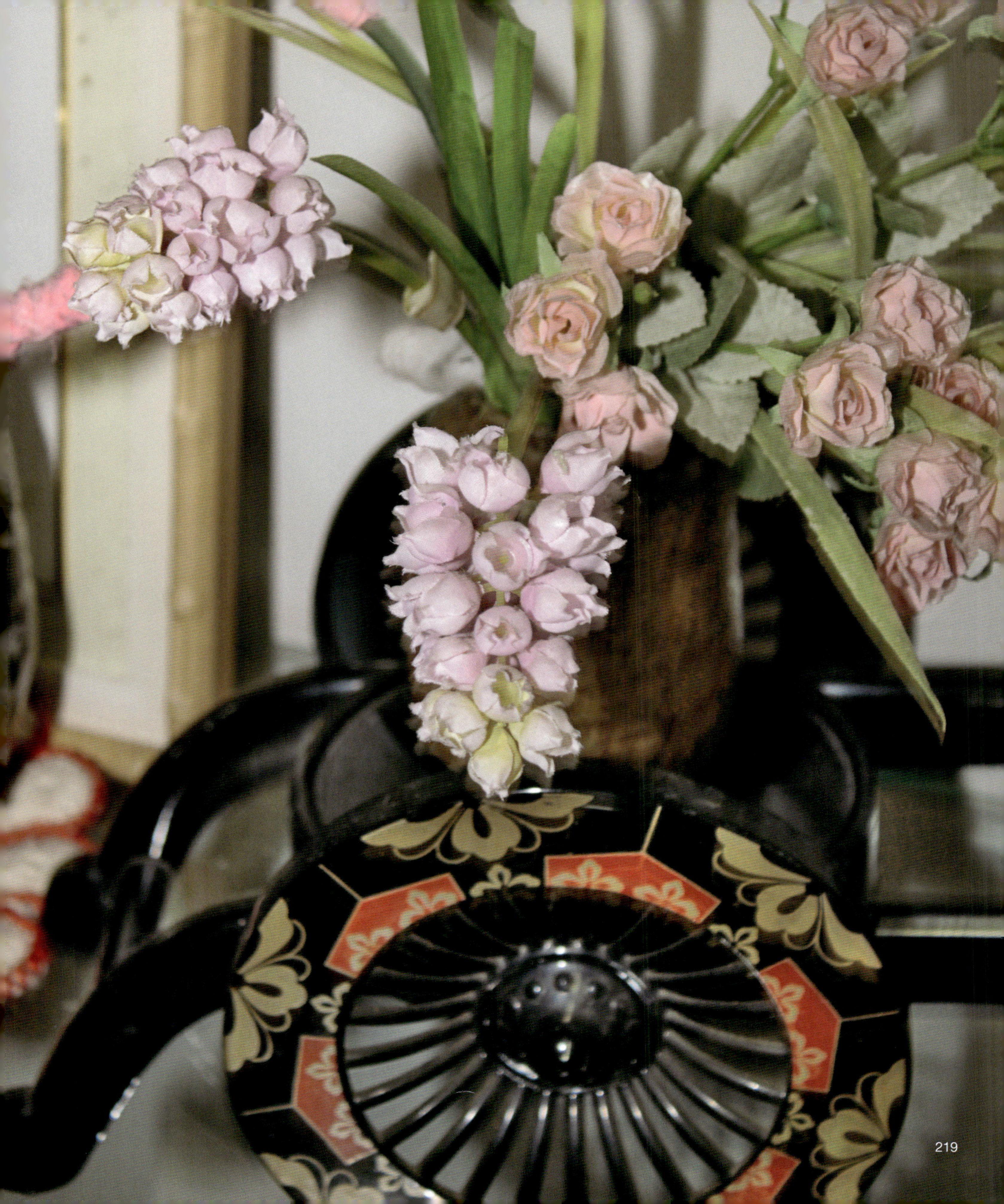

AS NETAS DE DONA MARGARIDA, MIHORI E BRUNA

Shoga-Yaki

receitas

Tyanpon (1 porção)
Ingredientes • *1 colher (sopa) de óleo • 300 ml de dashi ou caldo de porco • 1 porção de macarrão tyanpon cozido (pode ser substituído por lámen) • 60 g de repolho • 15 g de cenoura • 1 shiitake • 2 fatias finas de kamaboko (massa de peixe e frutos do mar) • 50 g de carne de porco • 2 camarões • 20 g de lula* • **Preparo** • Refogue no óleo todos os ingredientes, com exceção do caldo e do tyanpon. Acrescente o caldo e deixe-o apurar por alguns minutos. Coloque-o sobre o macarrão.

Shoga-Yaki (1 porção)
Ingredientes • *12 fatias de lombo de porco (cerca de 150 g) • 1 colher (sopa) de óleo • 1 colher (sopa) de molho tonkatsu • 4 colheres (sopa) de saquê • 3 colheres (sopa) de saquê mirin • 3 colheres (sopa) de shoyu • 2 colheres (café) de gengibre ralado* • **Preparo** • Em uma frigideira untada com óleo, doure a carne de porco. Em seguida, adicione os outros ingredientes, deixando-os caramelizar. Sirva imediatamente.

Tyawan-Mushi (1 porção)
Ingredientes • *1 ovo • 150 ml de dashi ou caldo de frutos do mar • 1 colher (sopa) de shoyu • 1 colher (sopa) de saquê • ½ colher (sopa) de saquê mirin • 1 pitada de sal • 1 pitada de ajinomoto • 2 pedaços de frango (grelhado, assado ou frito) • 1 fatia de kamaboko • 1 camarão frito* • **Preparo** • Em uma vasilha, prepare um caldo com o dashi, o shoyu, os saquês, o ovo e tempere com o sal e o ajinomoto. Numa xícara, monte os pedaços de frango, o kamaboko e o camarão. Despeje o caldo. Tampe a xícara com plástico-filme e leve-a ao banho-maria por 15 minutos. Sirva imediatamente.

Tyawan-Mushi

morena leite

A voz é doce, quase infantil. Aumenta a cada vez que Morena se encanta com um assunto, o que acontece repetidamente. E dá margem a imaginar a menininha magrinha, queimada de sol, que vendia brigadeiros aos 6 anos para gente do mundo todo que se hospedava na Capim Santo, pousada da mãe em Trancoso, na Bahia. Dá margem a visualizá-la já adolescente, toda encapotada, num alojamento frio em Cambridge, na Inglaterra, maravilhada com o que comiam suas colegas – uma cambojana budista, uma turca muçulmana e outra russa judia.

Morena Leite nunca quis fugir da vida entre panelas e ingredientes. Nasceu em São Paulo e cresceu entre as jaqueiras, as pitangueiras e os coqueiros do sul do litoral baiano. Tornou-se íntima dos peixes e dos frutos do mar. Apaixonou-se por temperos variados – ervas, pimentas, especiarias. "Costumo dizer que sou fascinada por gente e a comida agrega as pessoas. É minha forma de acarinhar, de me comunicar", explica ela. "Até pensei em ser antropóloga ou jornalista porque, assim, poderia ficar rodeada o tempo todo de pessoas e de culturas diferentes. Mas quando morei na Inglaterra, notei que a cozinha me dava tudo isso. Então, isso não me passou mais pela cabeça."

Até então, comida fora o seu jeito de expressar afeto e cuidado. De repente, tornou-se assunto sério demais. Com essa descoberta, a menina que ia abandonando a adolescência se viu novamente preparando as malas: desta vez, deixaria o Brasil pela Le Cordon Bleu, em Paris. No início, sentiu o baque: filha de pais hippies, ela teve dificuldades em lidar com a rigidez e a disciplina da renomada escola de gastronomia. Controlava o tom da voz, a altura da gargalhada, a vastidão dos gestos e, aos poucos, a sensação de censura deu espaço à de controle – das facas, das temperaturas do forno, da cozinha como um todo.

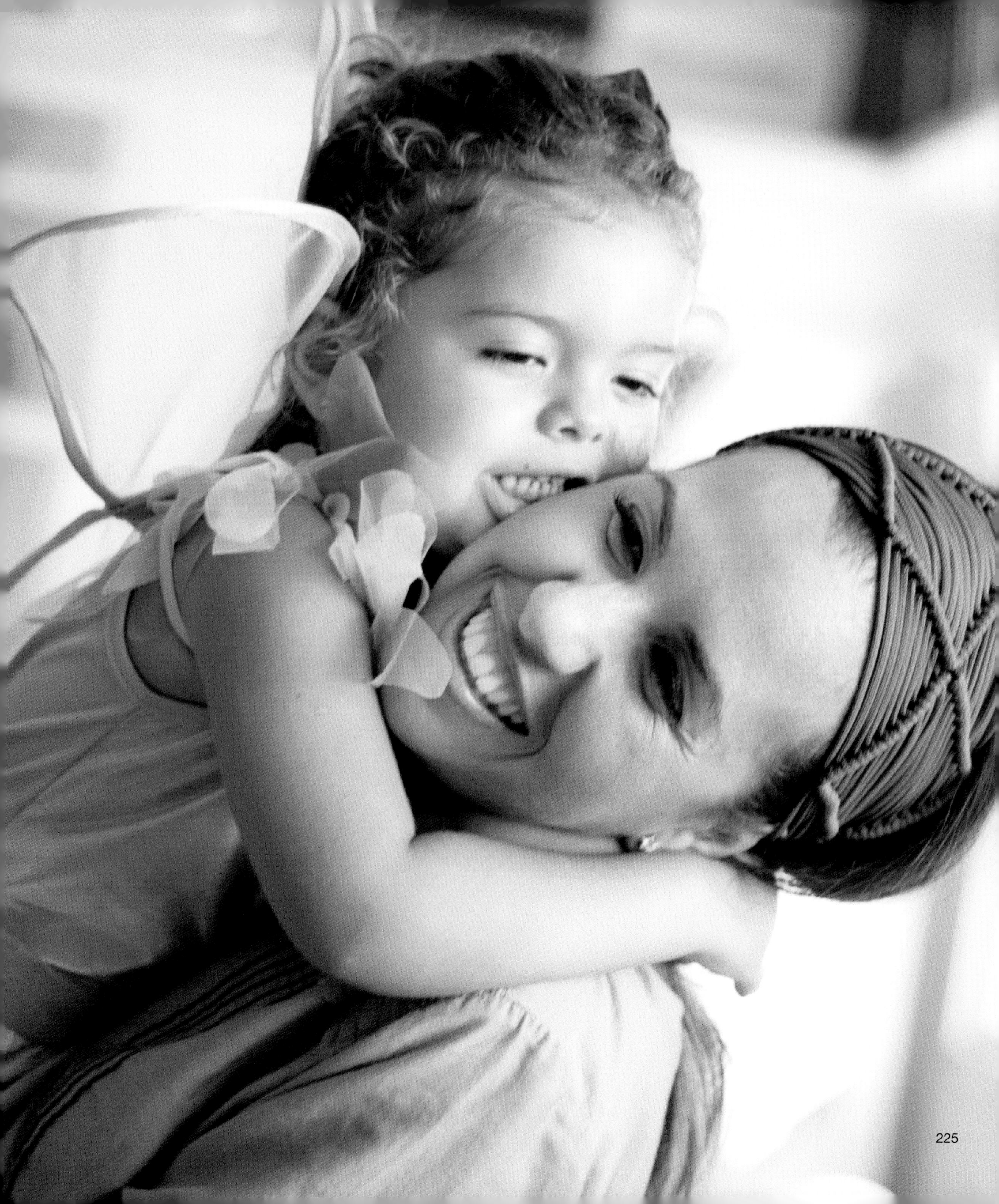

Bolinho de Aipim com Queijo Serra da Canastra

morena leite

Com o *grand diplôme*, não somente ela poderia ajudar a tocar o fogão na pousada da mãe, como já estava apta a inaugurar um restaurante homônimo em São Paulo. O Capim Santo abriu as portas em 1998. Era uma aposta ousada em ingredientes bem brasileiros trabalhados com apuradas técnicas francesas, vira e mexe absorvidos por receitas tradicionais de diferentes culturas. Concebidos também para ser servidos em um espaço descontraído, com mobiliário tipicamente brasileiro, estampas tropicais, objetos de decoração de diversos cantos do país e árvores frutíferas espalhadas pelo quintal. Deu certo. Dá certo até hoje. Mas um único restaurante não foi suficiente para entreter a moça que, nesse meio-tempo, abriu um buffet com a mesma marca e teve uma filha. Inaugurou também um segundo restaurante, o Santinho, no Instituto Tomie Ohtake, e criou um segundo buffet: Kasher. Escreveu livros, filma um programa de televisão, o "Taste It", e lançou seu novo Santinho, desta vez no Museu da Casa Brasileira.

Morena é simples. Porém, inquieta. Gosta de música, de moda, de artes plásticas, de arquitetura. Ouve MPB, conhece muitos brechós e estilistas, visita museus pelo mundo, interfere na decoração de sua casa e de seus restaurantes. Até por isso, não troca a cozinha por nada. "A cozinha me dá tudo: posso fazer os uniformes dos funcionários, escolher as estampas das almofadas, os móveis, criar o ambiente, pensar na música que vai tocar, inventar uma receita para agradar a alguém. Me faz querer trabalhar o tempo todo, porque me dá muito prazer", confessa.

Apesar da intimidade profunda com a gastronomia, a cozinheira não tem uma definição precisa para o que faz à beira do fogão: sabe que criou uma culinária saudável e intuitiva. Contudo, importa-se em revelar sabores brasileiros, em temperar cada receita intensamente. Das famosas saladas de grãos, como a de trigo com castanhas brasileiras e geleia de uvaia, às sobremesas, como um petit gâteau de jaca, passando pelo picadinho de filé-mignon e pela lagosta com vatapá. Sua culinária é leve, alegre, colorida.

Admiradora declarada da nouvelle cuisine brasileira do chef franco-carioca Claude Troisgros, Morena Leite preza a elegância no uso dos ingredientes regionais, ama a habilidade em proporcionar, a cada prato, "um toque de acidez, outro de doçura e um tanto de crocância". E esse apreço se resvala numa culinária charmosa, inspirada, despretensiosa – igualzinha à elegante morena que a prepara.

morena leite

MORENA E A FILHA MANUELA

morena por morena

Como se formou cozinheira?
Na Le Cordon Bleu, em Paris.

Qual o seu ingrediente favorito?
Mandioca.

Onde você mais gosta de cozinhar?
Em casa.

Se você estiver sozinha, o que cozinha?
Tomo chocolate quente.

Uma receita inesquecível?
Croquetes de carne da avó.

Se você não fosse chef, o que seria?
Jornalista ou antropóloga.

Um ídolo?
Claude Troisgros.

Um sonho?
Aprender a relaxar.

Quem estaria na sua mesa dos sonhos?
Meus pais, minha filha e alguns amigos.

Quem cozinharia?
Ferran Adrià.

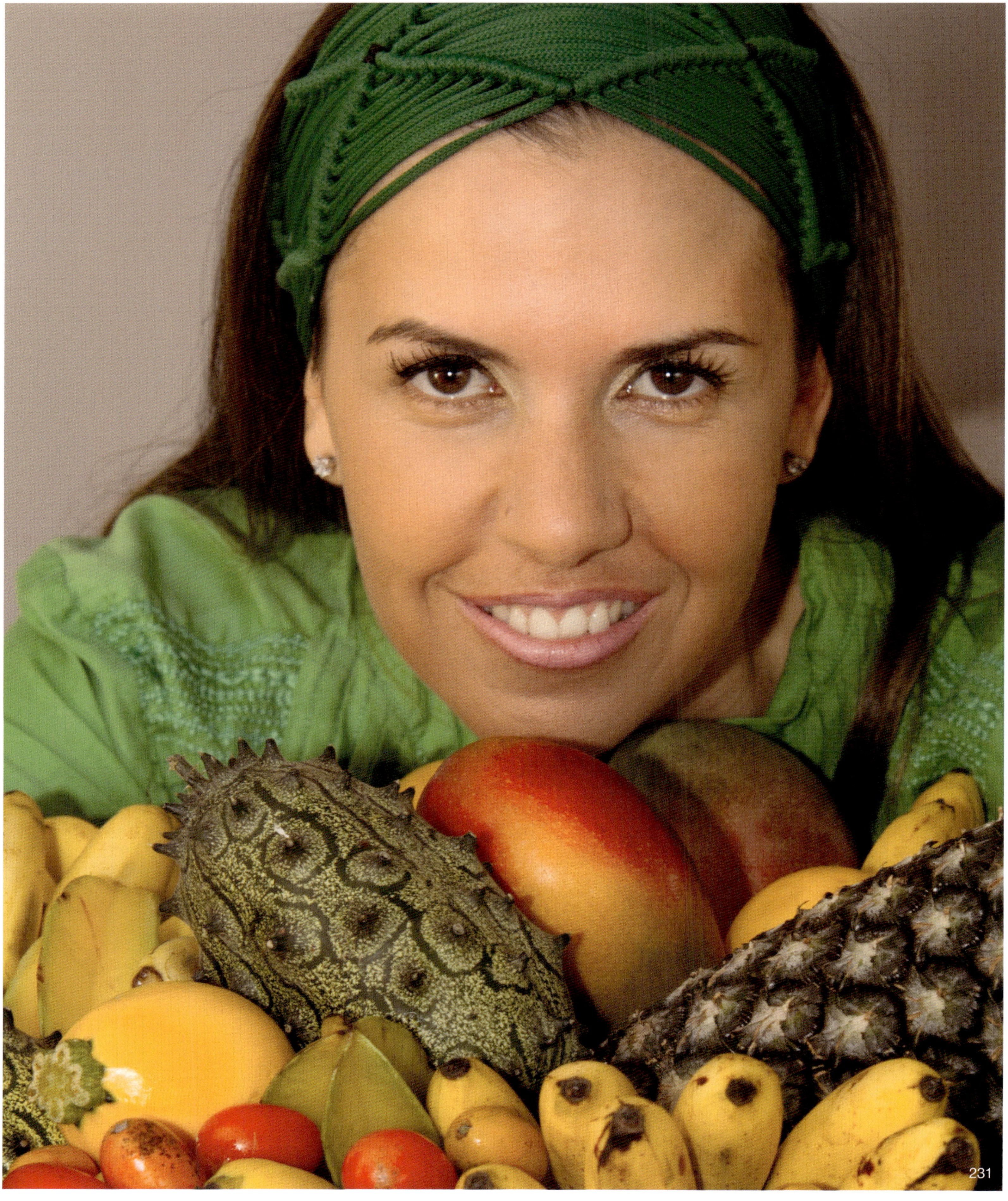

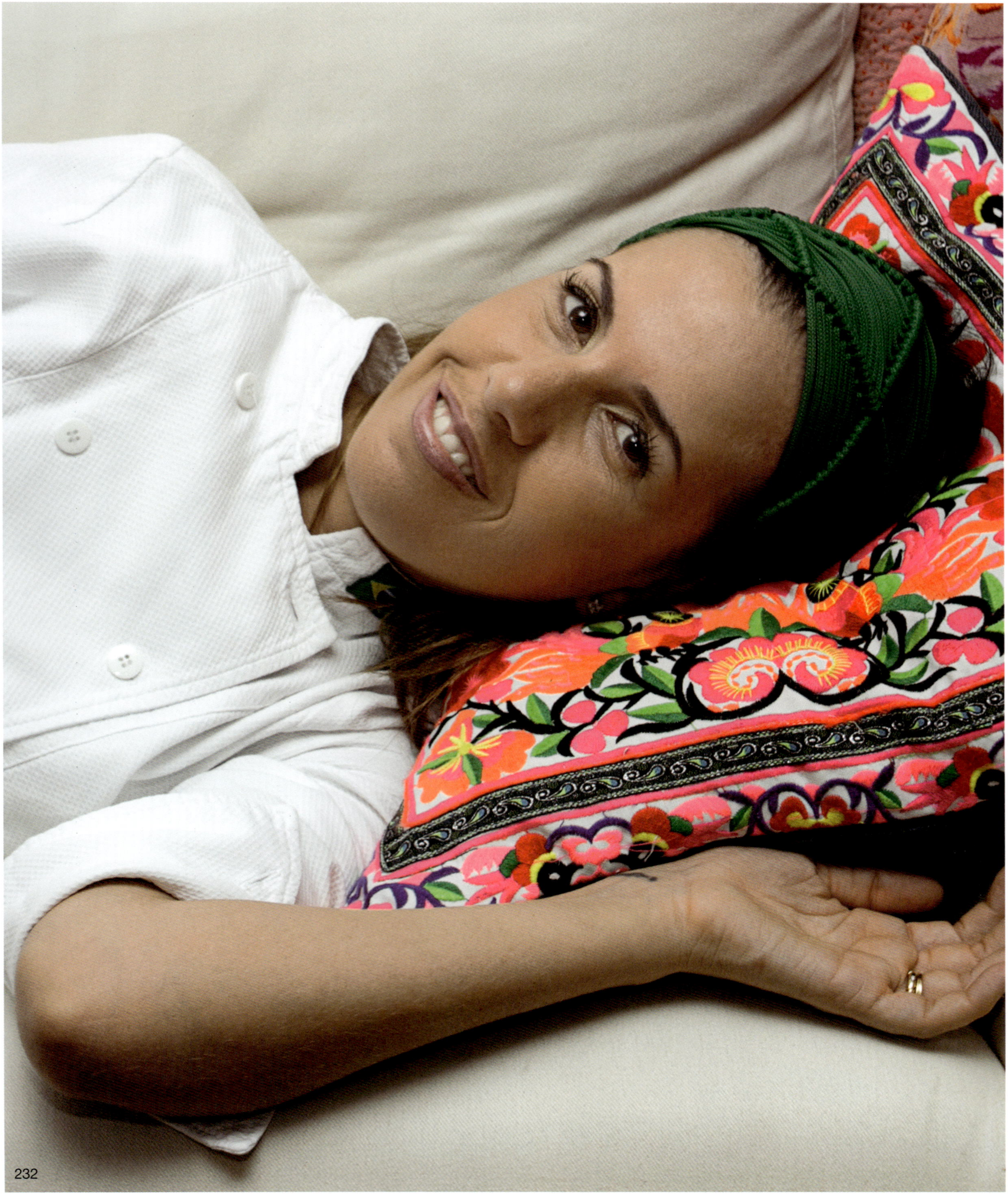

233

234

Moqueca de Arraia

receitas

Bolinho de Aipim com Queijo Serra da Canastra (50 bolinhos)
Ingredientes • *1 kg de aipim • 1 gema • 100 g de parmesão • Sal a gosto • 1 pitada de noz-moscada • 250 g de queijo Serra da Canastra • 1 litro de óleo* • **Preparo** • Descasque o aipim, embrulhe-o no papel-alumínio e asse por 1 hora, ou até que fique cozido. Passe o aipim, ainda quente, pelo espremedor de batata. Junte o sal, a noz-moscada, o parmesão e a gema. Amasse bem e, então, faça bolinhas e recheie-as com o queijo Serra da Canastra. Frite-as em óleo bem quente.

Moqueca de Arraia (4 porções)
Ingredientes • *1 kg de arraia • 30 ml de azeite • 1 limão-cravo • 20 g de azeite de dendê • 5 g de alho • 250 g de cebola • 250 g de pimentão-vermelho • 250 g de pimentão-amarelo • 250 g de banana-da-terra • 20 g de castanha-de-caju • 200 ml de leite de coco • 200 g de tomate em rodelas • Sal, pimenta dedo-de-moça, pimenta-do-reino, salsinha e coentro (a gosto)* • **Preparo** • Corte a arraia em filés e tempere-os com o azeite, o sal, as pimentas, o suco e as raspas do limão-cravo. Doure o alho no azeite de dendê, coloque a cebola e os pimentões em rodelas e refogue. Tempere com sal e acrescente as rodelas de banana e a castanha-de-caju. Junte os filés e cubra-os com o leite de coco. Tampe a panela por 10 minutos ou até os filés ficarem cozidos. Some as rodelas de tomate e finalize com salsinha ou coentro. Dica: tire um pouco do caldo e engrosse com uma colher de farinha de mandioca para fazer um pirão.

Farofa de Beiju (4 porções)
Ingredientes • *100 g de barquinhas de tapioca • 10 g de manteiga* • **Preparo** • Asse as barquinhas de tapioca com a manteiga e bata-as no liquidificador.

Crème Brûlée de Abóbora (10 porções)
Ingredientes • *1 kg de abóbora-pescoço • 300 g de açúcar • 200 g de coco fresco ralado • 10 gemas • 200 ml de creme de leite fresco* • **Preparo** • Cozinhe a abóbora com o açúcar e o coco. Bata no liquidificador até virar um creme bem pastoso. Junte as gemas peneiradas e o creme de leite fresco. Leve ao fogo em banho-maria até engrossar. Coloque em potinhos e leve à geladeira, por 3 horas. Polvilhe com açúcar e queime com maçarico. Dica: sirva com sorvete de coco.

Crème Brûlée de Abóbora

nina horta
in memoriam*

Numa de suas belas crônicas publicadas no caderno "Comida", da *Folha de S. Paulo*, Nina Horta comenta um problema contemporâneo que assola algumas mulheres famosas: "o medo de que alguém descubra que, na verdade, são farsantes, que não sabem nada daquele assunto que as projetou e querem morrer de vergonha por estarem se prestando àquele papelão".

A exemplo do trabalho da escritora Elizabeth David, na Inglaterra da década de 1950, Nina inaugurou o texto gastronômico literário no Brasil. Uma coletânea dos seus textos publicados está no livro *Não é Sopa*, da editora Companhia da Letras. Mas embora seja uma mulher pioneira e de grande sucesso profissional, Nina se mostra sempre modesta. "Foi a comida que me chamou a escrever, e escrevo sobre comida há 25 anos", conta. "Gostaria, sim, de ter tido tempo de me aperfeiçoar, de escrever bem." Nessa sua busca pela perfeição do texto, já era de se imaginar que seus ídolos (caso do memorialista Pedro Nava e de Mary Frances Kennedy Fisher) estivessem entre os escritores e não entre os cozinheiros.

No entanto, Nina começou mesmo como banqueteira, com o Buffet Ginger. Há duas décadas, a atenção em um restaurante se voltava para o serviço, para o maître. O cozinheiro não apresentava a posição de destaque que tem hoje. Por isso, os banqueteiros eram a bola da vez, no início da década de 1990. "É engraçado que hoje a banqueteira não é vista – nem procurada pela mídia – como chef, sendo que ela é", enfatiza. Talvez porque o bufê, comparado ao restaurante, possua certas limitações de escolhas. Uma delas é o fato de o cliente ver a festa como o dia que vai materializar um sonho. O dia em que não pode errar, em que deve agradar a todos, nem que seja

---

* Nina Horta faleceu em outubro de 2019. Como homenagem à chefe, mantivemos a redação original, pois ela segue viva em nossos corações.

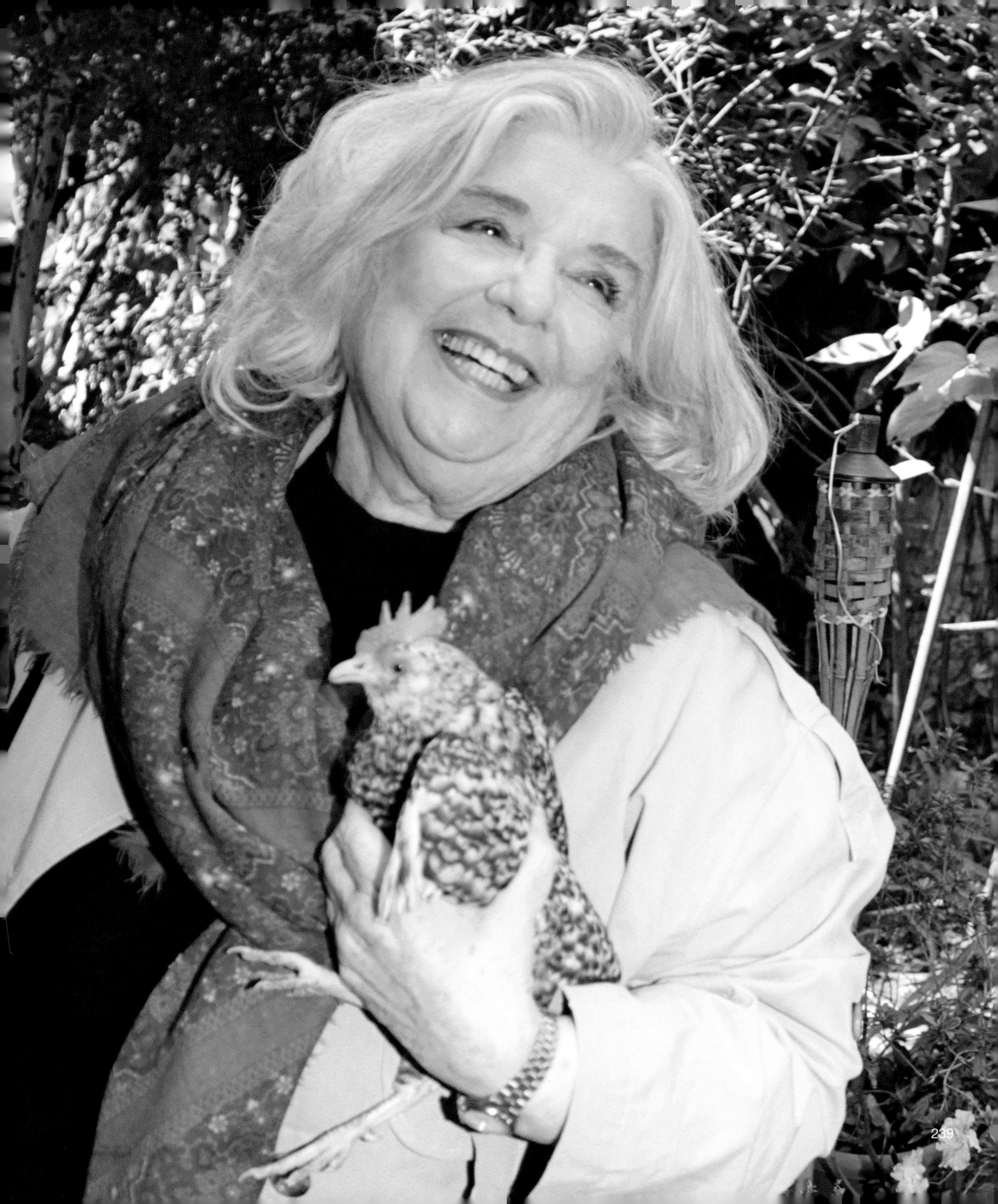

NA SUA CASA, NINA TEM LOUÇAS DOS MAIS VARIADOS ESTILOS, INCLUINDO ELEMENTOS GRACIOSOS DO KITSCH INGLÊS

nina horta

restringindo o cardápio aos pratos mais apreciados. "O porco, por exemplo, tão saboroso, acaba sendo injustiçado. Parece que só o nome já causa certa rejeição", brinca. Mas é aí que a criatividade do chef precisa funcionar mais ainda, não é mesmo? Sem se curvar a modismos, Nina empresta seu olhar contemporâneo às receitas. Que se somam às suas bases culinárias sólidas. Antes e quando ingressou no ramo dos bufês, recebeu importantes influências, como de sua célebre professora de culinária, Martha Kardos. Como Nina não sabia cozinhar, ao ficar noiva fez cursos com as professoras da época. Futuramente, foi a senhora austríaca a grande responsável por Nina ter fundado o Ginger.

"Uma vez convidei Dona Martha para um chá. Pois acredite que o bolo embatumou, o açúcar empedrou, o biscoito queimou. Tive que correr ao Santa Luzia e comprar tudo pronto", lembra, demonstrando como fica inibida em cozinhar para quem é mestre. Na sua cozinha, porém, incorpora receitas clássicas, brasileiras e ares asiáticos. Estes vieram de Meeta Ravindra, uma chef indiana radicada no Brasil. "Ela me iniciou nas mangas e jacas verdes para os chutneys, nas samosas, nos chapatis."

Para montar o menu dos sonhos de qualquer anfitrião, Nina conta com a parceria do chef Jhay Meneses, seu braço-direito. "Trabalhamos juntos há muitos anos. Eu com a 'livralhada' e as ideias. Ele, seguindo e conversando, 'indo contra e indo pró'", comenta. O gosto pela cozinha vem desde criança. "Quando vou pesquisar a memória de infância, imediatamente me aparecem mangueiras, goiabeiras e lambaris pescados em riachos da roça onde eu passava as férias de fim de ano", lembra.

Também surgem, como reminiscências, o Grapette e o cachorro-quente das férias de junho no Rio de Janeiro, a comidinha gostosa e repetitiva de casa, as balas de goma do empório e os sabores das casas de um bairro que se formava cheio de imigrantes. "Eram as alcachofras da Dona Herminia, o gefilte fish da Dona Judite, as balas de ovo de Dona Serafita, o pão com azeite e alho de Natália, a italianinha." Assim como sua própria mãe ajudava, fazendo picles, figos verdes recheados com nozes, empadinhas de camarão e galinha, além de frangos assados suculentos.

"Primeiro, veio a vontade de comer. Muito e muito depois, a de cozinhar, mas as duas estavam estreitamente ligadas", filosofa. Nesse sentido, o trabalho na cozinha do Ginger expressa, na prática, seu pensamento de que a arte culinária é a única que está presente em todos os momentos da vida. Para ela, a atividade envolve afeto, uma vez que pontua as comemorações de nascimento, casamento e funciona até em velórios.

nina horta

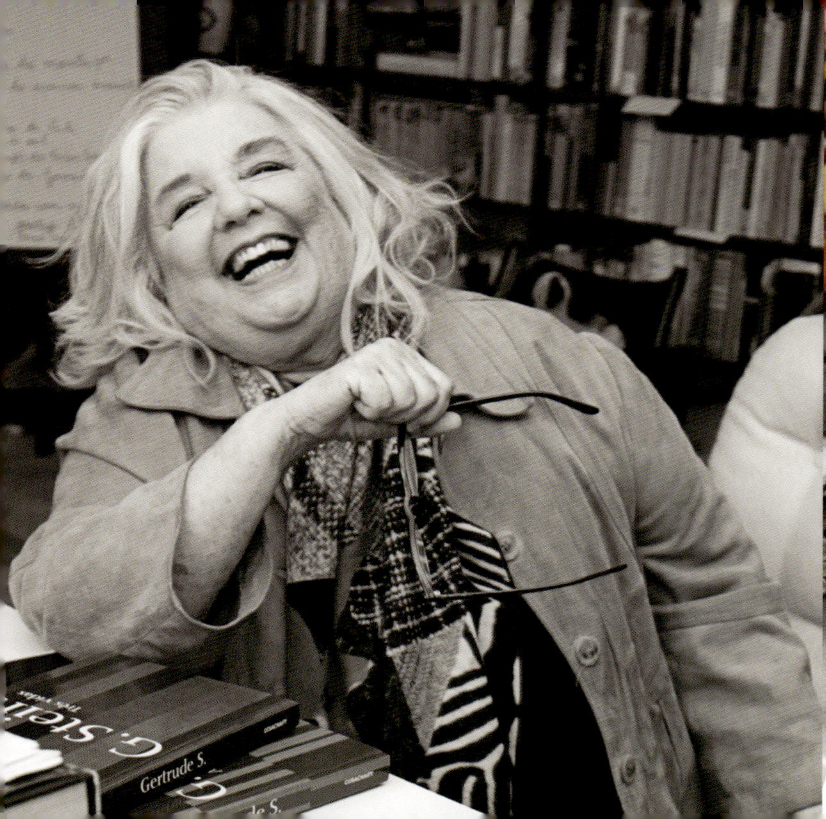
Gertrude S.

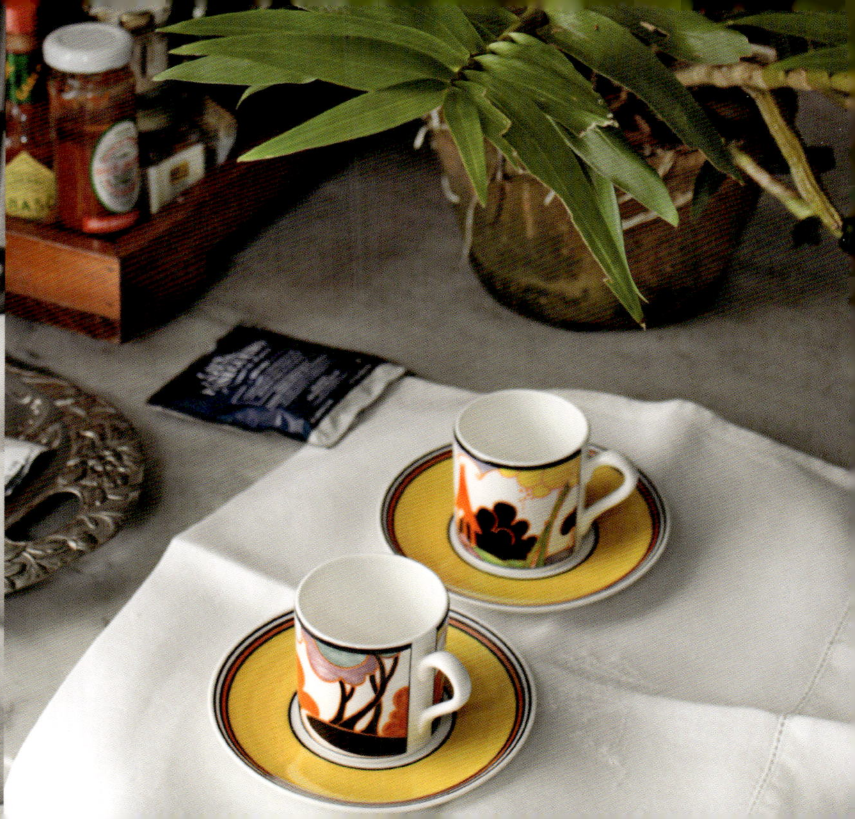

nina por **nina**

Como se formou cozinheira?
Não me considero uma cozinheira. Sou uma dona de buffet, afiada para fazer cardápios e provar comidas.

Qual o seu ingrediente favorito?
Sal.

Onde você mais gosta de cozinhar?
Em Paraty, onde tenho um sítio
e os ingredientes são os mais frescos possíveis.

Se você estiver sozinha, o que cozinha?
Se bater uma fome horrível, aí eu faço
uma berinjela ao forno.

Uma receita inesquecível?
Todas do Alain Chapel, que esteve no Brasil
e com quem tomei aulas. Foi aí que conheci
a perfeição e um perfeccionista.

Se você não fosse chef, o que seria?
Talvez fosse somente dona de casa.
Mas adoro escrever.

Um ídolo?
Pedro Nava e as duas cozinheiras-escritoras,
Elizabeth David e M. F. K. Fisher.

Um sonho?
Me enrodilhar na cama com um bom livro
é um pequeno desejo fácil de ser alcançado.

Quem estaria na sua mesa dos sonhos?
Um povo com muita fome e pouca fama.

Quem cozinharia?
Minha mãe, sem dúvida. Pagaria caro para comer
de novo o seu frango com quiabo, suas empadinhas
que desmanchavam na boca e seus mexidinhos.

245

Camarões com Arroz, Gengibre e Especiarias

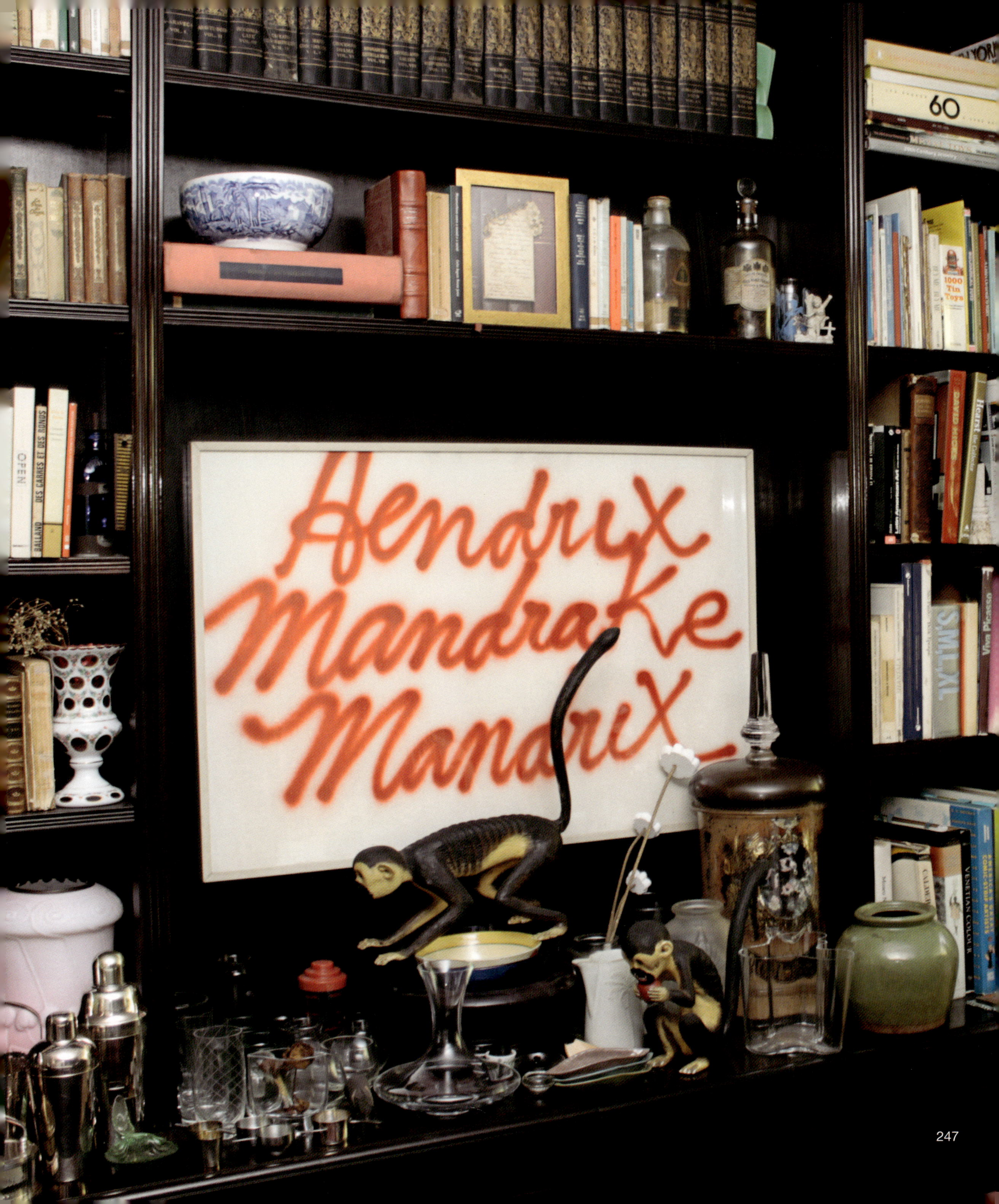
Hendrix
Mandrake
Mandrix
1000 Tin Toys
60
VENETIAN COLOUR

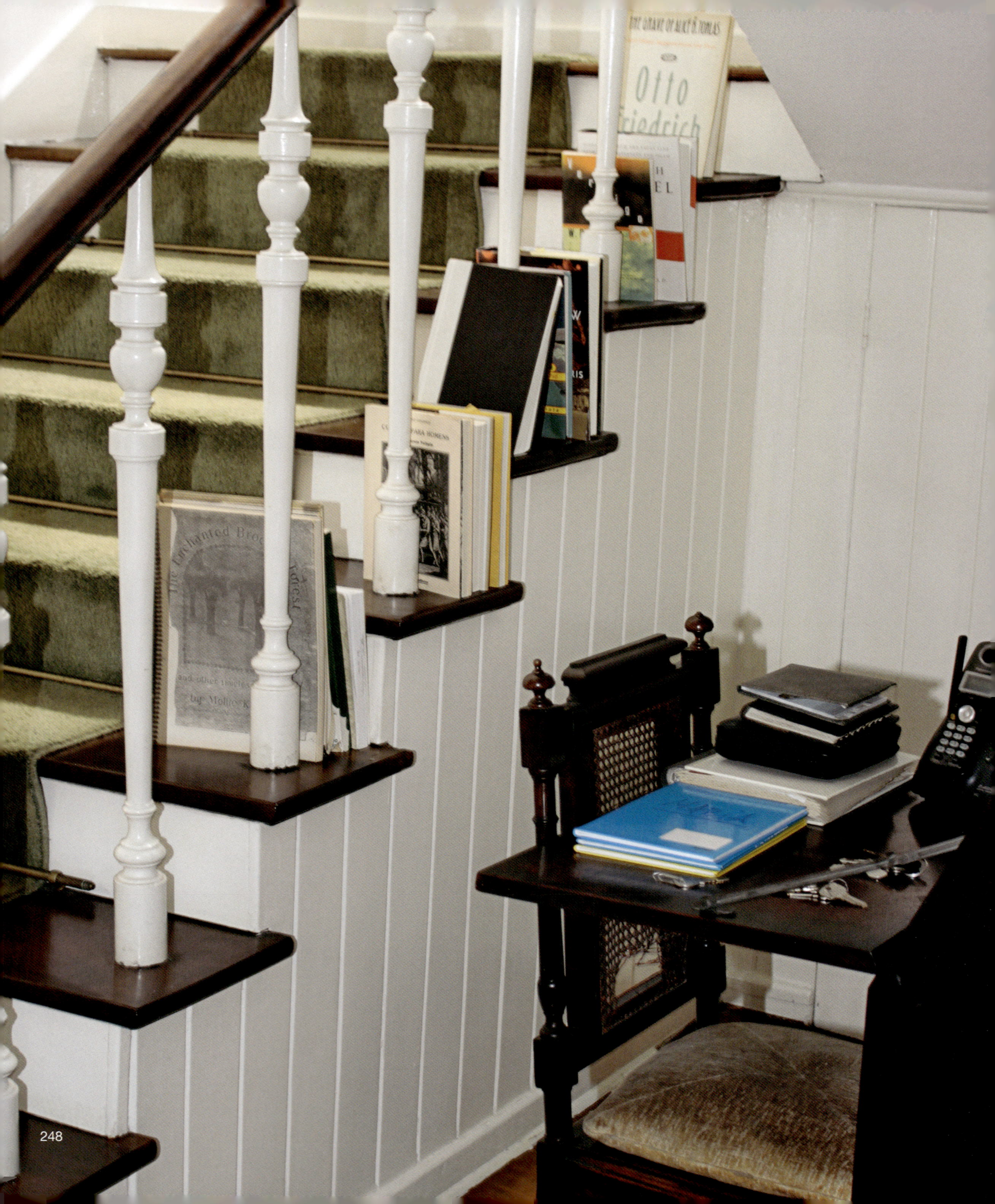
THE GRAVE OF ALICE B. TOKLAS
Otto
Friedrich

Paçoca de Carne com Ovo Caipira

receitas

Camarões com Arroz, Gengibre e Especiarias (3 porções)

Ingredientes • *1 kg de camarões graúdos (limpos)* • *Sal e pimenta a gosto* • *50 ml de azeite de oliva* • *50 g de manteiga* • *2 dentes de alho socados* • *1 colher (sopa) de gengibre ralado* • *1 colher (sopa) de sementes de mostarda* • *1 colher (sopa) de sementes de cominho (trituradas)* • *1 colher (sopa) de sementes de coentro (trituradas)* • *Suco de um limão* • *Salsinha a gosto* • *600 g de arroz branco (cozido)* • *Lascas de coco seco torradas (para decorar)* • **Preparo** • Tempere os camarões com o sal e a pimenta. Aqueça uma frigideira, coloque o azeite e a manteiga, o alho socado, o gengibre e as sementes. Distribua os camarões, um a um, refogue-os por 2 minutos de cada lado, mexendo sempre, com o fogo baixo para não queimar os temperos. Acrescente o suco de limão, a salsinha, acerte o sal e retire os camarões da frigideira. Imediatamente, refogue o arroz no caldo e nos temperos do camarão (na mesma frigideira). Sirva quentinho com os camarões por cima. Decore com lascas de coco seco (torradas).

Paçoca de Carne com Ovo Caipira (3 porções)

Ingredientes • *500 g de carne seca sem gordura (em cubos e dessalgada)* • *250 g de alcatra em cubos* • *120 g de bacon sem a pele (em cubos)* • *2 dentes de alho (amassados)* • *1 cebola picada* • *100 ml de óleo de milho* • *150 g de manteiga de garrafa* • *180 g de farinha de mandioca torrada* • *Pimenta moída (a gosto)* • *Sal (se precisar)* • *Salsinha a gosto* • *3 ovos fritos* • *Aro redondo para moldar* • **Preparo** • Numa panela, aqueça o óleo e frite a carne seca com a alcatra e o bacon até ficarem bem sequinhos. Acrescente a cebola e frite-a até dourar. Junte o alho, misture mais um pouco e espere esfriar. Bata tudo num processador com a farinha de mandioca, formando uma farofa fofa. Volte a mistura para a panela, verifique o sal e a pimenta, a manteiga de garrafa e a salsinha. Molde a paçoca num aro redondo, formando um medalhão. Com o mesmo aro, recorte as rebarbas dos ovos fritos para que fiquem do mesmo tamanho. Coloque os ovos sobre os medalhões e sirva.

Pérolas de Tapioca com Fava de Baunilha (4 porções)

Ingredientes • *200 g de tapioca (sagu)* • *1,5 litro de leite* • *0,5 litro de leite de coco* • *150 g de açúcar* • *1 pitada de sal* • *½ fava de baunilha* • **Preparo** • Leve o leite para ferver, junte as bolinhas de sagu, o açúcar e cozinhe por aproximadamente 40 minutos em fogo baixo, mexendo sempre para não grudar. Quando as bolinhas estiverem completamente transparentes, junte o leite de coco, a fava de baunilha cortada ao meio e ferva por mais 2 minutos. Sirva gelado, decorado com a fava de baunilha e, se quiser, raspinhas de limão-siciliano.

Pérolas de Tapioca com Fava de Baunilha

renata braune

Década de 1960, tempos áureos do Rio de Janeiro, a cidade fervilhando. Uma garotinha sapeca e gulosa acompanhava os pais pelos botecos. Pequenina, ela era colocada sobre um barril de madeira, onde ganhava um copo de Coca-Cola e croquetes, e ali ficava por horas, curtindo a movimentação, curtindo a baixa gastronomia. A infância feliz de Renata Braune também foi marcada pela farra de subir em árvores, jogar bolinhas de gude e, junto às primas, roubar os irresistíveis chuviscos (docinhos à base de ovos) da mesa do café da manhã e engatinhar para os adultos não notarem a peripécia. O período se completou com brincadeiras em Nova Friburgo, cidade fluminense onde a menina começou a passar os fins de semana após mudar-se para a capital paulista, aos 7 anos.

As mulheres da família de Renata – a mãe, as avós e as tias – cozinhavam com rigor e comiam com apreço. A menina não seguiu caminho muito distinto: aos 10 anos, ela já pedia camarões ao curry no extinto restaurante Paddock. Aos 15, cozinhava para os amigos em viagens de fim de semana e, desde que se conhece por gente, economizava a mesada para restaurantes e bares. "Os temperos e as especiarias, a pimenta, o agridoce, o perfume do limão e o aroma dos azeites sempre me encantaram", conta.

Apesar do encantamento, Renata acabou se formando em Pedagogia e trabalhando em escolas paulistanas. Não que a moça fosse uma professora frustrada, porém, aos 27 anos, teve sua chance de ouro. Uma amiga que conhecia sua habilidade na cozinha a indicou para ser a responsável pelo controle de qualidade do Grupo In Città, que reunia dois restaurantes e uma rotisserie na década de 1980.

Ao descobrir os bastidores de um restaurante, a novata constatou que o Brasil estava carente de cozinheiros profissionais. "Muitas casas funcionavam de forma amadora e eu, que vinha do meio acadêmico, não queria ser mais uma a trabalhar dessa maneira", conta. Seu destino, então, foi Paris. Um ano e meio na escola de cozinha

253

BORDEAUX CÔTES DE FRANCS
APPELLATION BORDEAUX CÔTES DE FRANCS CONTRÔLÉE
2004
Château le Puy
Expression Originale du Terroir
J P & P AMOREAU
VIGNERONS À SAINT-CIBARD - GIRONDE - FRANCE
Depuis 1610
de père en fils, ce vin est issu de cultures
et de vinifications naturelles
Certifié Ecocert sas F32600
Produit de France
CHATEAU

renata braune

mais famosa do mundo, a Le Cordon Bleu, rendeu uma base técnica sólida à chef. Mais que isso, ali, naquela cidade nevrálgica da gastronomia mundial, Renata passou por diversos estágios e trabalhos que contribuíram tanto para sua formação quanto para se aficionar ainda mais pela cultura francesa, incluindo a gastronomia e os vinhos. A relação com a pátria dos mais de 400 queijos ganhou laços que não deixaram de se fortalecer: três anos depois, Renata voltou a Paris para estudar confeitaria e panificação na renomada École Lenôtre, para estagiar na celebrada pâtisserie de luxo Fauchon e até trabalhar em um restaurante de pescados na Île de Pe. No Brasil, tornou-se expert em vinhos, com cursos na Sbav (Sociedade Brasileira de Amigos do Vinho) e na ABS (Associação Brasileira de Sommeliers) e, até hoje, quando possível, visita o país onde sonha ter um pedacinho de chão.

Em terras brasileiras, a jovem de cabelos castanhos e olhar profundo encontrou um bistrô recém-inaugurado por uma colega da Le Cordon Bleu, o Chef Rouge. Nesse cantinho da França em São Paulo, fincou seus pés por quase vinte anos e, ali, desenvolveu uma precisão característica na escolha e no preparo dos ingredientes. Em 2012, porém, decidiu mudar: "Senti que precisava reciclar minha vida um pouco. Estou chegando aos 50 e não gostaria de baixar o pique e de levar o restaurante junto. Mudar é importante para renovar, tanto a minha carreira como a imagem da casa", explica.

Parte de sua rotina não se alterou – Renata ministrou muitas aulas no Atelier Gourmand, reconhecida escola de gastronomia paulistana –, mas ela passou a ter tempo para assistir a filmes europeus e argentinos, o seu hobby preferido. E, sim, ainda pensando em novos projetos.

Ao lado de Carla Pernambuco e de Flávia Quaresma (outra colega da Le Cordon Bleu), Renata Braune foi desbravadora: uma das primeiras mulheres a atuar profissionalmente no mercado gastronômico do país. "Sempre adotei a postura de focar o serviço, fazer e mostrar que sei o que faço. E isso independe do sexo", defende.

Em quase três décadas na profissão, a chef viu a abertura do mercado brasileiro aos produtos importados, a evolução do consumo de vinhos, o crescimento da mão de obra especializada e o nascimento de uma nova geração de bons chefs brasileiros. Vê também que ainda há muito a melhorar. Vê que para escolher uma profissão, como a de chef de cozinha, é preciso "gostar, ter habilidade e dedicação, paciência e foco". Algo que sua trajetória conta "tijolo por tijolo num desenho lógico", mas também mágico e delicioso.

renata braune

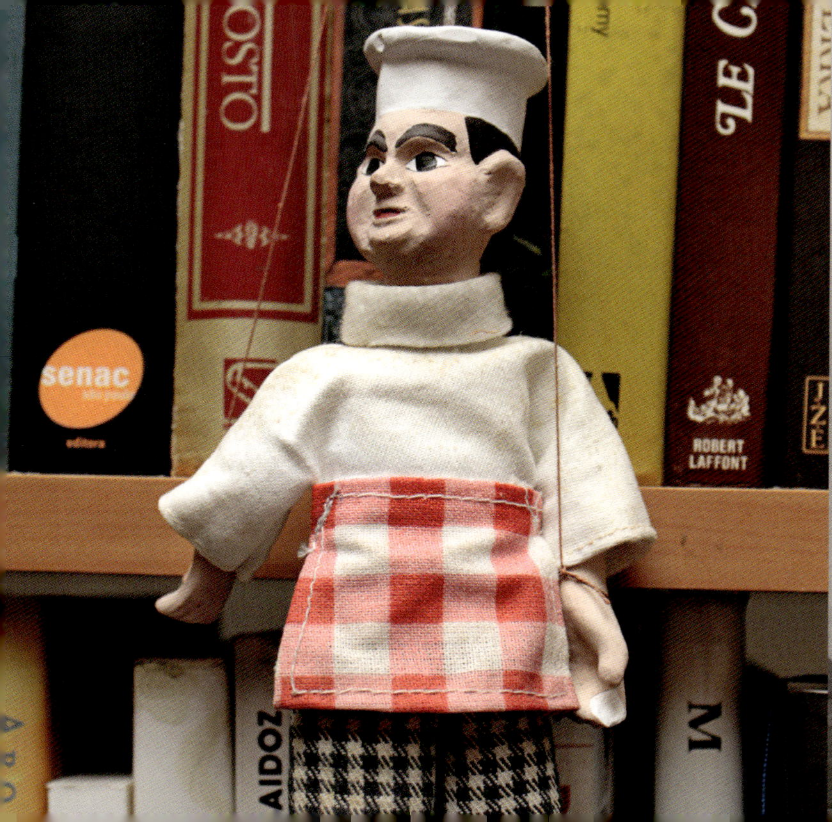
senac
ROBERT
LAFFONT

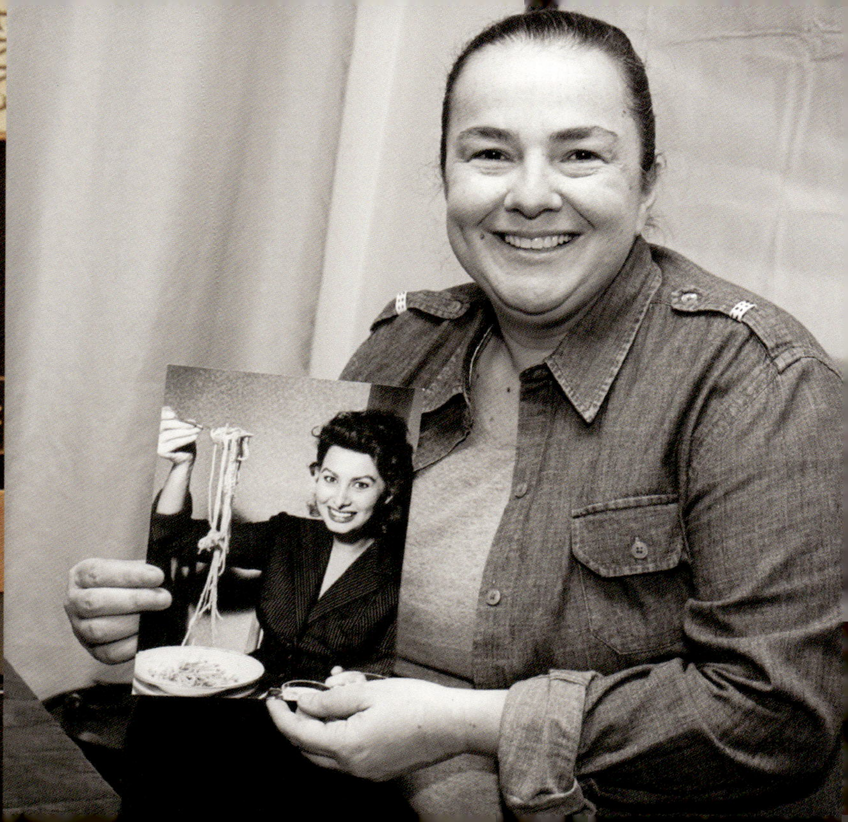

renata por renata

Como se formou cozinheira?
Estudando nas melhores escolas e trabalhando todo o tempo livre que tinha durante os cursos.

Qual o seu ingrediente favorito?
Cogumelos em geral.

Onde você mais gosta de cozinhar?
Adoro cozinhar fora do Brasil, como nos EUA, na França e na Itália, pela qualidade dos ingredientes.

Se você estiver sozinha, o que cozinha?
Legumes e champignons sautés com gengibre, óleo de gergelim e shoyu. Rápido, leve e delicioso.

Uma receita inesquecível?
O chuchu com camarão da minha mãe. Mas, infelizmente, estou alérgica a camarão e não posso mais comer.

Se você não fosse chef, o que seria?
Fotógrafa gastronômica.

Um ídolo?
Meus pais.

Um sonho?
Ter um *pied-à-terre* na França.

Quem estaria na sua mesa dos sonhos?
Alain Ducasse, Jean-Georges Vongerichten, Joël Robuchon, Alain Passard, Pierre Troisgros, Charlie Palmer, David Chang e outros que não me vêm à memória no momento.

Quem cozinharia?
Os corruptos, com certeza.

259

Carré de Vitela com Ervas e Limão-Siciliano

501 FILMES
SIMPLE TO SPECTACULAR
LE GRAND LIVRE DU PAIN
Brocante gourmande
LE GRAND LIVRE DES FRUITS ET LEGUMES
supersalades
COZINHANDO PARA AMIGOS
ALIMENTAÇÃO
VAMOS COMER
SAL
O SÍMBOLO PERDIDO
TRATTORIA
CARPACCIO
Dolce
potatoes
MUSHROOMS
CALIFORNIA
PORTUGAL
PARIS
ESPANHA
LE CHEF! A TOUJOURS RAISON
NOVA YORK
RESTAURANTS DE PARIS
ESCOLA DE COZINHA
Salad
Outdoor Cooking
DONA BENTA
1000 IDEES DE DECORS
SIMPLY FRENCH
The Century in Food
CLASSIC MEDITERRANEAN
SIETE FUEGOS
Café
GAUDI
Breads

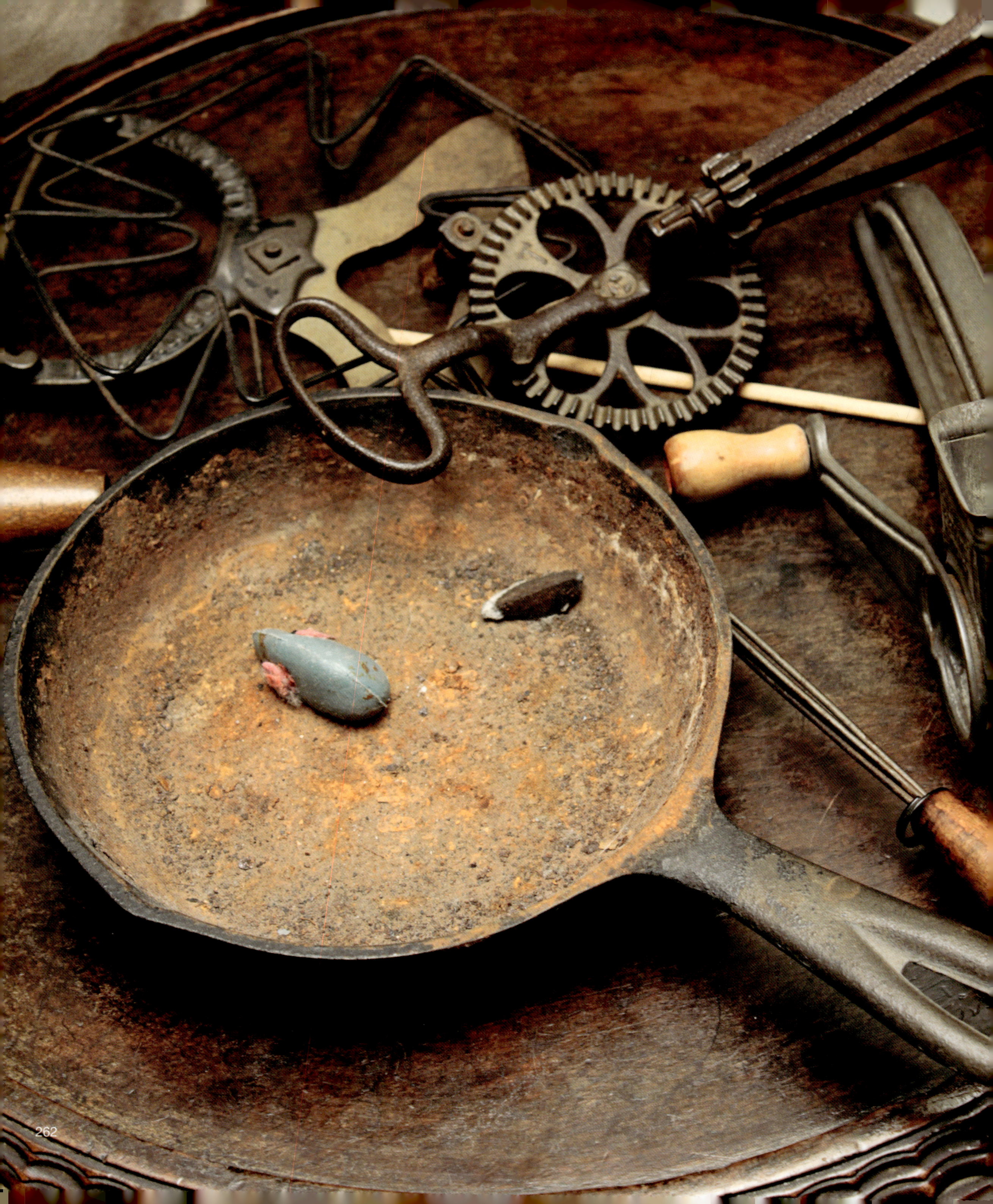

Polvo com Purê de
Abóbora e Tapenade

receitas

Carré de Vitela com Ervas e Limão-Siciliano (6 porções)
Ingredientes • *1 kg de carré de vitela • 1 limão-siciliano • Ramos de tomilho a gosto • 3 batatas • 80 g de manteiga • 30 ml de azeite • Sal marinho a gosto •* **Preparo** • Cortar o carré, deixando dois ossos aparentes em cada pedaço a ser servido. Temperar com sal, tomilho e raspas do limão-siciliano. Cortar a batata em cubos regulares e levá-los a uma frigideira com metade da manteiga, água até o meio da altura da panela, e uma pitada de sal. Deixar cozinhar, em fogo baixo, até que fiquem dourados e crocantes. Aquecer uma frigideira de ferro e grelhar a carne de ambos os lados. Reservá-la. Na mesma frigideira, colocar o suco do limão-siciliano, meio copo da água e deixar reduzir à metade. Acrescentar o restante da manteiga em pedaços, aos poucos, para engrossar o molho. Provar e acertar o sal. Voltar a carne para aquecer nesse molho. Dica: servir com aspargos frescos ou rúcula.

Polvo com Purê de Abóbora e Tapenade (6 porções)
Ingredientes • *1 polvo médio • 800 g de abóbora-pescoço • 1 dente de alho • 1 cebola pequena • 150 g de azeitonas pretas (sem caroço) • 100 ml de azeite • Sal marinho a gosto • 1 folha de louro •* **Preparo** • Levar o polvo à panela de pressão com uma cebola descascada, uma folha de louro e um copo d'água. Fechar a panela e deixar ferver até apitar. Nesse momento, desligar e deixar a panela esfriar totalmente. Então, abrir e remover os tentáculos do corpo do polvo. Descascar a abóbora, refogar com o alho, uma colher de azeite e uma pitada de sal. Adicionar um copo d'água e cozinhar, em uma panela fechada, até a abóbora ficar macia. Passar apenas a abóbora pelo processador, sem excesso de água. Picar as azeitonas e misturá-las com a metade do azeite. Colocar o restante do azeite em uma frigideira e grelhar os tentáculos do polvo rapidamente. Salpicar sal.

Creme de Queijo de Cabra com Crumble e Maçãs ao Porto (6 porções)
Ingredientes • **Creme** • *300 g de queijo boursin • 200 ml de creme de leite • 100 g de açúcar •* **Crumble de amêndoas** • *80 g de amêndoas em lâminas • 80 g de açúcar • 80 g de manteiga •* **Maçãs ao Porto** • *3 maçãs • 100 ml de vinho do Porto • 50 g de açúcar • 30 g de manteiga •* **Preparo** • **Creme** • Desmanchar o queijo com um garfo e bater com o açúcar e o creme de leite. Levar à geladeira até a hora de servir. • **Crumble de amêndoas** • Misturar a farinha, o açúcar e a manteiga com a ponta dos dedos como se fosse uma farofa. Adicionar as amêndoas. • **Maçãs ao Porto** • Tirar a casca das maçãs e cortá-las em lâminas. Levá-las para cozinhar, em fogo baixo, com o açúcar, a manteiga e o vinho do Porto. Adicionar meio copo d'água, para não secar a calda, e deixar engrossar.

Creme de Queijo de Cabra com Crumble e Maçãs ao Porto

renata vanzetto

Aos 9 anos, o que uma criança gosta de fazer? Brincar de pega-pega, esconde-esconde, pular corda, assistir a desenhos na TV? Renata Vanzetto era uma menina diferente. Sua diversão era fazer bolos, geleias e limonadas para vender aos amigos e vizinhos da rua onde morava, em Ilhabela, litoral de São Paulo. A garotinha, já talentosa, vivia agarrada à saia da avó, cozinheira de mão cheia. Ali, à beira do fogão, aprendeu suas primeiras receitas e muitas lições que trouxe para a vida adulta.

Dedicação, coragem e persistência são algumas das características dessa jovem chef, antiga proprietária da rede de restaurantes Marakuthai, em São Paulo e Ilhabela. Hoje, Renata já não guarda a ingenuidade da menina de outrora. Mas a intimidade com a química de transformar ingredientes dos mais diversos em pratos encantadores ganhou força e se consolidou com experiências mais profissionais.

A mãe de Renata, Silvia Camargo, é decoradora e dona de um espírito empreendedor – aliás, uma das heranças que a filha recebeu, junto a uma beleza ímpar. Na década de 1990, ela abriu na ilha o Kinkhao, um pequeno restaurante, em parceria com a sobrinha. Com apenas 13 anos, Renata era a responsável pelas entradinhas de toque tailandês da casa. Assim, dava início à sua carreira profissional.

A infância no litoral e o gosto por pimentas atraía a pequena mestre-cuca às receitas originadas na Tailândia. Com pratos delicados e saborosos, Renata foi conquistando a atenção dos gourmets da ilha. Em pouco tempo, ganhou um concurso de chef amador e, depois, o de Melhor Chef de Ilhabela, aos 16 anos. Aos 17, resolveu partir para a Europa para aprender técnicas de cozinha. Conseguiu estágios na Brasserie Les Varietés, em Saint-Rémy, sul da França, e no restaurante Villaurrutia, em Tarragona, no nordeste da Espanha. "Lembro-me de passar dias e dias apenas cortando batatas,

267

268

renata vanzetto

mas aprendi muito", conta. Lá, na dura rotina de restaurantes renomados, cujos chefs eram bastante exigentes, Renata ganhou algumas das queimaduras e cortes que deixaram marcas em suas mãos e braços.

Ao retornar ao Brasil, em 2007, abriu o Marakuthai (ao lado do Yacht Club de Ilhabela), restaurante contemporâneo de sotaque tailandês, bem em frente à praia, que só fez reforçar a fama que a garota já tinha na ilha. Em 2008, Renata percebeu que estava no caminho certo quando conquistou o prêmio de Chef Revelação do Brasil pelo *Guia Quatro Rodas*, da Editora Abril. "Foi uma grande surpresa!", lembra. Esse era o impulso que faltava para subir a serra.

Em 2009, inaugurou então uma filial do Marakuthai no badalado bairro dos Jardins, em São Paulo. Com um trabalho bastante elogiado e reconhecido pela crítica e pelo público, a unidade paulistana rendeu a ela prêmios, como: Chef Revelação do Casa Boa Mesa (2010); Melhor Restaurante Novo (2010), segundo a revista *Época*; e o de Melhor Restaurante Contemporâneo (2011), segundo a revista *Go Where*. Em 2012, outro reconhecimento. Renata Vanzetto foi indicada como Chef Revelação da edição *Comer & Beber 2012*, da *Veja São Paulo*.

Mais que prêmios, a experiência em um mercado competitivo como o da capital paulista – com o agravante de estar no mesmo bairro de alguns dos melhores restaurantes do país – trouxe maturidade. "Muitas vezes, me peguei chorando ao ler críticas negativas. Hoje, isso já não me preocupa", explica. "Quero oferecer uma cozinha com alma, cor, sabor, é isso que me move", diz.

Apesar do sucesso já alcançado, a inquietude da jovem profissional fala sempre mais alto. Em 2011, Renata foi a primeira chef brasileira a conseguir um estágio no restaurante dinamarquês Noma, de René Redzepi, em Copenhague, considerado por três anos consecutivos o melhor restaurante do mundo. E, além dos dois restaurantes (nos quais coordenava uma equipe de cinquenta funcionários), a chef comandava uma linha de produtos e temperos para levar para casa, outra de decoração e também um bar, o MeGusta Ceviche e Pisco, em Ilhabela.

renata vanzetto

TEA

renata por
renata

Como se formou cozinheira?
Tomei gosto vendo minha avó cozinhar.

Qual o seu ingrediente favorito?
Pimenta.

Onde você mais gosta de cozinhar?
Na Ilhabela, na casa dos meus amigos.

Se você estiver sozinha, o que cozinha?
Salada, sempre!

Uma receita inesquecível?
Um gel de mandioquinha que comi, do Alex Atala.

Se você não fosse chef, o que seria?
Pintora.

Um ídolo?
René Redzepi, do Noma.

Um sonho?
Ter um restaurante no meio do mato, com criação de galinha, horta orgânica, produção de queijos...

Quem estaria na sua mesa dos sonhos?
Minha família inteirinha, que não é pequena.

Quem cozinharia?
Minha avó, minha eterna inspiração.

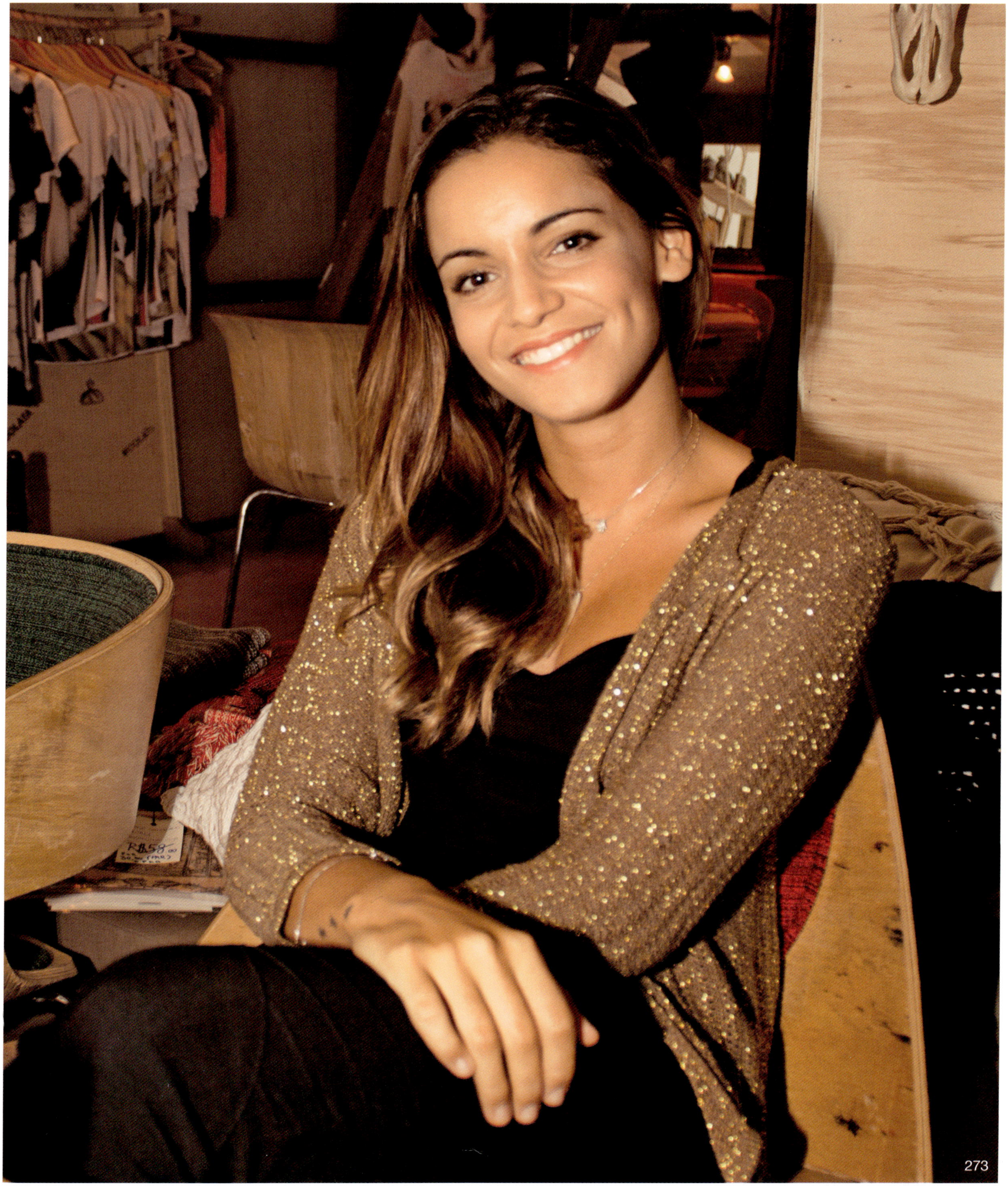

Peixe com Curry Verde, Folha de Limão e Capim-Santo

275

276

Yala – Cubinhos de Peixe Branco Marinado na Tangerina e Limão-Cravo

receitas

Peixe com Curry Verde, Folha de Limão e Capim-Santo (1 porção)
Ingredientes • *50 g de cebola-branca picada • 25 g de manteiga • 15 g de pasta de curry verde • 300 ml de leite de coco • 1 unidade de folha de limão • 1 unidade de capim-santo • ¼ de limão-siciliano com casca • 180 g de filé de pescada amarela (em cubos médios) • Sal a gosto* • **Preparo** • Sue a cebola na manteiga. Acrescente a pasta de curry e dissolva-a juntamente com o leite de coco. Adicione a folha de limão, o capim-santo, o limão-siciliano e deixe cozinhar até soltar o aroma. Acrescente o peixe e deixe-o cozinhar por 10 minutos. Finalize com sal a gosto.

Yala – Cubinhos de Peixe Branco Marinado na Tangerina e Limão-Cravo (2 porções)
Ingredientes • *200 g de filé de peixe branco (namorado) cortado em cubinhos • Suco de 1 limão-siciliano • Suco de 1 limão-cravo • Suco de 1 limão-taiti • Suco de 1 laranja • Suco de 1 mexerica • 1 colher (chá) de pimenta dedo-de-moça picadinha • 1 colher (chá) de gengibre picadinho • 1 punhado de cebolinha picada • 1 cebola-roxa picada bem fina (em meia lua) • 100 g de tomates-cereja (cortados ao meio) • Sal e azeite a gosto* • **Preparo** • Coloque o peixe e todos os ingredientes em um bowl e misture-os. Deixe a mistura curtindo por cerca de 30 minutos, e está pronto. Sirva com folhas.

Praia de Santa Teresa (4 porções)
Ingredientes • **Creme** • *300 g de leite condensado • 225 g de creme de leite sem soro • 150 ml de iogurte natural • ½ pote de cream cheese* • **Calda** • *100 g de framboesa • 18 blueberries • 40 g de açúcar • 40 g de água* • **Tuille** • *30g de farinha de trigo • 20 g de farinha de amêndoas • 20 g de açúcar • 2 claras de ovo • 20 g de manteiga* • **Preparo** • **Creme** • Cozinhe o leite condensado com o creme de leite até o ponto de brigadeiro, e deixe-o esfriar. Misture o iogurte e o cream cheese. Passe o creme na peneira e ponha-o para gelar. • **Calda** • Coloque tudo em uma panela e leve ao fogo para reduzir. • **Tuille** • Misture todos os ingredientes e, em uma assadeira de silicone, desenhe gotas finas com uma colher. Asse-as até que estejam douradas. • **Finalização** • Com um aro em um prato, coloque o creme, a calda, a tuille e decore com morangos e hortelã.

Praia de Santa Teresa

roberta sudbrack

Não é glamourosa, é dura, muito dura a rotina da cozinha de um restaurante movimentado.

Aperto, altas temperaturas, pressão para soltar os pratos rapidamente, clientes exigentes e famosos no salão... Mesmo assim, Roberta Sudbrack consegue ter humor para tuitar frases divertidas ou responder a dúvidas gastronômicas enquanto está preparando os menus-degustação de sua casa, instalada no Rio de Janeiro.

Ela é considerada uma das melhores chefs do Brasil. Mais de 100 mil apreciadores da boa gastronomia a seguem no Twitter. Eles querem saber sua opinião sobre as gourmandises, sobre suas últimas novidades e se deixam levar pela descontração que a cozinheira transmite de forma tão espontânea. Gaúcha de Porto Alegre, mas crescida em Brasília, ela tem dois cachorros (Fred e Theo), uma scooter e leva a vida assim, de forma alegre, sincera.

Sua popularidade cresceu consideravelmente após aportar no Palácio da Alvorada, na era Fernando Henrique Cardoso: ela foi a primeira mulher a assumir o cargo de chef da residência presidencial. O convite surgiu como resultado de um trabalho consistente que desenvolvia em jantares para pequenos grupos, como personal chef. O ex-presidente e sua esposa ficaram encantados com a cozinha autoral de Roberta, mas queriam alguém que também topasse fazer um arroz com feijão caprichado no dia a dia. Roberta cozinhava sem frescuras, sem a pretensão de ser chique. Exceto quando recebia alguma autoridade ou chefe de Estado de outro país. Aí, sim, mostrava todo o seu arsenal para evitar o estopim de hecatombes à mesa. É o que a chef define como "gastronomia diplomática". E não é que ela exerça essa diplomacia como ninguém? Seus jantares eram sucesso de público, mesmo entre os reis, presidentes e ministros mais exigentes, de paladares mais inusitados ou com restrições alimentares, como a primeira-dama da Índia, que preferiu um jantar vegetariano.

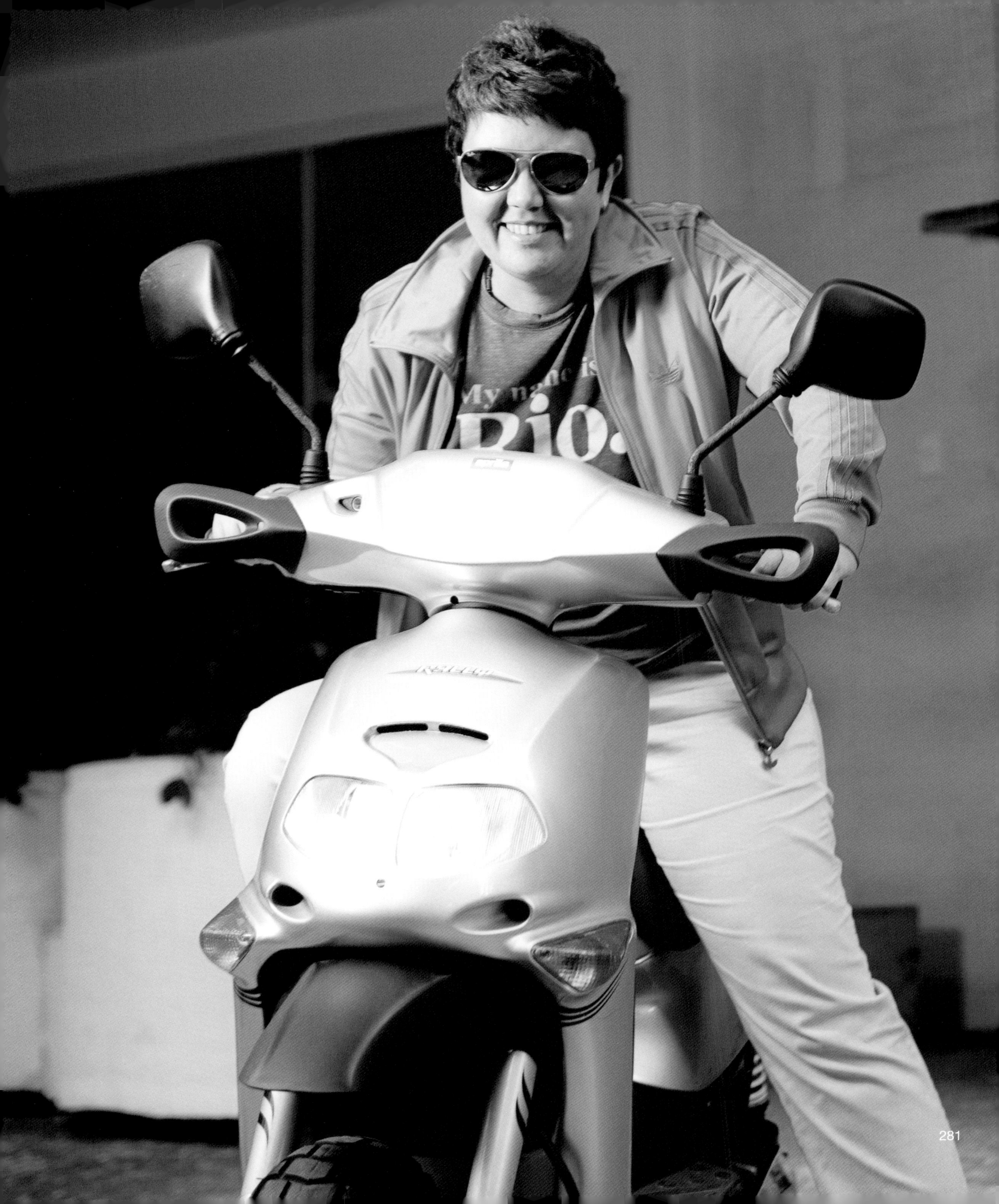

ROBERTA, THEO E FRED

roberta sudbrack

Vale dizer que a talentosa Roberta é autodidata. Desde cedo, preferia os livros de receita às histórias em quadrinhos. A avó, cozinheira de mão cheia que a criou, sempre foi uma inspiração. Quando precisou morar fora para estudar Veterinária foi obrigada, pela primeira vez, a preparar a sua comida – o que foi uma descoberta! "Fui percebendo que tinha vindo ao mundo para isso, e não fazia sentido ignorar essa sensação. Não foi fácil, mas faria tudo outra vez." Para a chef, essa experiência muito particular de buscar sozinha (e com obstinação) seus conhecimentos permitiu o desenvolvimento de métodos e técnicas próprios. E as técnicas, em parceria com a emoção que o ofício desperta, sempre balizaram o seu trabalho. Hoje, seu processo criativo recebe influências variadas, incluindo as manifestações artísticas ao seu redor: um romance lido recentemente, um espetáculo de balé ou uma exposição, uma peça ou um filme, uma música, ou simplesmente uma cena vista da janela da sua cozinha no Jardim Botânico. Em contrapartida, sua forma simples de ver a vida faz com que a chef valorize o melhor momento de um produto. "Para mim, os ingredientes, todos eles, possuem possibilidades que muitas vezes não estão óbvias. Então, reflito sobre isso para chegar a um resultado que seja interessante, mas que, acima de tudo, não os mascare ou os transforme em outra coisa. Não quero começar a trabalhar com um quiabo, ou um chuchu, e terminar com pó de alguma coisa ou espuma de outra", explica. Curiosamente, Mario Quintana, um de seus poetas preferidos, faz uma ode a esse tipo de autenticidade em *Tenta Esquecer-me*: "Tenta esquecer-me… Ser lembrado é como evocar um fantasma… Deixa-me ser o que sou. O que sempre fui, um rio que vai fluindo…".

Com essa forma livre e leve de tocar a vida, desde 2005, quando abriu as portas, o RS recebeu críticas bastante positivas: prêmios de melhor restaurante, melhor chef, melhor cozinha contemporânea do Rio de Janeiro, entre outros. Sem contar sua atuação internacional. Na edição de 2013 do "The World's 50 Best Restaurants" (o mais importante prêmio da gastronomia mundial), a casa carioca estava entre os três restaurantes brasileiros selecionados num total de 100 estabelecimentos, conquistando o 80º lugar e, em 2015, passou a integrar o Guia Michelin com 1 estrela.

Sim, os prêmios são importantes para a chef, mas ela é muito pé no chão: "Ver o trabalho ser reconhecido e respeitado de maneira tão intensa é incrível e até um pouco assustador. Mas, ao mesmo tempo em que tudo isso acontece, a vida continua, o batente é pesado, a rotina não perdoa, e o mais importante: somos as mesmas pessoas, solitárias e malucas na busca obstinada pela excelência. Amanhã, o jornal de hoje estará apenas embrulhando o peixe!".

roberta por **roberta**

Como se formou cozinheira?
Consumindo todos os livros que pude adquirir. Praticando, praticando, praticando. Valorizando a essência e a procedência dos alimentos.

Qual o seu ingrediente favorito?
Aqueles que povoam o nosso cotidiano culinário e que ninguém dá muita importância justamente porque estão sempre lá.

Onde você mais gosta de cozinhar?
No RS.

Se você estiver sozinha, o que cozinha?
Seria mais provável fazer um sanduíche. Mas, se eu tivesse que cozinhar, provavelmente faria massa com pomodoro e basílico.

Uma receita inesquecível?
Frango ensopado com polenta mole da Vó Iracema.

Se você não fosse chef, o que seria?
Infeliz.

Um ídolo?
Antonin Carême.

Um sonho?
Aguentar o tranco da cozinha por mais tempo que imagino que aguentaria.

Quem estaria na sua mesa dos sonhos?
Os Amores.

Quem cozinharia?
Eu, oras!

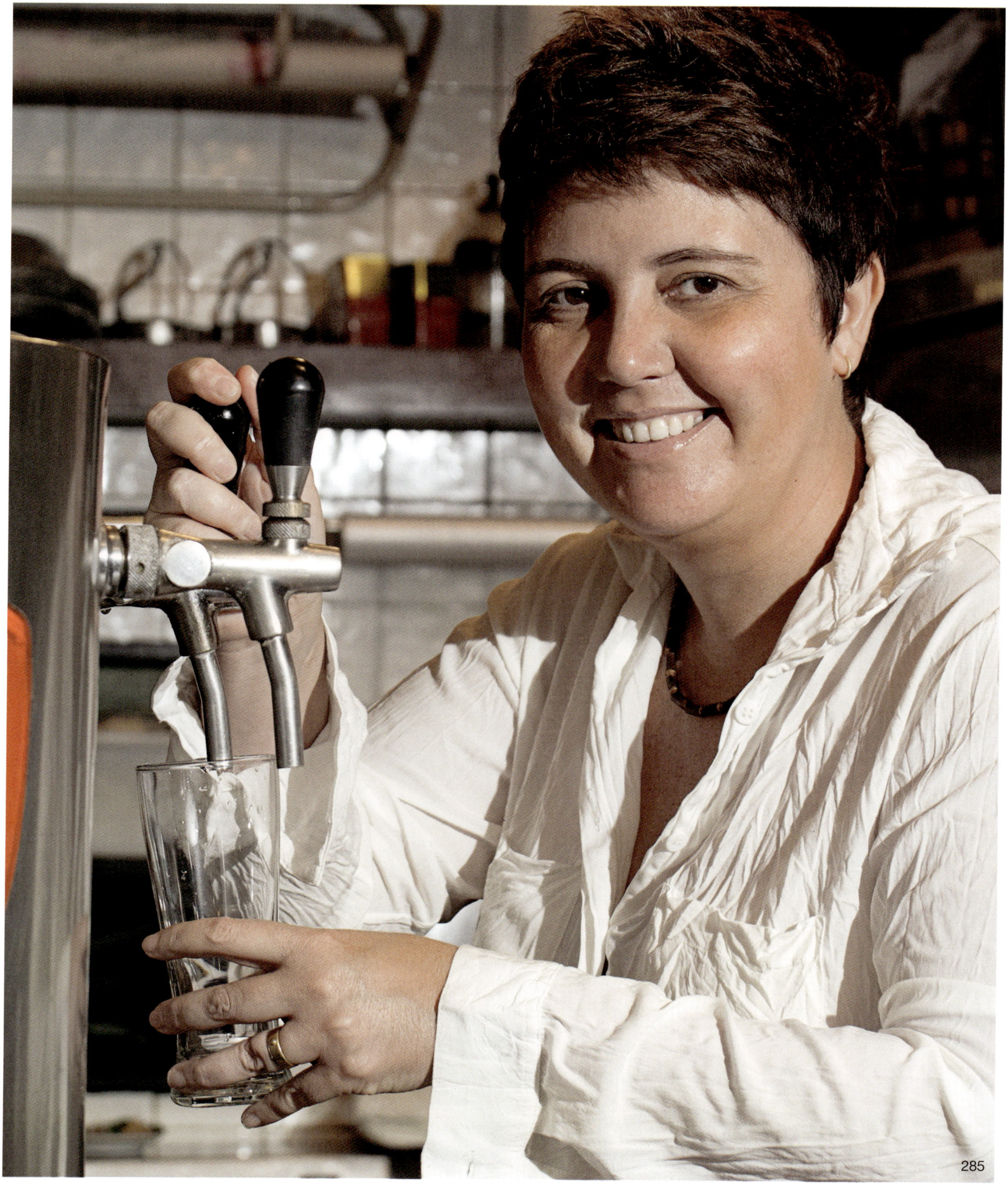

Tartare de Abóbora

Quiabo Defumado em Camarão Semicozido

receitas

Tartare de Abóbora (8 porções)

Ingredientes • *200 g de abóbora madura* • *½ cebola em fatias finas* • *2 colheres (sopa) de passas pretas (sem caroço)* • *1 colher (sopa) de gengibre fresco (ralado)* • *1 colher (sopa) de gengibre em conserva* • *½ xícara (chá) de vinagre de arroz* • *1 colher (sopa) de açúcar mascavo* • *Azeite de oliva extravirgem (a gosto)* • *Sementes de abóbora sem casca (a gosto)* • *Sal e pimenta-do-reino moída na hora (a gosto)* • **Preparo** • Corte as abóboras e as passas em pequenos cubos. Em uma panela, adicione o vinagre de arroz e o açúcar mascavo. Aqueça por alguns minutos, até que tome a aparência de um xarope ligeiramente concentrado. Misture esse xarope à abóbora crua, acrescente as passas e os gengibres. Reserve. Doure ligeiramente a cebola fatiada em duas colheres de sopa de azeite. Misture a cebola dourada com a abóbora, tempere com o sal, pimenta e azeite. Deixe descansar, por pelo menos 2 horas, na geladeira. Sirva com as sementes de abóbora levemente aquecidas.

Quiabo Defumado em Camarão Semicozido (8 porções)

Ingredientes • *8 quiabos* • *20 g de sementes de quiabo* • *2 filés de tomates bem firmes (sem pele e sem sementes)* • *Mistura japonesa de pimentas secas a gosto (tipo shichimi-togarashi)* • *Azeite de oliva extravirgem de baixa acidez (a gosto)* • *16 camarões grandes (extremamente frescos)* • *Sal marinho a gosto* • *Uma pitada de açúcar refinado* • *Flor de sal a gosto* • *Pimenta-do-reino moída na hora (a gosto)* • **Preparo** • Grelhe os quiabos em frigideira quente ou numa grelha, com um fio de azeite, até ficarem ligeiramente chamuscados. Abra-os ao meio, no sentido do comprimento. Retire todas as sementes (e reserve-as) e fibras com cuidado para não danificar as sementes. Leve esses "filés" à geladeira. Limpe e retire as cascas dos camarões. Branqueie-os rapidamente em água fervente com sal, apenas por alguns segundos, até mudarem de cor. Mergulhe-os imediatamente em um banho de água e gelo para parar o cozimento e manter a textura desejada. Fatie os camarões com a ajuda de uma faca afiada, ou em uma máquina de cortar frios, no sentido do comprimento, em lâminas muito finas. Disponha as lâminas bem esticadas em uma folha de papel-manteiga. Tempere-as com sal, açúcar, pimenta-do-reino moída na hora e um fio de azeite. Recheie os filés de quiabo com as lâminas de camarão e mantenha-os refrigerados. Faça com os tomates o mesmo que com os quiabos. Depois, corte-os em cubos no tamanho de ovas de salmão. Mantenha-os bem gelados. Tempere as sementes de quiabo com sal, açúcar e um fio de azeite. • **Montagem** • No fundo dos pratos, disponha um pouco dos cubinhos, ou ovas de tomate, as sementes do quiabo e a pimenta-japonesa. Regue delicadamente com azeite de oliva de baixa acidez. Corte os quiabos ao meio e acondicione as duas metades em pé, no meio do prato. Finalize com um pouco mais de sementes de quiabo e pedrinhas de flor de sal. Sirva bem gelado.

Curau, Pele de Banana e Caviar (8 porções)

Ingredientes • *3 espigas de milho orgânico bem branquinho* • *30 ml de leite integral* • *30 g de manteiga sem sal (gelada)* • *Gotinhas de limão* • *10 bananas-ouro maduras* • *Caviar (a gosto)* • *30 g de açúcar refinado* • *1 pitada de sal* • **Preparo** • Para o curau, lave e debulhe o milho. Numa panela pequena, acrescente 10 g de manteiga e o milho. Junte o leite, o sal e o açúcar. Cozinhe o milho até ficar macio e, então, leve-o ao multiprocessador. Aos poucos, acrescente o resto da manteiga e processe ligeiramente. Reserve. Para a pele, amasse 6 bananas descascadas e passe-as por uma peneira de plástico. Adicione gotinhas de limão, para evitar a oxidação. Com uma espátula, espalhe finas camadas da mistura numa folha de silicone (silpat). Asse-as em forno preaquecido a 180 °C, por 5 minutos, ou até que estejam bem secas. Retire-as da folha (ainda quentes) e mantenha-as em recipiente hermeticamente fechado. Para a farinha, descasque e corte as bananas restantes em rodelas de aproximadamente 0,5 cm de espessura e coloque-as lado a lado sobre uma folha de silicone (silpat). Polvilhe cada uma com uma camada fina de açúcar e leve ao forno a 130 °C, por 2 ou 3 horas, ou até obter pequenas pastilhas desidratadas de cor marrom-escuro. Deixe-as esfriar e bata no processador até obter um pó semelhante ao de café. Reserve em recipiente hermeticamente fechado. • **Finalização** • Disponha um pouco de curau morno no fundo do prato, o caviar e a pele de banana. Polvilhe com a farinha de banana e sirva.

Curau, Pele de Banana e Caviar

silvia percussi

Entre uma receita caseira e outra, a jovem paulistana Silvia Percussi formou-se em Desenho Industrial na Universidade Presbiteriana Mackenzie. Tornou-se decoradora, desenhou móveis, pintou louças e quadros. Até que, em 1988, aos 24 anos, notou que não fugiria do negócio – nem dos genes – da família: "Meu irmão Lamberto assumiu o restaurante e me encarregou da comida e da decoração. Decoração eu dominava, mas a cozinha profissional era um mundo completamente novo".

Seus pais, Luciano e Maria Grazia Percussi, fundaram a Vinheria Percussi, em São Paulo, em 1985. A proposta era simples: um lugar para combinar bons vinhos a refeições frugais, compostas por quiches, sanduíches e saladas. Um espaço que contrastava com um Brasil ainda fechado a importações e imaturo gastronomicamente, e que levava o vinho tão a sério que chegou a proibir a venda de refrigerantes ou cervejas.

"Os italianos têm uma relação de adoração com a comida. Em casa, comíamos os pratos que meus pais cresceram comendo na Ligúria." Nesse contexto, picar cebolas, dourar um arroz para risoto e acompanhar a escolha do vinho para o jantar eram atividades corriqueiras. Ainda assim, as refeições dos Percussi eram lendárias – pelo menos entre os amigos brasileiros que "achavam tudo aquilo chique e novo, enquanto eu e meu irmão só queríamos comer arroz, feijão, bife e batata frita".

A bem da verdade, Silvia queria provar e aprender as receitas que não conhecia. Aos 10 anos, por exemplo, recriou os biscoitos de nata de uma amiga da escola. "No colegial, provei cozido mineiro na casa de uma amiga e nunca mais esqueci. Levava abóbora, repolho, carnes e era servido com o pirão feito do caldo do cozimento. Como não tinha em casa, aprendi a fazer", conta.

SILVIA E SEU FUNGHI PORCINI

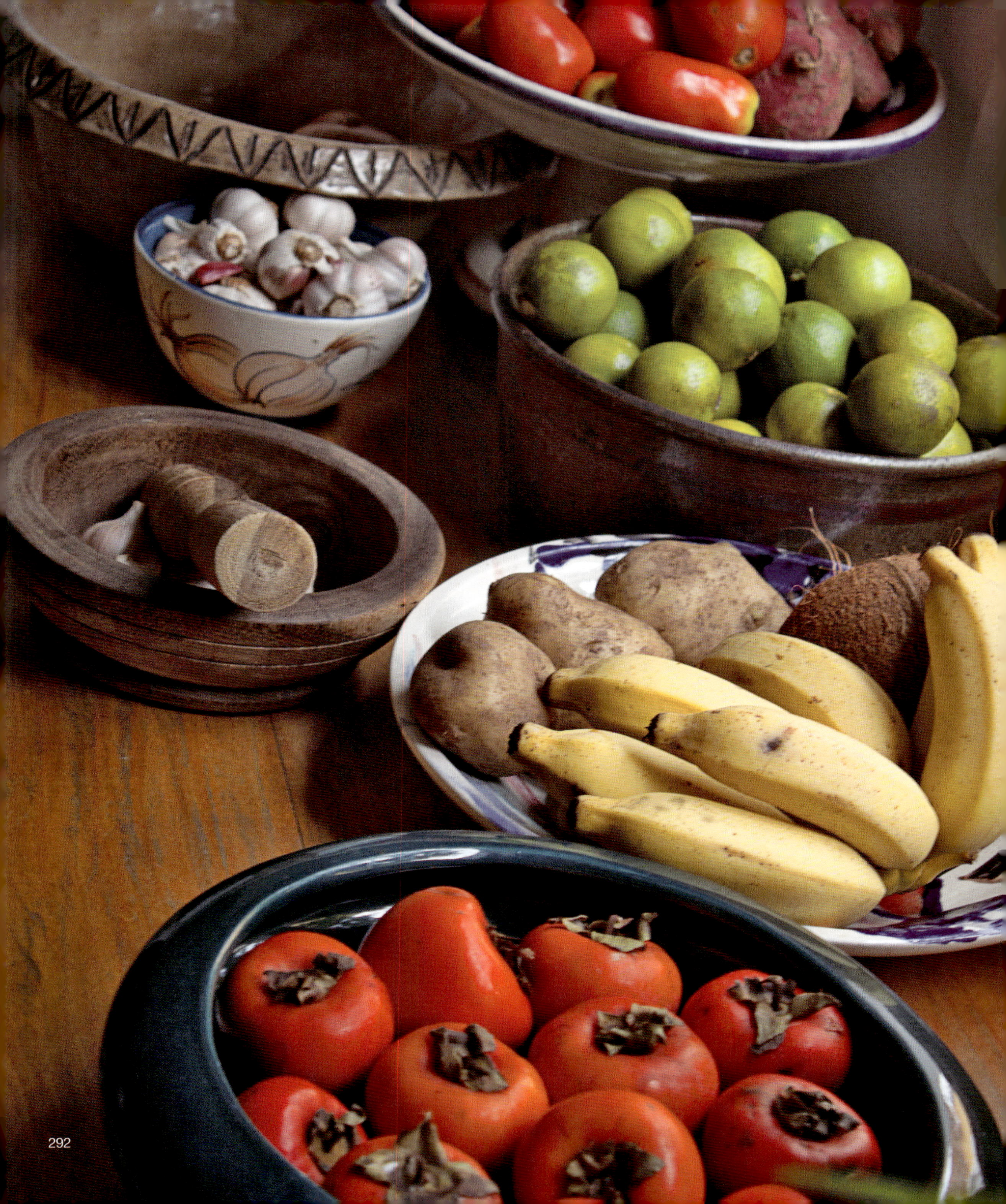

silvia percussi

Tudo era muito natural, menos enfrentar as panelas profissionalmente, em um tempo que não havia escolas nem glamour. "As pessoas nos viam como serviçais, a gente entrava pela porta dos fundos. Tivemos que nos despir de preconceitos e virar cozinheiro, garçom, psicólogo e manobrista de uma só vez." Sua formação envolveu, então, aulas com Martha Kardos, uma senhora austríaca, severa e exigente, que ensinou gente como a banqueteira e escritora Nina Horta, o crítico Josimar Melo e o chef Hamilton Melão.

Em 1997, anos depois e já com a filha a tiracolo, Silvia foi complementar o aprendizado em Chianti, na Toscana. Lá, uma das aulas abordou a produção de massas frescas – tema que se tornou o favorito da cozinheira. Não por acaso, ao retornar ao Brasil, ela assumiu a produção da Vinheria, adaptando e criando receitas com os ingredientes disponíveis.

No caos, Silvia apaixonou-se pelo trabalho. Passou a conciliar as férias em família com estágios em renomados restaurantes da Itália, como El Pescador, em Sestri Levante, na Ligúria, e no Ristorante Rezzano, da chef Grabriela Rezzano – tutores que viraram seus amigos pessoais e que todos os anos ela visita quando passa férias na região. E ainda arranjou tempo para escrever um livro (*Menu di Funghi – 100 Receitas de Silvia Percussi*) sobre seu ingrediente favorito, o cogumelo, que também se transformou num dos menus mais famosos da Vinheria.

Silvia não para: inspira-se nos pratos que experimenta na casa de amigos, receitas de família, viagens, revistas, livros e, acima de tudo, na curiosidade pelo novo.

"Lembro-me da Nina Horta dizer: 'Se você vai trabalhar com comida, se prepara para cozinhar menos'. É verdade, sinto saudade da minha comida. Gosto de cozinhar e de cuidar da alimentação da minha família." Tanto é assim que em sua casa não entra comida industrializada, e sua filha Fran só provou macarrão instantâneo aos 16 anos. Na realidade, desde 2012, a cozinheira se tornou adepta radical dos orgânicos. "Sempre fui saudável, mas fui surpreendida por um carcinoma, o que me fez valorizar ainda mais tudo na minha vida. Assumir uma alimentação orgânica é parte desse processo."

Silvia gosta de aproveitar o dia, caminhar no parque, mexer no jardim, correr para o litoral. Leva a vida a ler, bordar, pintar e, claro, cozinhar. "A comida é o centro da vida, a primeira coisa que você faz, ao nascer, é se alimentar do leite materno. É expressão de carinho, aconchego e amor."

silvia percussi

SILVIA E A FILHA FRANCESCA

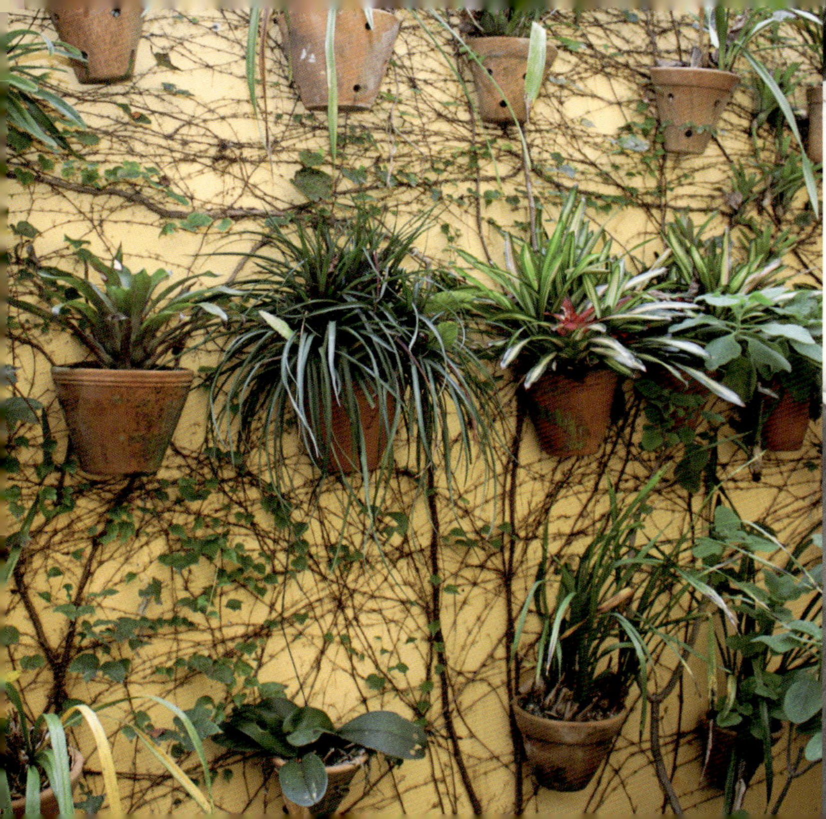
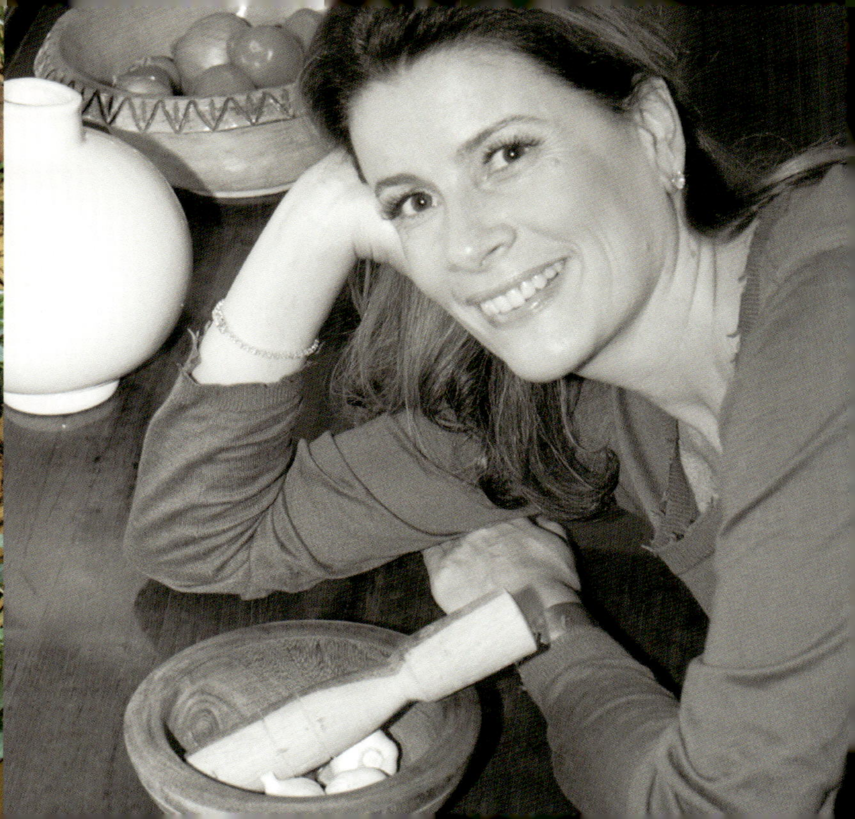

silvia por
silvia

Como se formou cozinheira?
Na Vinheria Percussi.

Qual o seu ingrediente favorito?
Cogumelos.

Onde você mais gosta de cozinhar?
Na minha casa de praia, olhando o mar.

Se você estiver sozinha, o que cozinha?
Mingau.

Uma receita inesquecível?
A próxima receita que vou criar.

Se você não fosse chef, o que seria?
Decoradora, psicóloga ou pintora.

Um ídolo?
Minha mãe.

Um sonho?
Ter mais tempo livre.

Quem estaria na sua mesa dos sonhos?
Meus amigos.

Quem cozinharia?
Um deles!

297

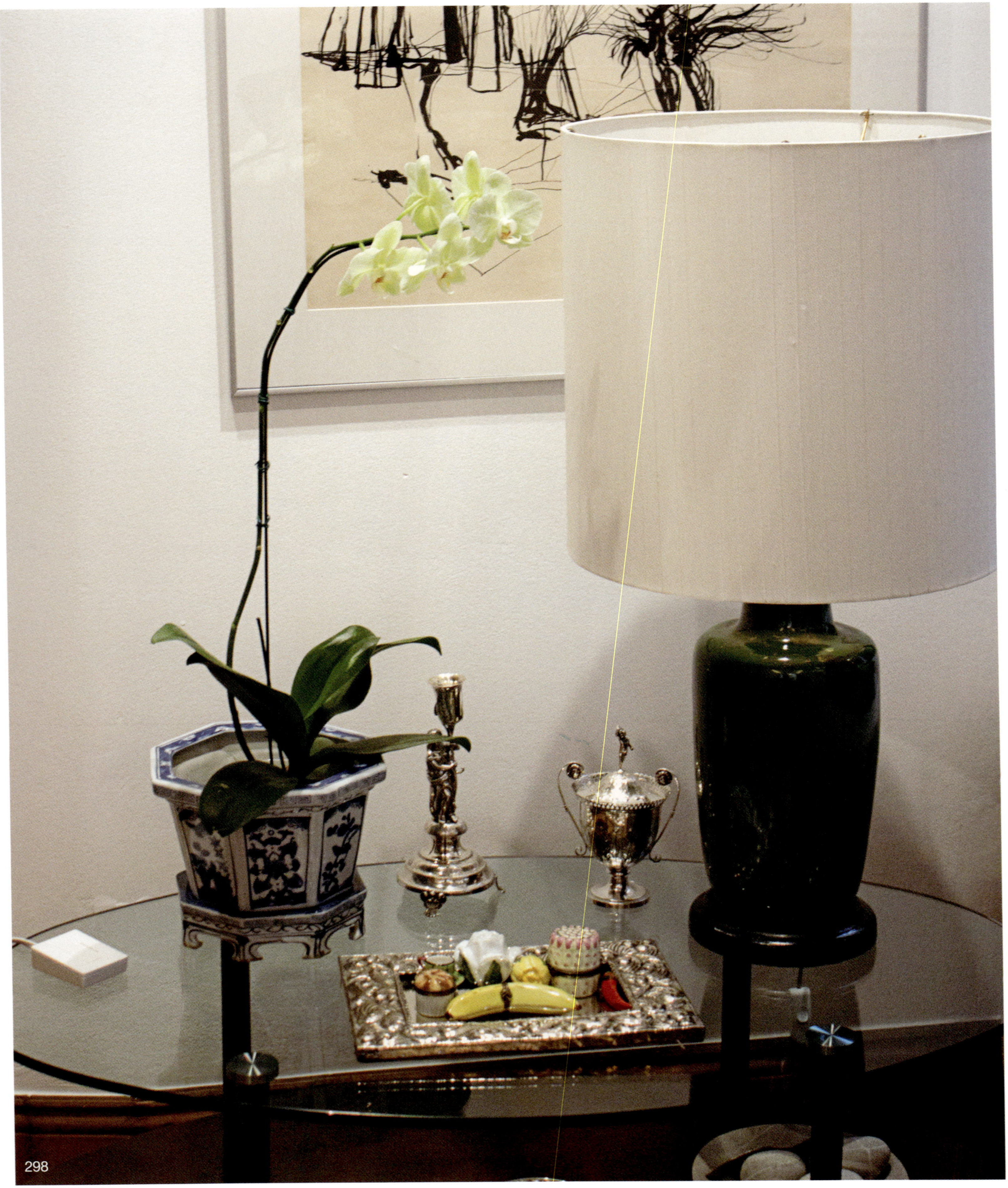

Pizza al Caprino

Stracci di Polenta al Ragu di Polpo

ISABELLE TUCHBAND

receitas

Pizza al Caprino (4 porções)
Ingredientes • *200 g de farinha de trigo* • *400 g de berinjelas* • *200 g de queijo de cabra, ou muçarela de búfala* • *6 tomates secos* • *100 ml de água* • *Azeite e sal a gosto* • *Sal grosso e tomilho a gosto* • *Folhas de manjericão a gosto* • **Preparo** • Empaste a farinha de trigo com 25 ml de azeite, a água, uma pitada de sal, para obter uma massa elástica. Deixe-a descansar por 30 minutos. Corte a berinjela em rodelas finas, unte-as com azeite e sal, e leve-as para grelhar. Divida a massa em duas partes e, depois, estenda-as em dois discos de 26 a 28 cm de diâmetro. Acomode cada disco em assadeiras untadas com azeite, pulverize-os com sal grosso e tomilho, e leve-os ao forno a 200 °C, por 8 minutos. Desenforme a massa ainda quente, espalhe o queijo de cabra sobre ela e guarneça-a com os tomates e as berinjelas. Enfeite a pizza com folhas de manjericão.

Stracci di Polenta al Ragu di Polpo (5 porções)
(Massa Artesanal de Farinha de Polenta com Ragu de Polvo)
Ingredientes • **Massa** • *125 g de polenta italiana* • *75 g de farinha de trigo* • *3 gemas* • *1 ovo inteiro* • *Pimenta-calabresa a gosto* • *Sal a gosto* • **Molho** • *200 g de polvo cozido (cortado)* • *5 tomates maduros (sem pele e sem sementes)* • *½ cenoura pequena ralada* • *½ cebola pequena ralada* • *½ talo de salsão picado* • *½ taça de vinho branco* • *1 dente de alho* • *Azeite q.b.* • *Sal a gosto* • **Preparo** • **Massa** • Misture a farinha de polenta com a de trigo. Em seguida, bata as gemas com o ovo e incorpore-os, devagar, às farinhas; tempere com sal e pimenta-calabresa até obter uma massa homogênea. Abra a massa em uma folha grande, enrole-a num plástico e coloque na geladeira. Em uma panela, leve água à fervura. Em seguida, rasgue a massa de polenta em pedaços desiguais, cozinhe-os por 3 minutos e escorra-os. • **Molho** • Em uma panela, coloque o azeite e o dente de alho. Doure o dente de alho, retirando-o em seguida. Nesse azeite, coloque a cebola, a cenoura e o salsão, e refogue-os. Em seguida, acrescente os tomates picados, tempere com sal, regue com o vinho e acrescente o polvo. Deixe reduzir. • **Montagem** • Divida a massa de polenta em pratos individuais. Sirva com o molho de polvo aquecido sobre ela. Se desejar, regue tudo com um fio de azeite virgem frio.

Ravióli Doppio (4 porções)
Ingredientes • **Massa** • *300 g de farinha de trigo* • *3 ovos* • *2 gemas* • **Molho Roti** • *4 unidades de ossobuco bovino* • *1 colher (sopa) de manteiga* • *1 cebola em pétalas* • *1 cenoura em rodelas* • *1 talo de salsão picado* • *1 colher (sobremesa) de sal* • *3 dentes de alho amassados* • *Sal e pimenta-do-reino branca a gosto* • *Água a gosto* • **Recheio de Ragu** • *A carne desfiada já cozida no molho roti* • *½ taça de vinho branco* • *½ cebola picada* • *½ cenoura picada* • *½ talo de salsão picado* • *4 tomates (sem pele e sem sementes)* • *Azeite e sal a gosto* • **Recheio de Burrata** • *1 burrata de 250 g* • **Preparo** • **Massa** • Coloque a farinha sobre uma superfície de trabalho, em seguida, abra um buraco no centro da farinha. Bata os ovos com as gemas, coloque-os no centro da farinha, e adicione uma pitada de sal. Trabalhe de dentro para fora, incorporando, aos poucos, os ovos à massa. Quando a massa estiver homogênea, envolva-a em PVC e coloque-a na geladeira, por 30 minutos. Depois, abra a massa numa tira de 4 cm e disponha os dois recheios sobre ela. Marque o centro sem cortar, e corte os raviólis. Cozinhe-os em abundante água filtrada com sal e sirva o ravióli com o molho aquecido. • **Molho Roti** • Em um caldeirão, derreta a manteiga. Frite as carnes com os ossos até que fiquem douradas. Junte os demais ingredientes, cubra com água e espere ferver. Retire toda a espuma que formar. Baixe o fogo, e continue a fervura. Toda vez que formar espuma, retire-a com a escumadeira. Ferva as carnes por 3 a 4 horas, sempre retirando a espuma. Após esse tempo, coe. Volte o caldo ao fogo, para engrossar. Verifique o sal. Reserve o molho reduzido. • **Recheio de Ragu** • Em uma panela, refogue a cebola, a cenoura e o salsão no azeite. Em seguida, junte os tomates picados, acrescente a carne desfiada, regue com vinho branco. Verifique o sal e deixe o recheio apurar até secar totalmente a água da panela. Use essa carne desfiada para rechear um lado da massa.

Ravióli Doppio